生成AIと
知財・個人情報
Q&A

森・濱田松本法律事務所

齋藤浩貴
上村哲史 編著

商事法務

はしがき

　ChatGPT の登場以降、我が国でも急速に生成 AI への関心が高まっており、すでにさまざまな生成 AI サービスが普及しています。生成 AI は、非常に便利かつ有用であり、今後もますます進歩していきますので、我々の日常生活やビジネスの現場により深く浸透していくことに疑いの余地はありません。

　他方で、生成 AI の登場により従来では考えられなかった新たな問題が生じています。こうした状況を受けて、諸外国では、2024 年 5 月には欧州において AI 法（Artificial Intelligence Act）が成立するなど法規制の動きが進んでおり、生成 AI サービスの開発・提供事業者に対する裁判等も行われています。我が国でも、生成 AI については、新たな法規制の必要性を含めて活発な議論がなされており、官公庁や民間団体からも様々なガイドラインや既存の法律の解釈に関する考え方などが矢継ぎ早に示されるなど、めまぐるしく動いています（本書を執筆するにあたっても、新たな裁判例や官公庁の考え方等が出されるたびに内容を変更・訂正しなければならず、内容の確定に苦労しました）。

　現時点では、生成 AI の問題を網羅的に解決できるような特別な法律はなく、既存の法律の枠組みの中で対処するほかありません。生成 AI に携わる企業の法務スタッフ等としては、既存の法律を個別に解釈して解決方法を検討する必要があります。しかし、既存の法律は、必ずしも生成 AI に関する問題をすべて想定して定められているわけではありませんので、それらの解釈は非常に悩ましいものとなっています。そのため、筆者らのところにも、生成 AI に携わる企業の法務スタッフ等から、特に生成 AI と著作権や個人情報等の問題について、既存の法律の解釈に関する疑問や相談が数多く寄せられています。

　そこで、本書においては、生成 AI に携わる企業の法務スタッフ等の疑問や相談に応えるべく、既存の法律をどのように解釈すればよいのかという考え方を整理することとしました。

　生成 AI に関する法律問題・法的論点は、非常に多岐にわたっていますが、その中でも、現在活発に議論がなされており、かつ、筆者らも実際に相談を受けることが多い、①生成 AI と著作権を中心とする知的財産権の問題と、②生成 AI と個人情報・プライバシー・肖像権等の問題の 2 つに焦点をあてて解説

しています。

　また、本書は、生成 AI に携わる法務スタッフ等において、生成 AI に関する法律問題や法的論点について、読者が実際に直面する可能性のあるケースに即して、できるだけわかりやすく理解できるよう、Q&A 形式で解説しています。

　本書は、第 1 章から第 4 章までの 4 つのパートで構成されています。

　第 1 章の「生成 AI とは何か」では、生成 AI の仕組み、生成 AI の開発・利用の流れ、生成 AI のサービスや関連用語などの基本的な知識を解説しています。本書は、生成 AI の技術に関する書籍ではありませんし、生成 AI の技術を語れるほど筆者らに技術的な知見があるわけでもありませんので、第 1 章は、あくまでも第 2 章以下の Q&A を理解する上で必要な範囲の知識の解説にとどめています。

　第 2 章の「生成 AI と知的財産権」では、前半で生成 AI と著作権に関する法律問題を解説し、後半で生成 AI と著作権以外の知的財産権に関する法律問題を解説しています。現時点では、知的財産権の中でも、生成 AI の開発や利用に関連して著作権の議論が活発に行われていますので、著作権関連の Q&A が多くなっています。

　第 3 章の「生成 AI と個人情報・プライバシー・肖像権等」では、個人情報のほか、プライバシー・肖像権・パブリシティ権の人格権に関する法律問題を解説しています。個人情報の議論では、個人情報保護法の規制を理解しておく必要がありますので、議論に必要な範囲で規制の概要も解説しています。

　第 4 章の「その他」では、ChatGPT の利用規約、海外の生成 AI に関する法規制の動向、社内規程など、第 2 章と第 3 章のいずれにも分類しにくい問題を解説しています。

　もとより、生成 AI は驚異的なスピードで進歩し続けています。生成 AI に関するすべての法律問題を網羅することは不可能ですし、生成 AI に関する法規制や考え方はめまぐるしく動いていますので、時間の経過とともに、新たな論点が生じたり、従来の考え方や裁判例なども変遷したりする可能性があります。

　もし版を重ねる機会があれば、その時点の議論の状況を踏まえて、適宜 Q&A の訂正や追加等を行い、より一層の Q&A の拡充を図っていきたいと考

えています。

　本書が、生成 AI に携わる皆様において、現在直面している生成 AI に関する問題を解決する上で、少しでもお役に立てれば幸いです。

　最後に、本書の刊行に向けて、ご助言・ご協力いただきました株式会社商事法務の皆様に、心から御礼を申し上げます。

　令和6年6月

編者　　齋 藤 浩 貴　　上 村 哲 史

目　次

第1章　生成 AI とは何か

第2章　生成 AI と知的財産権

第1　生成 AI と著作権

1　生成 AI の開発と著作権

2　生成 AI の利用段階の問題

　画像生成 AI サービスのユーザが生成された画像と生成 AI の学習に用いられた画像の類似性をチェックできるよう、サービス提供者が、学習データに用いた画像データを蓄積しておき、そのデータの中で生成された画像と最も類似する画像を AI により表示させることは、著作権法上許されますか。

第3章　生成 AI と個人情報・プライバシー・肖像権等

第1　生成 AI と個人情報

凡　例

1　法令の略称

景品表示法	不当景品類及び不当表示防止法
個人情報保護法	個人情報の保護に関する法律

2　判例誌の略称

下民集	下級裁判所民事裁判例集
刑集	最高裁判所刑事判例集
集民	最高裁判所裁判集民事
知裁集	知的財産権関係民事・行政裁判例集
判時	判例時報
民集	最高裁判所民事判例集

第1章

生成 AI とは
何か

Q1　生成 AI とその仕組み

生成 AI とは何ですか。生成 AI はどのような仕組みになっているのですか。

A　生成 AI とは、Generative AI とも呼ばれ、学習させたデータをもとに、さまざまなコンテンツを自動的に生成することができる人工知能（AI）のことをいいます。

解説

(Keyword)　生成 AI、大規模言語モデル（LLM）、検索拡張生成（RAG）

1　生成 AI とは

生成 AI とは、Generative AI とも呼ばれ、学習させたデータをもとに、さまざまなコンテンツを自動的に生成することができる人工知能（AI）のことをいう。生成 AI を使えば、誰でも「プロンプト」と呼ばれる指示を入力するだけで、簡単に新しいコンテンツを生み出すことができる。生成 AI をその生成するコンテンツから分類すると、主に対話型文章生成 AI、画像生成 AI、音声・音楽生成 AI、動画生成 AI 等があり、技術の進歩に応じて、生成できるコンテンツの種類は今後も増えていくことが予想される。

生成 AI を利用したサービスの具体例としては、対話型文章生成 AI として、OpenAI が 2022 年 11 月に公開した「ChatGPT」、画像生成 AI として、米国 Midjourney（ミッドジャーニー）の「Midjourney」、英国 Stability AI の「Stable Diffusion」（ステーブル・ディフュージョン）、OpenAI の「DALL-E3」（ダリ・スリー）などが挙げられる。もっとも、2023 年 10 月には OpenAI が提供する ChatGPT で同社が提供する DALL-E3 を利用できるようになるなど、1 つのサービスで複数の種類のコンテンツを生成できるものもあるうえ、1 つの AI で、複数のモーダル（テキスト、画像、音声等の入力情報）を処理することができる生成 AI も増えており、マルチモーダル化が進んでいる。

❷　生成 AI の仕組み

　生成 AI は、大量かつ多様なデータで訓練された、さまざまなアプリケーションの基盤となる大規模な AI モデル（基盤モデル）をその基礎としている。基盤モデルとは、ディープラーニングという機械学習の手法を用いて訓練されたニューラルネットワーク（何十億ものニューロンが相互接続された人間の脳の仕組みに例えて呼ばれるネットワーク）の一つであり、一般に、大量のデータを取り込み、そのデータからパターンと相関関係を事前に学習することができる。ディープラーニングが登場する前は、AI にデータを学習させるにあたっては、人間によってラベル付けされた教師データが必要とされていたが、ディープラーニングの登場により、ラベル付けされていない膨大なデータによる学習が可能になり、その成果物の精度は飛躍的に向上した。

　ChatGPT などの対話型文章生成 AI において利用されている自然言語処理モデルである LLM（大規模言語モデル（Large Language Model）の略）も、この基盤モデルの一種であり、膨大なデータセットとディープラーニング技術を用いて訓練されている。たとえば、ChatGPT に用いられている大規模言語モデルは OpenAI が開発した「GPT」（本稿執筆時点では、GPT-3.5、GPT-4、GPT-4 Turbo、GPT-4o の 4 バージョンが存在）がベースとなっているが、インターネット上をクローリングするなどして得た膨大な文章情報を学習用データとして、言葉の文法や関連度合いを詳細に学ぶことによって、ある文章で出てくる単語の次に出現する確率の高い単語を予測できるように訓練され、より自然な文章を作成できるようになってきている。つまり、対話型文章生成 AI は、ユーザが入力したプロンプトに応じて、自然と思われる言葉をつなげていくことにより、会話や質問に対する回答が成り立つようになっている。ChatGPT に対しまったく同じプロンプトを複数回入力してみると、異なる回答が返ってくることがあるのも、文章を作成するための単語選択の都度、次に出現する確率の高い単語を予測しているからである（ただし、常に確率が最も高い言葉を続けていった場合には出力結果の創造性・柔軟性が下がるため、あえて確率はそこまで高くなくても適切な言葉を続けている場合もあるようである）。このように、人間のように一定の感情や主義・思想をもって会話をしているわけでも、あらかじめ用意されたデータベースのようなものから回答を引き出しているというわ

けでもなく、上記のような仕組みを使って自然な言葉をつなげることにより、ユーザとの会話を成立させている点に特徴がある。

　また、AI 技術の進展とともに、生成 AI に関する新たな技術も登場している。たとえば、検索拡張生成（RAG：Retrieval-augmented Generation）と呼ばれる技術によって、生成 AI の開発の際に用いられなかったデータであっても、ユーザが入力したプロンプトと関連するデータを検索・収集して当該プロンプトと合わせて生成 AI への入力として扱い、出力の予測を行うことで、より高精度の成果物が出力される[1]。今後も、新たな技術の登場によって、生成 AI の仕組みは日々進化し続けることが予想される。RAG に関する著作権法上の問題については Q18 を参照されたい。

〔馬場嵩士〕

---

1)　文化審議会著作権分科会法制度小委員会「AI と著作権に関する考え方について」（令和 6 年 3 月 15 日）12 頁。

Q2　生成 AI の開発と利用の流れ

生成 AI の開発と利用の一般的な流れを教えてください。

A　生成 AI は、ディープラーニングの手法により取り込まれた大量かつ多様なデータ（学習用データ）からパターンと相関関係を事前に学習することで開発され、利用にあたっては、学習済みモデルに対して一定の指示（プロンプト）を入力することで、そのプロンプトに応じたコンテンツを自動的に生成させることができます。

解説

(Keyword)　学習用データ、学習済みモデル、プロンプト、入力、パラメータ

1　生成 AI の開発

生成 AI は、基盤モデル（ Q1 参照）をその基礎としており、基盤モデルは、ディープラーニングという機械学習の手法により、学習のための大量かつ多様なデータ（学習用データ）を取り込み、そのデータからパターンと相関関係を事前に学習することで開発される。対話型文章生成 AI を例にすると、世の中に存在する大量かつ多種のテキストデータを機械学習に適した学習用データセットに加工して AI に読み込ませ、学習済みモデル（入力に対して一定の結果を出力することを可能にするプログラム）を完成させることで開発されるのが一般的である（下図参照）。

このような学習済みモデルは、ある文章で出てくる単語の次に出現する確率の高い単語を予測できるようになっており、パラメータ数（機械学習モデルの複雑さを表す値）が多ければ多いほど、高度な自然言語処理タスクを解決できる可能性が高まる。

2　生成 AI の利用

一般的な生成 AI は、開発された学習済みモデルに対して一定の指示（プロンプト）を入力することによって、そのプロンプトに応じたコンテンツを自動

的に生成する。たとえば、対話型文章生成AIに対して「米国の歴史をわかり
やすく説明して」というプロンプトを入力すれば米国の歴史の説明文を、画像
生成AIに対して「空を飛ぶ赤いリンゴ」といったプロンプトを入力すると空
を飛ぶ赤いリンゴの画像が、それぞれ生成されるであろう。もし、そのプロン
プトで生成されたコンテンツがイメージと違った場合には、たとえば「米国の
歴史を小学生にもわかりやすいように説明して」「空を飛ぶ赤いリンゴ、水彩
画風」とプロンプトを調整することによって、生成AIが生成するコンテンツ
の内容をある程度コントロールすることができる。

　プロンプトと生成物の種類に関する典型的なパターンは、文章を対話型文
章生成AIにプロンプトとして入力して文章のアウトプットを得るパターン
（Text to Text）や、画像を画像生成AIにインプットして新しい画像を生成す
るパターン（Image to Image）など、同じ種類のコンテンツを作成するパター
ンがあるが、テキストや画像などコンテンツの種類をまたいで、新しいコンテ
ンツを作成していくことも可能である。すなわち、文章を入力することによっ
て画像を生成するパターン（Text to Image）や、文章を入力して新しい音楽を
作成するパターン（Text to Music）など、非常にさまざまなパターンがすでに
生成AIサービスとして登場している。

〔図〕生成AIの開発と利用の流れ（一般的な例）

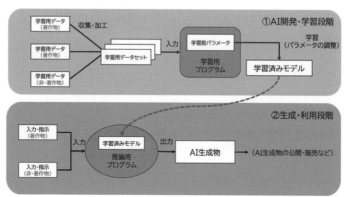

〔出所〕　文化庁ホームページ（https://www.bunka.go.jp/seisaku/chosakuken/pdf/93903601_
　　　01.pdf）。

〔馬場嵩士〕

Q3　追加学習とは

追加学習とは何ですか。

A　追加学習とは、すでにある学習済みモデルに対して異なる学習用データを学習させ、新たな学習済みモデルを開発することをいい、追加学習を利用することによって、自社向けのコンテンツを生成させることなどができるようになります。

解説

(Keyword)　追加学習、ファインチューニング

1　追加学習

追加学習とは、すでに存在する学習済みモデルに対して、異なる学習用データセットを適用して、さらなる学習を行うことで、新たに学習済みモデルを開発することである[1]（下図参照）。たとえば、画像生成 AI の成果物を特定の画風の画像にしたい場合、プロンプトの内容を工夫するだけでは難しい場合もあるが、特定の画風の画像データから構成される学習用データセットを用いて学習を行わせることにより、生成される画像をその特定の画風に近づけることができるようになる。

2　追加学習の活用方法（ファインチューニング）

追加学習を用いた生成 AI の活用方法の一つとして、ファインチューニングがある。これは、ユーザが持つデータを学習用データとしてすでに存在する学習済みモデルに学習させ、自社向けのモデルとして調整し、独自のサービスを社内外に提供することを可能にする技術である。

多くの一般企業にとって、自社で独自の大規模言語モデル（ Q1 参照）を開発することは現実的ではないが、ファインチューニングを行うことで、自社向

---

1)　経済産業省「AI・データの利用に関する契約ガイドライン― AI 編―」（平成 30 年 6 月）15 頁。

けの学習済みモデルを開発することができる。たとえば、社内向けのファイン
チューニングとしては、ChatGPTに会社が保有する社内データを学習させる
ことで、社内データに基づく回答を得られるようにし、業務を効率化させると
いった活用方法が考えられる。

〔図〕事前学習と追加学習に関する流れ（一般的な例）

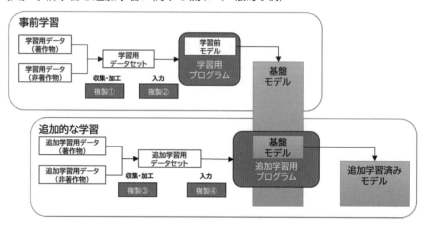

〔出所〕文化審議会著作権分科会法制度小委員会「AIと著作権に関する考え方について」（令
和6年3月15日）18頁。

〔馬場嵩士〕

Q4　生成 AI の種類

生成 AI のサービスにはどのような種類がありますか。

A　現在提供されている生成 AI のサービスには、さまざまな種類があります。代表的なものとして、対話型文章生成 AI、画像生成 AI、3D モデル生成 AI、音楽生成 AI などがあります。

━━━━ 解説 ━━━━━━━━━━━━━━━━━━━━━━━━━━━━━━━━━━━━━

(Keyword)　生成 AI の種類、対話型文章生成 AI、画像生成 AI、3D モデル生成 AI、音楽生成 AI

❶　生成 AI の種類

生成 AI のサービスにはさまざまな種類のものがあるが、本稿執筆時点で一般に知られているサービスを挙げると、以下のようなものがある。

❷　対話型文章生成 AI

人とコンピュータとの会話を、より人同士の会話に近い形で実現した生成 AI サービスであり、人があらかじめ質問を予測して回答例を覚えさせておくのではなく、機械学習や自然言語処理の技術により、AI が人の質問に対して自動で回答を行う。代表的には、チャット形式でプロンプトを入力し、文章を生成することに特化した生成 AI がある。対話型文章生成 AI は、文章の要約や翻訳、情報検索、プログラムの生成など、さまざまな用途に利用される。

代表的なサービスの例：ChatGPT、Gemini など

❸　画像生成 AI

文章や画像データ等を入力することによって、自動で画像を生成するタイプの生成 AI サービスである。生成 AI サービスの内容によるが、たとえば、生成したい画像のイメージや内容をテキスト（プロンプト）等で指示することに

よって、AI がそのプロンプトに応じた画像を自動で作成する。

代表的なサービスの例：Midjourney、Stable Diffusion、Adobe Firefly、DALL-E3 など

4　音楽生成 AI

文章等を入力することによって、自動で音楽の生成ができるサービスである。たとえば、生成したい音楽のイメージや内容を文章（プロンプト）等で指示することによって、AI が自動で音楽を作成する。

代表的なサービスの例：Mubert、AIVA、MusicLM など

5　3D モデル生成 AI

3D モデル（3 次元の座標を持つ立体的な形状のデータ）の生成ができる生成 AI もある。たとえば、文章から画像を生成し、生成した画像を使って 3D モデル化するものである。

代表的なモデルの例：Point-E、DreamFusion、Magic3D など

6　その他

そのほか、音声や動画などの生成ができるものも出現している。

さらには、1 つの AI で複数のモーダル（テキスト、画像、音声等の入力情報）を処理する生成 AI も出現している。ChatGPT においても、新しく音声と画像によるプロンプト入力の機能が追加されており、今後、複数のモーダルを処理することができる AI が増えていくものと思われる。また、対話型文章生成 AI である ChatGPT 上で画像生成 AI である DALL-E3 を利用できるようになるなど、1 つのサービスで複数の種類のコンテンツを生成できるようにもなっている。

〔二神拓也〕

Q5　オンプレミス型とクラウド型の違い

オンプレミス型とクラウド型（サーバ型）ではどのような違いがあります
か。

A　オンプレミス型の生成 AI サービスは、企業が自社内の IT インフラ上
で展開、運用する形態のサービスです。これに対し、クラウド型（サーバ
型）の生成 AI サービスは、生成 AI サービスのプロバイダーが提供するイ
ンフラ上で展開、運用される形態です。法的には、生成 AI サービスに入力
されたデータが自社の外部に送信されるか否かといった違いが生じます。

―――― 解説 ――――

(Keyword)　オンプレミス型生成 AI、クラウド型（サーバ型）生成 AI

1　オンプレミス型

オンプレミス型の生成 AI サービスは、企業が自社内の IT インフラ上で展
開、運用する形態のサービスであり、生成 AI モデルや関連するデータなど
は、企業自身が管理するデータセンターやサーバに配置される。したがって、
ユーザは自社のネットワーク内から生成 AI サービスにアクセスすることにな
り、利用の過程で第三者へのデータ送信が起こらない。この構造には、データ
のセキュリティと管理が企業の管理下にあり、委託先管理や個人データの第
三者提供といった法律上の論点を整理する必要が生じないほか、自社のネッ
トワーク内で構築され、外部のネットワークを経由しないことから、生成 AI
サービスの利用にあたって遅延が少ない利点がある。

なお、一部の生成 AI モデルは、オープンソースとして提供されており
（LlamA や Hugging Face など）、これをもとに自社で運用するオンプレミス型
AI を作成することも考えられる。

2　クラウド型（サーバ型）

クラウド型（サーバ型）の生成 AI サービスは、生成 AI サービスのプロバイ

ダーが提供するインフラ上で展開、運用される形態であり、生成AIモデルや
関連するデータなどは、第三者であるプロバイダーが管理するデータセンター
やサーバに配置される。したがって、ユーザはインターネット経由でプロバイ
ダーのAIサービスにアクセスし、プロンプトを入力して生成物を受信するこ
とになる。クラウド型（サーバ型）では、インフラのスケーラビリティやメン
テナンスの簡便さなどの利点がある一方で、データのセキュリティと管理につ
いては、利用する側のコントロールが及ばない範囲が生じる。たとえば、第三
者へのデータの送信が伴うことにより、個人情報の保護に関する論点が生じ
ることとなる（Q59、Q60等参照）。また、入力したデータを第三者がどう利
用するのかが不明である場合は、機密情報を当該AIサービスで利用すること
の許容性について検討を要することとなる。このように、クラウド型（サーバ
型）の生成AIサービスを利用する場合には、オンプレミス型にはないさまざ
まな法的論点についての検討が必要となる。

〔二神拓也〕

Q6　プロンプトエンジニアリングとは

プロンプトエンジニアリングとは何ですか。

A　プロンプトエンジニアリングとは、生成 AI を利用する中で、特に言語モデル（LM）、大規模言語モデル（LLM）といった自然言語処理 AI を効率的に利用するために、言語モデルへの命令であるプロンプトを設計・最適化する技術やその学問分野をいいます。

解説

(Keyword)　プロンプトエンジニアリング

1　プロンプトエンジニアリング

特に言語モデル（LM）、大規模言語モデル（LLM）といった自然言語処理 AI では、その利用方法として、プロンプトとよばれる命令・質問を生成 AI に対して行い、生成 AI がこれに応答するという流れが一般的である。

プロンプトエンジニアリングは、適切なプロンプトを設計すること等により、生成 AI に対して適切な命令・質問を与え、これにより意図した回答を得やすくする技術ないしその学問分野をいう。生成 AI の出力結果は、どのようなプロンプトを入力するかによって、大きく質が異なるため、より適切な出力結果を得るために必要な技術として、近時プロンプトエンジニアリングが注目されるようになっている。たとえば、生成 AI を利用して回答を得ようとする場合、生成 AI に対して、何ら事前情報を与えずにプロンプトを入力しても、意図したような適切な出力結果が出るとは限らない。生成 AI の出力の前提として、さまざまなデータをプロンプトに入力することによって、より自分が求めるものに近い成果物が生成されるようになり、出力成果物の精度を向上させることができる。一般に、効果的なプロンプトとするためには、たとえば、指示を具体的にすることや、明確な指示とすること、背景情報等を適切に選択して入力すること等が必要であるといわれている。

プロンプトエンジニアリングをより適切に行うためには、利用する生成 AI

モデルに反復してさまざまなプロンプトを入力し、出力結果を分析して研究を重ねる必要がある。

なお、AIの研究に取り組む海外コミュニティ「DAIR.AI」が作成した資料「プロンプトエンジニアリングガイド」の日本語版（https://www.promptingguide.ai/jp）が無料で公開されており、プロンプトエンジニアリングの実例を学ぶことができる。

❷　プロンプトエンジニアリングの手法

プロンプトエンジニアリングの実践的な手法としては、たとえば、以下のようなものがある。

〈プロンプト作成における一般的な留意点に属するもの〉
・AIモデルが実行するタスクを特定して指示する（「書く」「分類する」「要約する」「翻訳する」「並び変える」など）。
・できるだけ具体的にプロンプトを記述する。
・より正確にプロンプトを記述する。

〈技術的なもの〉
・AIモデルにタスクを実行する方法を学習させるため、質問と得たい回答と類似する質問及び回答の例を1つ又は複数プロンプトに入れる（Few-Shotプロンプティングと呼ばれる手法）。
・中間的な推論のステップを例として記述して、複雑な推論を可能とする（Chain-of-Thoughtプロンプティングと呼ばれる手法）。

〔二神拓也〕

Q7　対話型文章生成 AI の回答内容の正確性

対話型文章生成 AI の回答内容はどの程度信じてよいですか。

A　学習データが十分にあると思われるトピックに関する回答は、ある程度
信用できますが、専門性が高い分野や最新の情報が必要なトピックになるほ
ど回答の信用性は低くなっていきます。場合によっては、質問に対する回答
に虚偽の内容が含まれる可能性は否定できませんので、回答内容の正確性に
ついては慎重に確認すべきです。

━━━━ 解説 ━━━

(Keyword)　ハルシネーション

1　対話型文章生成 AI による回答の仕組み

生成 AI を支える基盤モデルは、一般に、大量かつ多様なデータを取り込み、
そのデータからパターンと相関関係を事前に学習することができる（ Q1 参
照）。対話型文章生成 AI に用いられている大規模言語モデル（LLM）（ Q1 参
照）も基盤モデルの一つであり、たとえば、ChatGPT は、OpenAI が開発し
た「GPT」シリーズ（本稿執筆時点で GPT-3.5、GPT-4、GPT-4 Turbo、GPT-4o が
公開されている）がベースとなっており、インターネット等から大量かつ多様
なテキストデータを収集し事前学習することで、文章をつなげていく上で次
に来る確率の高い単語を予測して自然な文章を生成できるように訓練されて
いる。言い換えると、大規模言語モデルが用いられている対話型文章生成 AI
は、ユーザが入力したプロンプトに対応して、次に来る確率が高い単語の中か
ら自然と思われる単語を数珠つなぎのように続けていくことにより、自然な文
章による応答が成り立つようになっている。

2　回答の仕組みからくる限界（ハルシネーション）

このように、対話型文章生成 AI による回答は、人間のように一定の思想信
条に基づくものでも、あらかじめ質問と回答がセットで用意されたデータベー

スから回答だけを引き出しているというわけでもないため、対話型文章生成
AIにまったく同じプロンプトを複数回入力した場合には、毎回、微妙に異な
る出力結果が返ってくることになる。

　対話型文章生成AIがこのような仕組みで文章を生成している以上、ユーザ
が入力したプロンプトに対する対話型文章生成AIの回答の正確性を担保する
ものはない。そのため、対話型文章生成AIが、一見正しいように見えて誤っ
ている応答をしたり、架空の企業名や法律名などを作り出してしまったりする
ことがあるが、これは「ハルシネーション」（幻覚）と呼ばれている。

❸　学習データから来る限界

　また、大量かつ多様なテキストデータを取り込み、そのデータからパターン
と相関関係を事前に学習するという大規模言語モデルの仕組みから、学習に用
いられたデータが古い場合には、最新の情報を踏まえた応答をすることができ
ないという限界があることも重要である。たとえば、ChatGPTのベースと
なっているGPTシリーズは、最新のものでも2023年12月時点（GPT-4 Turbo
の場合）の情報のみしか学習していないため、ChatGPTに対して法務に関す
る質問をしたとしても、学習時点以降の法律や裁判例に基づく応答は返ってこ
ないということになる。ただし、この弱点については、対話型文章生成AIご
とに、最新の情報を取り込む機能や、専用のプラグインソフトウェアが提供さ
れており、これらを利用して最新のさまざまなデータを取り込むことで一定程
度補うことができる。たとえばChatGPTでは、有料サービスのユーザ向けに
提供されているWebブラウジング機能を利用すると、ウェブサイト検索から
の最新情報を取り込んだ応答を出力することができる。

❹　生成AIの回答をどの程度信じてよいか

　このように、次に来る確率が高い単語の中から自然と思われる単語を数珠つ
なぎのように続けていくという生成AIの回答の仕組みからすれば、学習デー
タが十分にあると思われるトピックに関する質問に対する回答は、ある程度信
用できる水準に達していると思われる。

　他方で、対話型文章生成AIは、その回答の仕組み及び学習データの時的限
界から、ユーザが入力したプロンプトに対する回答の正確性、最新性は担保さ

れておらず、場合によっては、質問に対する回答がまったく虚偽の回答になっ
てしまう可能性は否定できない。特に、専門的な分野であったり、情報の最新
性が重要なトピックに関するものであったりするほど、回答に誤りが含まれる
可能性は高まるといえる。したがって、対話型文章生成 AI の回答内容を鵜呑
みにすることは決してせず、回答内容の正確性については慎重に確認すべきで
あろう。

〔上田雅大〕

Q8　生成 AI 利用の一般的留意点

　生成 AI サービスの利用に関して一般的に気を付けるべき点として何があ
りますか。

A　生成 AI サービスの利用により、第三者の権利を侵害することにならな
いか、法令やガイドラインに違反することにならないか、及び、利用規約に
違反しないかといった点に主に気を付ける必要があります。

解説

(Keyword)　第三者の権利侵害、法令・ガイドライン、利用規約

1　第三者の権利侵害

　生成 AI サービスの利用にあたり、その利用により第三者の権利を侵害しな
いかどうかに留意する必要がある。

　生成 AI サービスによる権利侵害の問題は、主に生成 AI の学習段階、入力
段階、出力段階に分けて論じられることが多い。たとえば、学習段階における
ファインチューニング（ Q3 参照）や入力段階におけるプロンプト入力におい
ては、第三者の著作権を侵害することにならないか、第三者の営業秘密を侵害
しないかなどが問題になりやすい。

　また、出力段階では、コンテンツの生成による第三者の著作権侵害が問題と
なりやすいほか、たとえば、画像生成 AI においては、出力された AI 生成物
の内容によっては、肖像権やパブリシティ権侵害も問題になる可能性がある。

　さらに、生成 AI を外部向けサービスとして提供した場合には、出力内容に
第三者のプライバシー権や名誉権を侵害する発言、バイアスのかかった不適切
な差別発言や虚偽情報が含まれていた場合の法的・倫理的責任等も問題となる
であろう。

2　法令・ガイドライン違反

　生成 AI サービスの利用が、法令やガイドラインに違反しないかどうかにも

留意する必要がある。たとえば、個人情報保護法との関係では、利用目的との適合性や第三者提供規制・越境移転規制への適合性、入力の前提としてのデータ収集にあたっての要配慮個人情報の取得規制に留意する必要がある。また、利用企業が自社で保有するデータをファインチューニングのために利用する場合やプロンプトとして入力する場合には、不正競争防止法との関係で、自社の営業秘密該当性や限定提供データ該当性の喪失が論点となろう。

　また、金融商品の概要を説明するサービスや契約レビュー等のリーガルサービスなど、生成 AI を利用して、金融商品取引法・弁護士法等の業法上、免許や資格等が必要とされている業種の業務を自動化するサービスを（特に有償で）提供する場合には、それらの業法上の規制に抵触していないかどうかについて留意する必要がある。さらに、生成 AI が業法上禁止される行為を行わないかどうかも問題となる。たとえば、金融商品取引法との関係では、顧客に対し、不確実な事項について確実であると誤解させるおそれのあることを告げて金融商品取引契約の締結の勧誘をする行為が禁止されているところ、対話型文章生成 AI において自動で応答させるようなサービスを提供する場合には、そのような禁止行為に該当するような応答がなされないようにしなければならないであろう。

　それだけでなく、今後、国内外で AI に対する法律や政府のガイドライン等による規制が進む可能性があり、これらの動向を踏まえた対応も必要になるであろう。たとえば、2023 年 5 月に G7（主要 7 か国）が生成 AI の活用や規制に向けて共通のルール作りを目指す「広島 AI プロセス」を設置し議論を進め、10 月には「高度な AI システムを開発する組織向けの広島プロセス国際指針」（以下「AI システム開発者向け国際指針」という）を、12 月には「全ての AI 関係者向けの広島プロセス国際指針」（以下「AI 関係者向け国際指針」という）をそれぞれ公表した。いずれの国際指針も、これに従うことを「奨励」するものであり強制力はないが、今後、この国際指針を踏まえて国際的あるいは各国でのルール作りがなされる可能性がある。また、米国では 2023 年 10 月 30 日に「Executive Order on the Safe, Secure, and Trustworthy Development and Use of Artificial Intelligence」（人工知能の安心、安全、及び信頼できる開発と利用に関する大統領令）が発令され、国家安全保障、国家経済安全保障、国家公衆衛生・安全に重大なリスクをもたらす基盤モデルを開発する企業は、安全性テ

ストの結果やその他の重要な情報を米国政府と共有することを義務づけられた。

　日本国内では、総務省及び経済産業省が、生成 AI の普及をはじめとする最近の技術の急激な変化等に対応すべく内閣府の AI 戦略会議がとりまとめた「AI に関する暫定的な論点整理」（令和 5 年 5 月）を踏まえ、関連する既存のガイドライン（総務省「AI 開発ガイドライン」（平成 29 年）、総務省「AI 利活用ガイドライン」（令和元年）、経済産業省「AI 原則実践のためのガバナンスガイドライン Ver1.1」（令和 4 年））を統合・アップデートし、「AI 事業者ガイドライン（第 1.0 版）」（令和 6 年 4 月 19 日）を策定した。また、文化庁が「AI と著作権に関する考え方について」（令和 6 年 3 月 15 日）を公表し、生成 AI の著作権法上の考え方を明らかにしている。

③　利用規約等への違反

　既存の生成 AI サービスを利用する場合には、当該サービスの利用規約を遵守することも重要である。たとえば、ChatGPT であれば、利用時における表示の規制（AI 生成物であることを示すことや人間と AI の合作である場合に、100%AI や人間が作ったものと誤解を与えるような表示をせず、その役割を説明すること）等が要求されている。生成 AI を社内の業務効率化のために利用する場合には特段問題にはならないと思われるが、成果物（文章や画像）を自社サービス等に利用する場合には特に注意が必要である。

〔上田雅大〕

Q9　生成 AI の利用にかかわる法律

生成 AI サービスの利用に関して問題となる可能性がある法律としては何がありますか。

A　生成 AI サービスを利用する場面に応じてさまざまな法律が問題となりますが、入力、出力段階では主に著作権法等の知的財産法、個人情報保護法が問題になります。また、業法（金融商品取引法・弁護士法等）上の規制や景品表示法・特定商取引法といった消費者法にも留意する必要があります。

解説

(Keyword)　知的財産法、個人情報保護法、業法規制、消費者法

1　知的財産法

生成 AI の利用は、主に学習段階（開発段階）、入力段階、出力段階に分けて論じられることが多いが、いずれの段階でも問題となる法律は、著作権法をはじめとする知的財産法である（ Q8 参照）。

現状、知的財産法のうち、生成 AI との関係で最も問題として議論されているのは、著作権法である。たとえば、生成 AI の学習段階（開発段階）において学習用データに他人の著作物を利用する場合の許諾の要否や、特定の成果物の生成を企図して他人の著作物を利用することの可否との関係で著作権法が問題となるし、入力段階においてもプロンプト自体に著作物性が認められるか、また、著作物をプロンプトとして入力することが可能かどうかといった問題もある。さらに、出力段階においても、出力された AI 生成物の著作権が誰にあるか、また AI 生成物による他人の著作権侵害の成否といった論点がある。これらの問題については、第 2 章の第 1 で詳しく解説する。

著作権法以外で問題となりやすい主な知的財産法として、生成 AI を利用した発明との関係で特許法が、生成 AI を利用したデザインとの関係で意匠法が、生成 AI により作成された標章との関係で商標法が、営業秘密との関係で不正競争防止法がそれぞれ問題となる。これらの問題については、第 2 章の第

2で詳しく解説する。

② 個人情報保護法

　個人情報保護法も、学習段階（開発段階）、入力段階及び出力段階を通して問題となりやすく、生成AIと密接に関連する法律といえる。

　たとえば、学習段階において入力する学習用データに個人情報が含まれている場合や入力段階において個人情報を含むプロンプトを生成AIに入力する場合、いずれも個人情報保護法の利用目的規制や第三者提供規制との関係が問題となるし、外国が関連する場合には越境移転規制との関係も問題となる。また、出力段階においても、生成AIによる生成物に個人の氏名、経歴等の個人情報や要配慮個人情報が含まれる場合に同じく第三者提供規制が問題となるし、個人情報が含まれる出力結果をどこまで利用することが可能かといった問題もある。これらの問題については、第3章の第1で詳しく解説する。

③ その他業法等

　生成AIの利用が、金融商品取引法や弁護士法等の業法に違反しないかは留意する必要がある（**Q8**参照）。弁護士法が法律事務の取扱いを弁護士有資格者に限定しているように、免許や資格等が必要とされている業種の業務を自動化するサービスを（特に有償で）提供する場合のほか、金融商品取引法の勧誘規制のように、業法上、禁止行為とされている行為を生成AIが行うおそれがある場合に問題となりやすい。そのほかに考えられる業法規制としては、医業に関する規制（医師法、薬機法）などがある。

　また生成AIの利用方法によっては、生成AIによる表示が景品表示法で違法となる不当表示に該当したり、特定商取引法で規制される違法な販売勧誘行為に該当したりする可能性もあるので留意が必要である。

〔上田雅大〕

第 2 章

生成 AI と
知的財産権

第1　生成 AI と著作権
1　生成 AI の開発と著作権

Q10　学習用データとしての著作物の利用と著作権者の許諾

　生成 AI を開発する際に他人の著作物を学習用データとして利用する場合、著作権者の許諾を得る必要がありますか。

A　著作権法 30 条の 4 に定める一定の要件を満たせば、著作権者の許諾を得ないで、他人の著作物を学習用データとして利用することが可能です。

解説

Keyword　著作物、著作権、著作権法上の利用行為、権利制限規定、著作権法 30 条の 4

1　著作物とは

　まず、他人のコンテンツや情報の学習用データへの利用が著作権侵害になるためには、当該コンテンツや情報が著作権法上の「著作物」に該当する必要がある。

　著作物とは、著作権法上、「思想又は感情を創作的に表現したものであって、文芸、学術、美術又は音楽の範囲に属するもの」（2 条 1 項 1 号）と定義されている。当該定義は、①「思想又は感情」を含むものであること、②「創作的」であること、③「表現したもの」であること、④「文芸、学術、美術又は音楽の範囲に属するもの」であること、という 4 つの要件に分けることができる。この 4 つの要件をすべて満たしたものが著作物である。

　①の「思想又は感情」とは、社会通念上人間の思想又は感情を指すとされている [1]。また、単なる事実やデータは「思想又は感情」を含むものではない。次に、②の「創作的」といっても、それほど高度な創作性が要求されているわ

---

[1]　加戸守行『著作権法逐条講義〔七訂新版〕』（著作権情報センター、2021 年）22 頁。

けではなく、多少なりとも個性が発揮されていればよい。もっとも、誰が表現しても同じようなありふれたものや他人の表現をそのまま真似たものは「創作的」とはいえない。また、③の「表現したもの」であるといえるためには、頭の中のイメージではなく、外部に認識できる形で具体的に表現されている必要がある。そのため、表現のもととなったアイデアそれ自体や抽象的な画風などは保護の対象とならない。④は、知的・文化的精神活動の所産全般を指すとされており [2]、厳密にどの範囲に属するかが問題となることは実務上ほとんどない。ただし、④は、工業製品のデザインは著作物ではないといった文脈で解釈されることが多い。

② 著作物の利用行為の類型と権利制限規定

(1) 著作物の利用行為の類型

次に、他人のコンテンツや情報の学習用データへの利用が著作権侵害となるためには、当該行為が著作権法上の利用行為に該当する必要がある。

著作権法は、下表1記載のとおり、著作権の対象となる利用行為の類型を定めている（21条～28条）。同法21条～28条に定める各行為を行う権利を一般に支分権と呼んでいる。

これらの利用行為に該当しなければ、著作権者の許諾を得ていなくても、原則として、著作権侵害にはならない [3]。たとえば、本を読んだり、映画や音楽を聴いたり、アプリを操作したりするだけでは、著作権法21条～28条に定める利用行為ではないため、当該行為には著作権（支分権）は及ばない。

〔表1〕著作権（支分権）の概要

複製権（21条）	著作物を印刷、写真、複写、録音その他の方法により有形的に再製する権利
上演権・演奏権（22条）	著作物を公に上演し、又は、演奏する権利
上映権（22条の2）	著作物を公に上映する権利

---

2) 東京高判昭和62・2・19判時1225号111頁〔当落予想表事件〕、加戸・前掲25頁。
3) ただし、著作権法113条は、同法21条～28条の利用行為に該当しない場合であっても、たとえば、プログラムの著作物の海賊版である複製物を海賊版であることを知りながら業務上使用する行為（同法113条5項）など、例外的に侵害とみなす行為を定めている。

公衆送信権・公の伝達権（23条）	著作物を公衆送信し、又は、公衆送信された著作物を公に伝達する権利
口述権（24条）	言語の著作物を公に口述する権利
展示権（25条）	美術の著作物又は未発行の写真の著作物を原作品により公に展示する権利
頒布権（26条）	映画の著作物を、その複製物により頒布する権利
譲渡権（26条の2）	映画の著作物を除く著作物をその原作品又は複製物の譲渡により公衆に提供する権利
貸与権（26条の3）	映画の著作物を除く著作物をその複製物の貸与により公衆に提供する権利
翻訳、翻案権等（27条）	著作物を翻訳、編曲、変形、脚色、映画化、その他翻案する権利
二次的著作物の利用に関する権利（28条）	原著作者の二次的著作物を利用する権利

(2)　権利制限規定

　他人の著作物を利用する場合には、原則として、当該著作物の権利者から許諾を得る必要がある。

　しかし、著作権法は、一定の例外的な場合には、著作権者の許諾を得ないで利用できる場合を定めている。これらの例外的な場合を定めた条項を権利制限規定といい、著作権法は、たとえば、下表2記載のとおり、著作権が制限される場合を個別に列挙している（30条〜47条の7）。

〔表2〕権利制限規定の例

私的使用のための複製（30条）	家庭内で個人的な目的で使用するための著作物の複製
著作物に表現された思想又は感情の享受を目的としない利用（30条の4）	次の①②③に掲げる場合その他の当該著作物に表現された思想又は感情を自ら享受し又は他人に享受させることを目的としない著作物の利用

	①　著作物の録音、録画その他の利用に係る技術の開発又は実用化のための試験の用に供する場合 ②　情報解析の用に供する場合 ③　著作物の表現についての人の知覚による認識を伴うことなく当該著作物を電子計算機による情報処理の過程における利用その他の利用に供する場合
引用（32条）	公正な慣行に合致することや引用の目的上正当な範囲内で行われることを条件とする他人の公表された著作物の引用
電子計算機による情報処理及びその結果の提供に付随する軽微利用等（47条の5）	1　次の①②③に掲げる行為を行う者が、公衆への提供等が行われた著作物（公衆提供等著作物）について、当該行為の目的上必要な限度において行う、当該行為に付随する軽微利用 ①　電子計算機を用いて、検索により求める情報（検索情報）が記録された著作物の題号又は著作者名、送信可能化された検索情報に係るURLその他の検索情報の特定又は所在に関する情報を検索し、及びその結果を提供すること ②　電子計算機による情報解析を行い、及びその結果を提供すること ③　上記①②以外のほか、電子計算機による情報処理により、新たな知見又は情報を創出し、及びその結果を提供する行為であって、国民生活の利便性の向上に寄与するものとして政令で定めるもの 2　上記①②③に掲げる行為の準備を行う者による公衆提供等著作物の複製、公衆送信、複製物の頒布

③　著作権法30条の4

　上記の権利制限規定のうち、生成AIを開発する際に適用しうる規定として、以下の著作権法30条の4がある。

（著作物に表現された思想又は感情の享受を目的としない利用）
第三十条の四　著作物は、次に掲げる場合その他の当該著作物に表現された思想又は感情を自ら享受し又は他人に享受させることを目的としない場合には、その必要と認められる限度において、いずれの方法によるかを問わず、利用することができる。ただし、当該著作物の種類及び用途並びに当該利用の態様に照らし著作権者の利益を不当に害することとなる場合は、この限りでない。

> 一　著作物の録音、録画その他の利用に係る技術の開発又は実用化のための試験の用に供する場合
> 二　情報解析（多数の著作物その他の大量の情報から、当該情報を構成する言語、音、影像その他の要素に係る情報を抽出し、比較、分類その他の解析を行うことをいう。第四十七条の五第一項第二号において同じ。）の用に供する場合
> 三　前二号に掲げる場合のほか、著作物の表現についての人の知覚による認識を伴うことなく当該著作物を電子計算機による情報処理の過程における利用その他の利用（プログラムの著作物にあつては、当該著作物の電子計算機における実行を除く。）に供する場合

　著作権法 30 条の 4 は、次の①②③の場合その他の「**当該著作物に表現された思想又は感情を自ら享受し又は他人に享受させることを目的としない場合**」には、著作物を、その必要と認められる限度において、「**いずれの方法によるかを問わず、利用することができる**」と定めている。

①　著作物の録音、録画その他の利用に係る技術の開発又は実用化のための試験の用に供する場合。

②　情報解析の用に供する場合。

③　著作物の表現についての人の知覚による認識を伴うことなく当該著作物を電子計算機による情報処理の過程における利用その他の利用に供する場合。

　上記①②③の場合は、いずれも例示列挙であって、これらに該当しない場合でも、著作権法 30 条の 4 の柱書に定める「当該著作物に表現された思想又は感情を自ら享受し又は他人に享受させることを目的としない場合」であれば、同条が適用されうることになる（「表現された思想又は感情」の「享受」の意味について、詳しくは Q17 参照）。

　生成 AI を開発する際には、著作物を含むさまざまなコンテンツや情報を学習用データとして学習させる必要があるが、一般に、このような学習に供することは、著作権法 30 条の 4 第 2 号の「情報解析の用に供する場合」に該当するとされている。そのため、生成 AI を開発する際に、他人の著作物に表現された思想又は感情を自ら享受し又は他人に享受させることを目的としていなければ、同条により、その著作権者の許諾を得ないで、学習用データとして利用することが可能である。このように、同条は、生成 AI の開発に著作物を利用

するにあたって最も有用な規定である。

　もっとも、著作権法 30 条の 4 は、そのただし書きにおいて、「**当該著作物の種類及び用途並びに当該利用の態様に照らし著作権者の利益を不当に害することとなる場合は、この限りでない**」と定めているため、著作権者の利益を不当に害する場合には利用が制限されることになることに注意が必要である。どのような場合が同条ただし書きに該当するかについては、 Q12 、 Q15 を参照されたい。

　この著作権法 30 条の 4 の規定は、著作隣接権の目的となっている実演、レコード、放送又は有線放送の利用についても準用されている（同法 102 条 1 項）。そのため、著作隣接権の権利者（実演家、レコード製作者、放送事業者、有線放送事業者）の権利も 30 条の 4 により制限される。

　なお、複製権の制限により作成された複製物の譲渡を定めた著作権法 47 条の 7 でも、同法 30 条の 4 の規定の適用を受けて作成された複製物を譲渡により公衆に提供することができる旨が定められている[4]。そもそも、30 条の 4 は、「いずれの方法によるかを問わず、利用することができる」と定めているため、47 条の 7 で定めなくても複製物の譲渡もできるはずであるが、同条に定めておかないと、30 条の 4 の規定の適用を受けて作成された複製物の譲渡が権利制限の対象となっていないとの反対解釈を招くことから、47 条の 7 で確認的に規定されたものである[5]。そのため、30 条の 4 の規定の適用を受けて作成された複製物の譲渡権の制限は、47 条の 7 ではなく、あくまでも 30 条の 4 により行われることになる。

　また、権利制限規定の適用を受けて作成された複製物の目的外使用等の制限を定めた著作権法 49 条でも、同法 30 条の 4 に関する規定が特に設けられている。すなわち、30 条の 4 の規定の適用を受けて作成された著作物の複製物について、当該著作物に表現された思想又は感情を自ら享受し又は他人に享受させることを目的としてそれを利用する場合には、その利用（ここでいう利用には視聴等を含む[6]）の時点で複製を行ったものとみなす旨が定められている（49 条 1 項 2 号）。30 条の 4 の規定の適用を受けて作成された二次的著作物につ

---

4)　ただし、著作権法 30 条の 4 の規定の適用を受けて作成された著作物の複製物を当該著作物に表現された思想又は感情を自ら享受し又は他人に享受させる目的のために公衆に譲渡する場合は、この限りではない（著作権法 47 条の 7 ただし書き）。

5)　加戸守行『著作権法逐条講義〔七訂新版〕』（著作権情報センター、2021 年）429 頁。

いても同様である（49条2項3号）。

4　設問への回答

　以上のとおり、生成 AI を開発する際に、著作権法30条の4の要件を満たせば、他人の著作物をその著作権者の許諾を得ないで、学習用データとして利用することが可能である。

　なお、著作権法47条の5は、同条1項の1号～3号に該当するサービス（所在検索サービスや情報解析サービス等）の提供事業者は、公衆への提供等が行われた著作物について、当該各号の行為（所在検索や情報解析等及びその結果の提供）の目的上必要な限度で、当該行為に付随して、軽微利用を行うことができ（1項）、その行為の準備を行う者は、当該著作物の複製、公衆送信、複製物の頒布を行うことができると定めている（2項）。同法30条の4の要件を満たさない場合でも、47条の5の要件を満たす場合には、その範囲内で、生成 AI を開発する際に、他人の著作物をその著作権者の許諾を得ないで、学習用データとして利用することもありうる。詳細は Q32 を参照されたい。

〔上村哲史〕

---

6)　著作権法49条1項2号では「利用」との文言が用いられているが、ここでいう「利用」には、支分権の対象となる利用行為（表1参照）に限らず、視聴等を含め、著作物に表現された思想又は感情を自ら享受し又は他人に享受させることを目的とする行為が含まれると解されている（文化庁著作権課「デジタル化・ネットワーク化の進展に対応した柔軟な権利制限規定に関する基本的な考え方（著作権法第30条の4、第47条の4及び第47条の5関係）」（令和元年10月24日）62頁、加戸・前掲444頁～445頁、小泉直樹ほか『条解著作権法』（弘文堂、2023年）579頁～580頁）。

Q11　他人の著作物を含む学習用データの提供・販売と著作権者の許諾

　生成 AI を開発するために収集した他人の著作物を含むデータを学習用データとして第三者に提供・販売する場合、著作権者の許諾を得る必要がありますか。

A　著作権者の許諾を得なくても、生成 AI を開発するために収集した他人の著作物を含むデータを学習用データとして第三者に提供・販売することは可能です。

------- 解説 -------

(Keyword)　著作権法 30 条の 4（「いずれの方法によるかを問わず、利用」）

1　他人の著作物を生成 AI の学習に供することの可否

　生成 AI を開発するためには、著作物を含むさまざまなデータを学習用データとして学習させる必要がある。生成 AI の開発事業者が当該データを収集して生成 AI の学習に供することは、著作権法 30 条の 4 の要件を満たす限りにおいて、著作権者の許諾を得る必要がない（同条の一般的な要件については Q10 参照。「著作権者の利益を不当に害することとなる場合」は利用が制限されるが、その具体例については Q12 参照）。

2　他人の著作物を含む学習用データの提供・販売の可否

　では、たとえば、ある事業者が、生成 AI の開発のために他人の著作物を含むデータを収集し、自分自身で生成 AI を開発するのではなく、それを学習用データとして第三者である生成 AI の開発事業者に提供・販売するビジネスを行うような場合、著作権者の許諾を得る必要があるだろうか。

　著作権法上、他人の著作物を複製するときは複製権（21 条）、それをインターネットで提供・販売するときは公衆送信権（23 条 1 項）、物理的な媒体で提供・販売するときは頒布権（26 条。映画の著作物の場合）や譲渡権（26 条の 2。映画の著作物以外の著作物の場合）が問題となりうる。

　しかし、著作権法 30 条の 4 は、①著作物の録音、録画その他の利用に係る技術の開発又は実用化のための試験の用に供する場合、②情報解析の用に供する場合、③著作物の表現についての人の知覚による認識を伴うことなく当該著作物を電子計算機による情報処理の過程における利用その他の利用に供する場合のほか、「当該著作物に表現された思想又は感情を自ら享受し又は他人に享受させることを目的としない場合」（非享受目的の場合。**Q17** 参照）には、著作物を必要と認められる限度において、「**いずれの方法によるかを問わず、利用することができる**」と定めている。これは、文字通り、非享受目的の場合であれば、その著作物について、その目的のために必要な限度で、どのような方法であったとしても、同法 21 条〜28 条に定めるすべての利用行為（**Q10** 参照）ができるということである。

　そのため、事業者が、非享受目的の場合である限り、著作権法 30 条の 4 により[1)]、著作権者の許諾を得なくても、他人の著作物を含むデータを収集し、それを学習用データとして第三者に提供・販売するビジネスを行うことも可能である。

3　設問への回答

　生成 AI の開発のために他人の著作物を含むデータを収集し、それを学習用データとして第三者に提供・販売することは、他人の著作物に表現された思想又は感情を自ら享受し又は他人に享受させることを目的とするものではないと考えられる。したがって、著作権者の許諾を得ることなく、生成 AI を開発するために収集した他人の著作物を含むデータを学習用データとして第三者に提供・販売することは可能である。

　もっとも、著作権法の議論とは別に、学習用データの提供・販売事業者が、ある生成 AI 開発事業者から委託を受けて他人の著作物を含むデータを収集したような場合において、委託元との間の業務委託契約において、当該委託元とは別の生成 AI 開発事業者に対して、当該データを学習用データとして提供・

---

1)　なお、著作権法 47 条の 7 でも、同法 30 条の 4 の規定の適用を受けて作成された複製物を譲渡により公衆に提供することができる旨が定められているが、47 条の 7 は 30 条の 4 の規定の適用を受けて作成された複製物の譲渡が権利制限の対象となっていないとの反対解釈を招かないようにするための確認的な規定であるから、同条の規定の適用を受けて作成された複製物の譲渡権の制限は、47 条の 7 ではなく、あくまでも 30 条の 4 により行われることになる（詳しくは **Q10** 参照）。

販売することを制限される可能性があるので、その点には留意が必要である。

〔上村哲史〕

Q12　著作権法30条の4ただし書きによる著作物の利用制限

　著作権法30条の4ただし書きで著作物の利用が制限される「著作権者の利益を不当に害することとなる場合」とは、どのような場合ですか。たとえば、対話型文章生成AIに、ある小説家の作風に類似した作品を出力させることを目的にその小説家の作品のすべてを追加学習させることは、著作権法上許されますか。また、2人の小説家の作風が融合した作品を出力させる目的でその2人の小説のみを全作品追加学習させることは、著作権法上許されますか。

A　「著作権者の利益を不当に害することとなる場合」としては、これまで、著作権者の著作物の利用市場と衝突するか、あるいは将来における著作物の潜在的市場を阻害する場合が想定されてきましたが、生成AIの出現を受け、今後、従前とは異なる価値判断・政策的判断が行われる可能性もあります。

　1つ目の事例については、明確な解釈等が定まらない現時点において、著作権法30条の4ただし書きに該当するリスクを否定できず、このような利用方法は控えることが保守的な対応といえます。2つ目の事例については、現時点における著作権法の解釈としては許容されるものと思われますが、生成AIというこれまでの議論の前提状況を超えるツールの登場に伴い、今後、このような利用方法が「著作権者の利益を不当に害する」と解釈される可能性も否定できません。

::::::::: 解説 :::::::::

Keyword　著作権法30条の4ただし書き（「著作権者の利益を不当に害することとなる場合」）

1　著作権法30条の4ただし書きの趣旨

　著作権法30条の4は、著作物に表現された思想又は感情の享受を目的としない利用について、必要と認められる限度であれば、原則として、著作権者の

許諾を得ずに利用することができる旨を規定している。他方で、同条ただし書きにより、そのような利用であっても、「著作権者の利益を不当に害することとなる場合」には、例外的に、著作権者の許諾が必要となるとする（**Q10** 参照）。

　著作権法 30 条の 4 ただし書きの「著作権者の利益を不当に害することとなる場合」の該当性は、著作権法において同様のただし書きを規定している他の権利制限規定（35 条 1 項等）と同様、「著作権者の著作物の利用市場と衝突するか、あるいは将来における著作物の潜在的市場を阻害するかという観点から判断される」とされている¹⁾。そして、その具体例として、「大量の情報を容易に情報解析に活用できる形で整理したデータベースの著作物が販売されている場合に、当該データベースを情報解析目的で複製等する行為は、当該データベースの販売に関する市場と衝突するもの」として「著作権者の利益を不当に害することとなる場合」であるとされている²⁾。この点については、文化審議会著作権分科会法制度小委員会「AI と著作権に関する考え方について」（令和 6 年 3 月 15 日）（以下「文化審考え方」という）23 頁でも確認されている。また、もともとこのただし書きは、平成 30 年の改正時に権利者の正当な利益の適切な保護を図るために規定されたものとされている。このような経緯との関係で、改正前の著作権法（改正前著作権法 30 条の 4、同 47 条の 7）の下で適法に行うことができた行為については、基本的には、ただし書きの適用を受けるものではなく、引き続き、著作権者の許諾なく実施できるものと整理されていた³⁾（著作権法 30 条の 4 ただし書きの趣旨については **Q15** も参照）。

❷　生成 AI を用いた場合にただし書きに該当する行為

　著作権法 30 条の 4 ただし書きに関し、生成 AI を利用する場合には、どのような行為が該当するだろうか。

　たとえば、特定の作家やクリエイターの作風を模倣したイラストやテキストを出力させる目的で、特定の作家やクリエイターの作品のみを生成 AI に学習させる行為は、これに該当するだろうか⁴⁾。現時点で、このような行為に関す

---

1)　文化庁著作権課「デジタル化・ネットワーク化の進展に対応した柔軟な権利制限規定に関する基本的な考え方（著作権法第 30 条の 4、第 47 条の 4 及び第 47 条の 5 関係）」（令和元年 10 月 24 日）9 頁（問 9 回答）参照。
2)　同上。
3)　文化庁著作権課・前掲 9 頁（問 10 回答）参照。

る明確な解釈を示すガイドラインや裁判例はないが、ただし書きに規定する当
該作家やクリエイターの「利益を不当に害することとなる場合」に該当する余
地もあろう。たとえば、ディズニー映画風の新しい映画を作る AI を開発する
ために、ディズニー映画すべてをコンピュータに入力して機械学習させる行為
について、上述した「著作権者の著作物の潜在的市場を阻害するか」という
観点から、ディズニー映画という「当該著作物」と潜在的に競合する映画を作
成する用途で、(既存のディズニー映画という) 著作物をデータとして入力して
いることになるため、将来における著作物の潜在的販路を阻害する可能性があ
り、「著作権者の利益を不当に害することとなる」との見解も見られる[5]。

　他方で、著作権法上アイデアは保護されず、思想又は感情を創作的に表現し
た物のみが保護の対象となることから[6]、「作風」は著作権法の保護対象では
なく、ただし書きには該当しないという整理もありうる。

　この点に関し、文化審考え方 23 頁では、アイデア等が類似するにとどまる
ものが大量に生成されることにより、特定のクリエイター又は著作物に対する
需要が、AI 生成物によって代替されてしまう事態が生じることは想定されう
るが、「生成物が学習元著作物の創作的表現と共通しない場合には、著作権法
上の『著作権者の利益を不当に害することになる場合』には該当しないと考え
られる」とされ、「作風や画風といったアイデア等が類似するにとどまり、既
存の著作物との類似性が認められない生成物は、これを生成・利用したとして
も、既存の著作物との関係で著作権侵害とはならない」と示されている一方、
特定のクリエイター又は著作物に対する需要が、AI 生成物によって代替され
てしまう事態が生じる場合に関し、「『著作権者の利益を不当に害することとな
る場合』に該当し得ると考える余地があるとする意見が一定数みられた」とも
示されている。すなわち、文化審考え方でも一定の解釈が明確に示されたとは
いえない。

　また、文化審考え方 24 頁では、「特定のクリエイターの作品である少量の著

---

4)　なお、このような行為は、そもそも著作権法 30 条の 4 本文における「思想又は感情の享受を目的
　　としない利用」といえるのかの検討も必要である点には留意が必要である。
5)　愛知靖之「AI 生成物・機械学習と著作権法」パテント 73 巻 8 号 (2020) 142 頁。この見解に疑問
　　を呈するものとして、奥邨弘司「生成 AI と著作権に関する米国の動き」コピライト 747 号 (2023)
　　47 頁。
6)　最判平成 13・6・28 民集 55 巻 4 号 837 頁〔江差追分事件〕。

作物のみを学習データとして追加的な学習を行う場合」について、追加学習に
用いられた作品群が、当該クリエイターの作風にとどまらず、創作的表現をも
共通する作品群となる場合もありうるとして、思想又は感情の享受目的が併存
する可能性にも言及されている。さらに、生成・利用段階において、生成物に
当該作品群の創作的表現が直接感得できる場合には、著作権侵害に当たりうる
と言及されていることにも留意すべきである。

　加えて、文化審考え方では、著作権法 30 条の 4 ただし書きに該当するかを
検討すべき具体的な学習態様として、上記で紹介した特定のクリエイターの著
作物を少量学習する場合等の考え方のほか、①学習のための複製等を防止する
技術的な措置が施されている場合等の考え方や②海賊版等の権利侵害複製物を
AI 学習のために複製することに関する検討の成果も示された。

　①については、「〔ウェブサイト内で〕AI 学習のための著作物の複製等を防
止する技術的な措置が講じられており、かつ、このような措置が講じられてい
ることや、過去の実績……といった事実から、当該ウェブサイト内のデータを
含み、情報解析に活用できる形で整理したデータベースの著作物が将来販売さ
れる予定があることが推認される場合には、この措置を回避して、クローラ
により当該ウェブサイト内に掲載されている多数のデータを収集することによ
り、AI 学習のために当該データベースの著作物の複製等をする行為は、当該
データベースの著作物の将来における潜在的販路を阻害する行為として、……
本ただし書に該当」するという考え方が示されている（文化審考え方 26 頁～27
頁）。ただし、上記の考え方に対しては、文化審考え方においても異論が示さ
れており（文化審考え方 27 頁注 32、33）、①の局面で、著作権法 30 条の 4 ただ
し書き該当性をどのように考えるべきかは引き続き、検討されることとなろう。

　また、②については、「海賊版等の権利侵害複製物を掲載するウェブサイ
トからの学習データの収集」に関し、著作権者の利益を不当に害するかどう
か（著作権法 30 条の 4 ただし書きに該当するか）の結論は示されていない。すな
わち、文化審考え方では、「AI 開発事業者や AI サービス提供事業者において
は、学習データの収集を行うに際して、海賊版を掲載しているウェブサイトか
ら学習データを収集することで、……当該行為が新たな海賊版の増加といった
権利侵害を助長するものとならないよう十分配慮した上でこれを行うことが
求められる」（文化審考え方 28 頁）とされるにとどまり、AI 開発事業者や AI

サービス提供事業者が海賊版等の権利侵害複製物を学習データとして収集することを直ちにただし書きに該当するものとはしていない。また、「ウェブサイトが海賊版等の権利侵害複製物を掲載していることを知りながら、当該ウェブサイトから学習データの収集を行うといった行為」についても、著作権者の利益を不当に害するかどうかの結論は示しておらず、「厳に……慎むべきもの」とされるにとどまる。

3　設問への回答

　このような議論状況に照らせば、設問の 1 つ目の事例の場合（ある小説家の作風に類似した作品を出力させることを目的にその小説家の作品のすべてを追加学習させる場合）には、将来的に当該特定の小説家の経済的利益を不当に害する可能性を持つといえ、著作権法 30 条の 4 ただし書きに該当するとされる可能性を否定できない。他方で、追加学習後の生成 AI について、追加学習をさせた者自身による利用が予定されており、このような追加学習の結果出力される生成物について、AI 生成作品であることが明示されるのであれば、特定の小説家の作風に類似する作品が出力されたとしても、当該特定の小説家の潜在的な市場を阻害するおそれはなく（需要者（消費者）において、オリジナル作品と AI 生成作品とは当然区別される）、このような追加学習も同条本文で認められるようにも思われる。しかし、明確な解釈等が定まらない現時点では、同条ただし書きに該当するリスクも否定できないことから、1 つ目の事例のような利用方法は控えることが保守的な対応といえよう。このような利用方法に関しては、生成 AI の利用に関する今後の内閣府・文化庁等の議論状況を注視すべきである。なお、出力された作品が当該特定の小説家のオリジナル作品に類似していた場合に、別途、生成物について著作権侵害の可能性があることにも留意が必要である。

　設問の 2 つ目の事例の場合（2 人の小説家の作風が融合した作品を出力させる目的でその 2 人の小説のみを全作品追加学習させること）も、1 つ目の事例同様、明確な解釈等は定まっていない。しかし、この事例の場合、追加学習により異なる著作者の「作風」を融合させることが目的とされているにすぎず、また、このような利用方法は、著作権者の著作物の利用市場と衝突するとも、将来における著作物の潜在的市場を阻害するともいえないから、現時点の著作権法の

解釈として許容されると思われる。ただし、小説家等のクリエイターが、生成
AI によって、自らの作風とまったく異なる者の作風が機械的に融合されるこ
とへの「拒否感」を持つことも想定される（著作権者の意思と著作物の利用につ
いて Q15 参照）。そのため、生成 AI というこれまでの議論の前提状況を超える
ツールの登場に伴い、著作権の保護法益に関する従前の議論とはまったく異な
る価値判断・政策的判断として、2 つ目の事例のような利用方法は「著作者の
利益を不当に害する」と解釈される可能性も否定できない。

　また、設問のいずれの事例の場合も、追加学習を行う作品の分量次第で、結
論が変わる可能性がある。

〔堺有光子〕

Q13　画風を再現するための他人の著作物の追加学習

　画像生成 AI に、ある画家の画風を再現させる目的で、その画家の作品のみを追加学習させることは、著作権法上許されますか。

A　著作権者の著作物の利用市場と衝突するか、あるいは将来における著作物の潜在的市場を阻害する場合であるとして、著作権法 30 条の 4 ただし書きの「著作者の利益を不当に害することとなる場合」に該当するとして許されないとされる可能性もあるほか、生成 AI の出現を受け、今後、従前とは異なる価値判断・政策的判断が行われ、当該ただし書きに該当し認められないとされる可能性もあります。また、生成物が著作権法違反とされる可能性が高いことも踏まえれば、質問のような利用方法は控えるか、実施するとしても、生成物が著作権侵害となるような類似性がないことをチェックする方策を講じるべきであると思われます。

解説

(Keyword)　著作権法 30 条の 4 ただし書き（「著作権者の利益を不当に害することとなる場合」）

1　著作権法 30 条の 4 ただし書き

　著作権法 30 条の 4 は、著作権者の許諾を得ることなく、生成 AI の開発事業者が他人の著作物を含むデータを収集して生成 AI の学習に供することを認めているが、ただし書きで「著作物の種類及び用途並びに当該利用の態様に照らして、著作権者の利益を不当に害することとなる場合」には、その利用を制限している（同条の一般的な要件については **Q10** 参照）。

2　設問への回答

　著作権法上アイデアは保護されず、思想又は感情を創作的に表現した物のみが保護の対象となることからすれば（**Q12** 参照）、設問の事例の場合も作風にすぎない「画風」は著作権法の保護対象ではなく、したがって、画風を再現さ

せる目的で、ある特定の画家の作品のみを画像生成 AI に追加学習させること
は、著作権法 30 条の 4 で認められている行為であるとも考えられる。

　他方で、クリエイターの意見としては、作風それ自体の保護を求める声も
見られるところであり [1]、このような行為が著作権法 30 条の 4 ただし書きの
「著作者の利益を不当に害することとなる場合」とされるべきであるかに関し
ては、将来における当該特定の画家の作品の潜在的販路を阻害する可能性があ
るかという観点からの検討も行われる（Q12 参照）。また、特定の小説家や脚
本家の作風を再現させる目的で、対話型文章生成 AI に特定の小説家等の作品
のみを追加学習させる行為に関する議論（Q12 参照）と同様、生成 AI という
従前の議論の前提状況を超えるツールの登場に伴い、著作権法の保護法益に
関する従前の議論とはまったく異なる価値判断・政策的判断として、設問の事
例のような利用方法も「著作者の利益を不当に害する」ものであり、著作権法
30 条の 4 ただし書きに該当し認められないと解釈される可能性も否定できな
い。ただし、クリエイターの意見の中には、既存の著作者風のものは、その著
作者に対するリスペクトがあり、その著作者風のものが受け継がれることで、
創作の世界が発展してきたのであるから、生成 AI に学習されることは、自分
の作風が受け継がれていくという観点から肯定的に捉えているという意見もあ
り [2]、著作者であるクリエイター側の意見も多種多様といえる。

　また、このような追加学習を行った結果出力される生成物が、オリジナル作
品に類似する可能性は相応に高まることから、結果として、生成物自体がオリ
ジナル作品に対する著作権を侵害する（可能性が高い）ものとして結局利用で
きないことが考えられる。そうすると、リスク判断次第ではあるが、設問のよ
うな追加学習行為が著作権法 30 条の 4 ただし書きに該当するか否かとは別の
観点から、結局、このような利用方法は控えたほうがよいという考え方も十分
ありうるだろう。また、このような利用方法を行うとしても、生成物と学習対

---

1)　本文記載の意見のほか、文化審議会著作権分科会法制度小委員会「AI と著作権に関する考え方に
　ついて」（令和 6 年 3 月 15 日）23 頁でも、「特定のクリエイター又は著作物に対する需要が、AI 生
　成物によって代替されてしまうような事態が生じる場合、『著作権者の利益を不当に害することとな
　る場合』に該当し得ると考える余地がある」という意見も示されているほか、「追加学習で作為的な
　読み込みをして、特定の作家風の生成ができなくなるような抑制的な開発や運用を希望する」という
　意見も見られる（文化審議会著作権分科会法制度小委員会令和 5 年度第 3 回（令和 5 年 10 月 16 日）
　資料 5「生成 AI に関するクリエイターや著作者等の主な御意見（未定稿）」（2023 年 10 月）3 頁）。
2)　前掲「主な御意見（未定稿）」3 頁。

象となったオリジナル作品との間に、著作権侵害となるような類似性がないかは、何らかの方法でチェックすることが望ましい。

　なお、設問の事例及び著作権法の適用場面からは離れるが、画像生成 AI により、専ら特定の人に酷似した画像を生成する目的で、当該特定人の顔画像（写真）のみを収集して処理学習させる行為についても、上記の議論と同様、著作権法30条の4ただし書きに該当し認められないとされる可能性があることに加え、肖像権侵害やパブリシティ侵害に該当するとされる可能性もある点にも留意が必要である（生成 AI と肖像権・パブリシティ権については第三章の第2参照）。

〔堺有光子〕

Q14　生成 AI に学習させる他人の著作物の改変

　画像生成 AI に学習させる画像を、必要な範囲で改変することは、著作権法上許されますか。

A　改変の程度にもよりますが、些細な変更とはいえない場合には、著作権法 20 条 2 項 4 号の適用除外に該当しない限り、画像生成 AI に学習させる画像を必要な範囲で改変することは、同一性保持権の侵害となります。

━━━ **解説** ━━━━━━━━━━━━━━━━━━━━━━━━━━━━━━━━━━━━━━

(Keyword)　改変、同一性保持

1　著作権法 30 条の 4 と著作者人格権の関係

　著作権法 30 条の 4 は各号に定める場合その他の「**当該著作物に表現された思想又は感情を自ら享受し又は他人に享受させることを目的としない場合**」には、著作物を、その必要と認められる限度において、「**いずれの方法によるかを問わず、利用することができる**」と定めており、一般に、著作物を含むさまざまなコンテンツや情報を学習用データとして学習に供することは、同条 2 号の「情報解析の用に供する場合」に該当するとされている（**Q10** 参照）。そのため、生成 AI を開発する際に、他人の著作物に表現された思想又は感情を自ら享受し又は他人に享受させることを目的としていなければ、同条により、その著作権者の許諾を得ないで、学習用データとして「利用」することが可能である。そして、同条の権利制限の対象となる「利用」には、支分権（**Q10** 参照）の対象となる行為すべてが含まれているため[1]、改変を伴う複製・翻案を行うことも同条により権利制限の対象となる。

　しかし、著作者人格権との関係では、権利制限規定は影響を及ぼすものではなく（著作権法 50 条）、著作権法 30 条の 4 の権利制限を理由に同一性保持権の侵害が否定されることにはならない。

---

1)　文化庁著作権課「著作権法の一部を改正する法律（平成 30 年改正）について（解説）」25 頁。

　したがって、生成AIに著作物を含むさまざまなコンテンツや情報を学習用データとして学習に供すること自体に、著作権法30条の4が適用されるとしても、既存の著作物を必要な範囲で改変することは著作者人格権の一つである同一性保持権との関係では問題になりうる。

２　同一性保持権（著作権法20条）

（1）　同一性保持権の内容

　著作権法は、著作者の権利として、著作権（21条〜28条に定める各行為を行う権利）のほかに著作者人格権（18条〜20条）を定めている（17条）。

　著作者人格権の中でも、設問のように既存の著作物を改変して利用する場合には、同一性保持権（著作権法20条）が問題となる。同一性保持権とは、自己の著作物の内容や題号を、自己の意に反して改変（変更・切除等）されない権利である（同条1項）。条文を形式的に解釈すれば、あらゆる些細な変更も同一性保持権の侵害に該当するように読めるが、実務上は、同一性保持権の侵害が認められるのは、常識的な範囲にとどまるものと解釈されている。たとえば、小説や映画の重要な場面をカットしたり、作品画像の色味を変更したりすること等は些細な変更とはいえず、同条2項各号の適用除外（下記(2)で後述する）に該当しない限り、同一性保持権の侵害になると考えられる。なお、原著作物の表現性質上の本質的特徴を感得させないまでに大幅な変更を加えた場合には、もはや「改変」とはいえず、同一性保持権を侵害しない[2]。

（2）　同一性保持権の適用除外

　著作権法20条2項各号は、同条1項の適用を除外する場合を以下のとおり定めている。

---

① 　教科用図書や教科用代替教材等への掲載、教科用拡大図書等の作成、学校教育番組の放送等において、学校教育の目的上やむをえないと認められる改変

② 　建築物の増改築等

③ 　コンピュータ・プログラムのバグの修正やバージョンアップなどの修正・機能追加等

④ 　その他著作物の性質並びにその利用の目的及び態様に照らしやむをえないと認められる改変

---

2)　中山信弘『著作権法〔第4版〕』（有斐閣、2023年）634頁。

　④の著作物の性質並びにその利用の目的及び態様に照らしやむをえないと認められる改変の例としては、印刷機の性能上、原著作物の色彩がうまく出ない場合や、演奏・歌唱技術の未熟等により「演奏が下手」という場合などが挙げられる[3]。上記の例示を踏まえると、著作権法 20 条 2 項 4 号のやむをえないと認められる改変とは、技術上の問題で多少の改変が避けられないような場合などかなり限られた場面に限定されると考えられる。

3　設問への回答

　上記 1 のとおり、著作権法 30 条の 4 の権利制限規定は、著作者人格権には影響を及ぼさず、画像生成 AI に学習させる画像を、必要な範囲で改変することは、同一性保持権を侵害する可能性がある。

　改変の程度にもよるが、些細な変更とはいえない場合には、著作権法 20 条 2 項 4 号の適用除外に該当しない限り、画像生成 AI に学習させる画像を必要な範囲で改変することは、同一性保持権の侵害となる。もっとも、画像生成 AI の学習に用いるのみであり、改変した著作物を第三者に提供することがなければ、実際に同一性保持権の侵害が問題となる可能性は低いと考えられる。

〔佐藤真澄〕

---

3)　加戸守行『著作権法逐条講義〔七訂新版〕』（著作権情報センター、2021 年）187 頁。

> ## Q15　著作権者の意思と生成 AI の学習
>
> 　著作権者が自己の作品を AI の学習に利用されたくない旨の意思を示している場合、その作品を生成 AI の学習に用いることは、著作権法上許されますか。

A　著作権者が自己の作品を AI の学習に利用されたくない旨の意思を示しているとしても、その理由が単に嫌だというだけであれば、その作品を生成 AI の学習に用いることは著作権法上許されます。

解説

(Keyword)　著作権法 30 条の 4 ただし書き（「著作権者の利益を不当に害することとなる場合」）

■　著作権法 30 条の 4 ただし書きの趣旨

　著作権法 30 条の 4 は、著作権者の許諾を得ることなく、生成 AI の開発事業者が当該データを収集して生成 AI の学習に供することを認めているが、ただし書きで「著作物の種類及び用途並びに当該利用の態様に照らして、著作権者の利益を不当に害することとなる場合」には、その利用を制限している（同条の一般的な要件については Q10 参照）。

　著作権法 30 条の 4 ただし書きが設けられた趣旨は、同条の権利制限の対象となる行為は通常著作権者の利益を害するものではないものの、著作物に表現された思想又は感情の享受を目的としない利用（非享受目的利用）を幅広く権利制限の対象とする柔軟性の高い規定となっていること、技術の進展等により現在想定されない新たな利用態様が現れる可能性もあること、著作物の利用市場もさまざま存在することから、同条の対象となる行為によって著作権者の利益が不当に害されることがないようにするためである[1]。

---

1)　文化庁著作権課「著作権法の一部を改正する法律（平成 30 年改正）について（解説）」25 頁。

2　どのような場合が「著作権者の利益を不当に害することとなる場合」に該当するのか

　著作権法 30 条の 4 ただし書きに該当するか否かは、著作権者の著作物の利用市場と衝突するか、又は将来における著作物の潜在的販路を阻害するかという観点から個別具体的に判断するとされている[2]。

　そして、著作権法 30 条の 4 ただし書きに該当する例として、同条のベースになった改正前著作権法 47 条の 5 ただし書きの対象であった「情報解析を行う者の用に供するために作成されたデータベースの著作物」を情報解析目的で利用する行為が挙げられている[3]。なお、生成 AI を利用する場合の「著作権者の利益を不当に害することとなる場合」の議論については、 Q12 も参照されたい。

　著作権法 30 条の 4 ただし書きは、著作権法の利用行為の制限規定の例外であるから、ここでいう「著作権者の利益」は、あくまで著作権法上認められる著作権者としての利益である必要があり、感情の問題など、著作物の利用による利益と離れた利益はこれに当たらないものと考えられる。

3　設問への回答

　設問のように、著作権者が自己の作品を AI の学習に利用されたくない旨の意思を示している場合であっても、著作権者が利用されたくない理由が単に嫌だというだけでは、その作品の利用市場が害されたり、あるいは将来におけるその作品の潜在的販路が阻害されたりするわけでもなく、著作物の利用による利益と離れた利益であると考えられる[4]。したがって、その作品を生成 AI の

---

2)　文化庁著作権課・前掲 25 頁。文化審議会著作権分科会法制度小委員会「AI と著作権に関する考え方について」（令和 6 年 3 月 15 日）（以下「文化審考え方」という）23 頁でも同様の考え方が示されている。

3)　加戸守行『著作権法逐条講義〔七訂新版〕』（著作権情報センター、2021 年）284 頁。なお、この場合は、データベースの著作物の「享受」であるため、著作権法 30 条の 4 が適用されないという見解もある（前田健「柔軟な権利制限規定の設計思想と著作権者の利益の意義」同志社大学知的財産法研究会編『知的財産法の挑戦 II』（弘文堂、2020 年）236 頁）。

4)　文化審考え方 25 頁〜26 頁でも「権利制限規定一般についての立法趣旨、及び法第 30 条の 4 の立法趣旨からすると、著作権者が反対の意思を示していることそれ自体をもって、権利制限規定の対象から除外されると解釈することは困難である。そのため、こうした意思表示があることのみをもって、法第 30 条の 4 ただし書に該当するとは考えられない」との考え方が示されている。

学習に用いることも著作権法上許される。

　ただし、たとえば、著作権者が利用されたくない理由が、第三者に対し自己の作品をAIの学習に利用させることを独占的に許諾しているためであるような場合には、その作品の利用市場が害されたり、あるいは将来におけるその作品の潜在的販路が阻害されたりするおそれがあるので、「著作権者の利益を不当に害することとなる場合」に該当する可能性がある。

〔上村哲史〕

Q16　他人の著作物の学習利用と利用規約による禁止

　利用規約で AI に学習させる目的での利用が禁止されているインターネット上のサービスからダウンロードしたコンテンツを、生成 AI に学習させても法的に問題ないですか。

A　サービス提供者とユーザとの間で利用規約に基づく契約が成立していると考えられますので、ユーザが当該サービスからダウンロードしたコンテンツを生成 AI に学習させると契約違反の問題が生じることになります。

━━━ 解説 ━━━

(Keyword)　契約の成立、著作権法 30 条の 4 と契約の関係、強行法規と任意法規

1　契約の成立

　契約は、契約の内容を示してその締結を申し入れる意思表示に対して相手方が承諾したときに成立する（民法 522 条 1 項）。そのため、たとえば、あるウェブサイトにおいて、当該サイト上のコンテンツを AI に学習させる目的で利用することを禁止する旨が表示されていたとしても、その表示だけで当該サイトの運営者とユーザとの間で契約が成立したとはいえない。

　しかし、インターネット上のサービスの利用規約において、当該サービスからダウンロードしたコンテンツを AI に学習させる目的で利用することを禁止する旨が規定されており、ユーザが当該利用規約に同意してサービスの利用を申し込んでいる場合には、当該サービス提供者とユーザとの間で当該コンテンツの AI 学習目的での利用の禁止を内容とする契約が成立しているといえる。

　なお、インターネット上のサービスの利用規約は、民法上の定型約款[1]に該当する可能性が高く、定型約款に該当する場合、ユーザが定型約款を契約の

---

1)　定型約款とは、定型取引（ある特定の者が不特定多数の者を相手方として行う取引であって、その内容の全部又は一部が画一的であることがその双方にとって合理的なもの）において、契約の内容とすることを目的としてその特定の者により準備された条項の総体をいう（民法 548 条の 2 第 1 項柱書）。

内容とする旨を合意していなくても、サービス提供者があらかじめその定型約款を契約の内容とする旨をユーザに表示している場合には、個別の条項に合意したものとみなされる（民法548条の2第1項）。

❷　著作権法30条の4と契約の関係

　著作権法30条の4は、一定の条件の下、著作権者の許諾を得ることなく、他人の著作物をAIの学習に利用することを認めている（同条の一般的な要件についてはQ10参照）。同条は、著作権の権利制限規定であるから、同条が適用される場合には著作権侵害にならない。

　しかし、著作権侵害と契約違反は別個の問題であり、著作権侵害にならなくても、利用規約に基づく契約違反にはなりうる。

　この点、法律の条項の中には、当事者間の合意によって変更することができない規定と当事者間の合意によって変更できる規定がある。前者の規定を強行法規（強行規定）といい、後者の規定を任意法規（任意規定）という。強行法規の場合にはこれに反する当事者間の合意は無効になる。しかし、著作権法30条の4は、一般に強行法規とは解されていないため、当事者間でこれと異なる合意をすることができる。

　したがって、著作権法30条の4違反にならなくても、当事者間でコンテンツのAI学習目的での利用の禁止を内容とする契約が成立している場合には、当該コンテンツを生成AIに学習させると契約違反の問題が生じることになる。

❸　設問への回答

　利用規約でAIに学習させる目的での利用が禁止されているユーザがインターネット上のサービスからダウンロードしたコンテンツを生成AIに学習させることが著作権法30条の4で著作権侵害とならなくても、設問の事例では、サービス提供者とユーザとの間で当該コンテンツのAI学習目的での利用の禁止を内容とする契約が成立していると考えられるため、ユーザが当該サービスからダウンロードしたコンテンツを生成AIに学習させた場合には、契約違反の問題が生じることになる。契約違反の場合、サービス提供者は、ユーザに対し、契約の履行請求として禁止行為の差止請求や損害賠償請求を行うことができる。

〔上村哲史〕

Q17　特定の著作物が出力される対話型文章生成 AI の開発

　「ABC という楽曲の歌詞を教えて」とプロンプトに入力したら、実在する ABC の歌詞が全文出力される対話型文章生成 AI サービスにおいて、生成 AI に ABC の歌詞を学習させていたことは、著作権法上許されますか。

A　対話型文章生成 AI 開発時にタグ付けされたキーワードに反応して歌詞の全文が出力されるような場合には、学習時における著作物の複製等は、著作権法 30 条の 4 の権利制限の対象とならずに、著作権侵害に該当する可能性があります。

―――― **解説** ――――――――――――――――――――――――――――――

(Keyword)　アノテーション、著作権法 30 条の 4（享受目的）、47 条の 5 第 2 項

❶　問題の所在

　AI 開発において、機械学習の前に学習させるデータに意味付け・タグ付けをする作業をアノテーションという。アノテーションされたデータは教師データとして、その後実施される機械学習段階における学習の基礎となる。たとえば、「ABC という楽曲の歌詞を教えて」とプロンプトを入力した場合に、ABC の歌詞が全文出力される対話型 AI サービスにおいては、楽曲の歌詞に「ABC」という楽曲名がタグ付けされ、アノテーションがなされた教師データを用いていることが考えられる。設問では、このような教師データが用いられている対話型 AI サービスにおいて、当該固有名詞を含むプロンプトに対して、紐付けられた著作物の一部又は全部が出力されてしまう場合に、当該対話型 AI の開発時における著作物の複製等が著作権法 30 条の 4 の権利制限（**Q10** 参照）の対象となるのか、特に、そのような対話型 AI の開発が「著作物に表現された思想又は感情」を「享受させることを目的としない場合」に該当するのか、問題となる。

　また、機械学習の前に、開発者においてアノテーションの作業をしない場

合であっても、AI 学習のために収集した大量のデータ中に、「楽曲タイトル」「歌詞」のように「題号」「著作物」が列記されている構造を有するデータが多数含まれている場合には、同様の問題が生じうることになる。そのような学習を大規模言語モデルで行うと、「題号」が「勝手にシンドバッド」「つけまつける」のように限定性の高いものである場合、後続するデータが学習に用いられた著作物の内容に一意的に推論される可能性があり、設問のような状況が生じうるのである。

❷　著作物に表現された思想又は感情の享受を目的としない利用の解釈

ある行為が著作権法 30 条の 4 に規定する「著作物に表現された思想又は感情」の「享受」を目的とする行為に該当するか否かは、著作物等の視聴等を通じて、視聴者等の知的・精神的欲求を満たすという効用を得ることに向けられた行為であるか否かという観点から判断される。そして、「享受」を目的とする行為に該当するか否かの認定にあたっては、行為者の主観に関する主張のほか、利用行為の態様や利用に至る経緯等の客観的・外形的な状況も含めて総合的に考慮される。

人工知能（AI）の開発のための学習用データとして著作物をデータベースに記録する行為は、基本的には、「著作物に表現された思想又は感情を享受」することを目的としない行為に当たり、著作権法 30 条の 4 による権利制限の対象となるものと考えられている（Q10 参照）。

❸　特定の著作物が出力される対話型 AI の開発が「享受」を目的とする行為に当たるか

文化庁著作権課が 2019 年 10 月に公表した「デジタル化・ネットワーク化の進展に対応した柔軟な権利制限規定に関する基本的な考え方」（以下「文化庁基本的な考え方」という）によれば、書籍や資料などの文章中にキーワードが存在するか否かを検索する行為は、当該著作物の視聴等を通じて視聴者等の知的・精神的欲求を満たすという効用を得ることに向けられた行為ではないものとして、著作物に表現された思想又は感情の享受を目的としない行為に該当するとされている。

　他方、文化庁基本的な考え方によれば、キーワードを含む書籍・資料のタイトルや著者名・作成者名などの検索結果とともに、キーワードを含む本文の一部分（著作物性が認められるもの）を併せて提供する行為は、当該著作物の視聴等を通じて視聴者等の知的・精神的欲求を満たすという効用を得ることに向けられた行為であると考えられるため、そのような利用に供する目的で書籍や資料などを複製する行為は、著作物に表現された思想又は感情の享受を目的とする行為に該当するとされている。

　設問で想定している対話型 AI についても、教師データにタグ付けされているキーワード（又は学習データに含まれる著作物の題号等。以下同じ）をプロンプトに含めて質問をした場合に、検索結果であるデータの所在（設問の例でいえば、楽曲情報等）を示すのみであれば、著作物に表現された思想又は感情の享受を目的とする行為でないと整理されると考えられる。これに対して、タグ付けされたキーワードに結び付く著作物がそのまま出力されることがありうる場合には、思想又は感情の享受目的かどうかの判断が難しい。対話型 AI の開発におけるアノテーションは、通常、出力の精度を向上させる目的で実施される作業であり、著作物を提供する目的で行われるものとは言い難い。大量のデータを無作為に収集して、タグ付けを行わずに大規模言語モデルで学習する場合も同様である。しかし、結果として、タグ付けされたキーワードに反応して学習に用いた著作物と同内容のデータが表示される場合、当該対話型 AI を開発するために著作物を複製等した行為が、著作物の視聴等を通じて視聴者等の知的・精神的欲求を満たすという効用を得ることに向けられた行為に当たるとして、享受目的である、又は享受目的が併存している[1]と評価される可能性も否定できない。

4　電子計算機による情報処理及びその結果の提供に付随する軽微利用該当性

　仮に教師データにタグ付けされているキーワードを含んだプロンプトに対して、キーワードに対応する著作物がそのまま表示される対話型 AI の開発が、

1）　文化審議会著作権分科会法制度小委員会「AI と著作権に関する考え方について」（令和6年3月15日）19頁〜20頁では、ある利用行為が、情報解析の用に供する場合等の非享受目的で行われる場合であっても、この非享受目的と併存して、享受目的があると評価される場合は、著作権法30条の4は適用されないとの考え方が示されている。

著作権法30条の4による権利制限の対象とならない場合であっても、軽微性等の要件を満たせば、同法47条の5第1項の準備のための行為として、同条2項における権利制限の対象となる。すなわち、同条は、所在検索サービス（1号。ウェブサイトの検索エンジンサービス等）や情報解析サービス（2号。論文剽窃検証サービス等）の提供者がサービスの提供に付随して既存の著作物を軽微利用することを認めている（Q32参照）。そして、同条2項は、情報解析（同条1項2号）の情報処理の結果の提供等に付随する行為について、著作物の軽微な利用の準備のために必要と認められる限度において、複製若しくは公衆送信を行い、又はその複製物による頒布を行うことができることを定めている。ここにいう「軽微」であるか否かは、利用に供される部分の占める割合や量、その利用に供される際の表示の精度などの外形的な要素に照らして、最終的には司法の場で具体的に判断されることとなるが、設問で想定している対話型AIの出力物が、著作物の一部分にとどまる場合には、AI開発時における複製等は同条2項の権利制限の対象に該当するとして、当該対話型AIサービスを適法に提供することができる可能性がある。

〔齋藤浩貴＝瀧山侑莉花〕

Q18　検索拡張生成（RAG）と著作権法

対話型文章生成 AI のサービスには、最近の出来事に関する質問をプロンプトで入力すると、現在のインターネット上の情報を加味して生成した結果を出力するものがあります。このようなサービスは著作権法上問題ないのでしょうか。

A　そのようなサービスにより、著作権で保護されるインターネット上の情報を利用することが著作権侵害とならないかについては、当該サービスに用いられている検索拡張生成（RAG）の態様と実際の生成物に則して、著作権法 30 条の 4 又は 47 条の 5 の適用によって適法とならないかを検討する必要があります。

解説

(Keyword)　検索拡張生成（RAG）

1　検索拡張生成（RAG）と生成 AI サービス

設問のような、現在のインターネット上の情報を加味して生成した結果を出力する生成 AI の技術は、検索拡張生成（RAG：Retrieval-augmented Generation）と呼ばれる。

RAG では、プロンプトに応じて、生成 AI が、生成 AI の学習に用いられたデータセットとは別の既存のデータベース又はウェブ上のデータ（以下「検索対象データ群」という）から、ユーザが入力したプロンプトと関連するデータを検索・収集して当該プロンプトと合わせて生成 AI への入力として扱って生成を行う。

設問のようなサービスは、ウェブ上のデータを検索対象データ群とするものであり、生成 AI の開発の際に用いられなかった時事の情報に基づいた生成ができるというメリットがある。また、既存のデータベースを検索対象データ群とする RAG では、たとえばカスタマー対応例のデータベースを検索対象としてカスタマーサポート向けの生成 AI を構築するなど、特定の目的のための精

度が高い生成をする AI の提供が可能となる。

　プロンプトに応じてどのような範囲のデータを検索・収集するか、及び収集したデータを生成にあたって AI のアルゴリズムでどのように処理するか（たとえば、収集したデータにより追加学習を行うのか、プロンプトと同列に扱うのか）は、AI のアルゴリズムによって異なると考えられるため、生成 AI において RAG が用いられているというだけでは著作権法上の問題があるかどうか判断することはできない。

　RAG を用いた生成は、プロンプト入力の都度データを検索・収集して行うものであるから、著作権法上の問題を生じないかどうか（検索・収集されるデータに著作物が含まれる場合に、検索・収集・生成の過程で生じる複製等が、著作権侵害とならないか）は、都度の生成において、①生成の過程で行われる複製等が著作権侵害とならないか、②生成物に検索・収集された著作物の表現の本質的特徴が再製されていた場合、それが著作権侵害とならないか、を検討すべきことになる。

❷　検索拡張生成（RAG）と著作権法 30 条の 4

　上記のうち、①については、RAG により検索・収集された著作物を AI による生成にあたって入力する場合には、当該 RAG のアルゴリズムが、情報解析（多数の著作物その他の大量の情報から、当該情報を構成する言語、音、影像その他の要素に係る情報を抽出し、比較、分類その他の解析を行うこと）に該当し、当該著作物に表現された思想又は感情を享受する目的がない（非享受目的）と評価できるのであれば、著作権法 30 条の 4 により、当該 RAG を用いた著作物の検索・収集に伴う複製は、著作権侵害にならないことになる（**Q10** 参照）。

　しかし、RAG を用いた生成に際して、検索・収集に伴って複製した著作物の創作的表現の全部又は一部を出力することを目的にしたものであると評価される場合には、当該複製は、非享受目的の利用行為とはいえず、著作権法 30 条の 4 は適用されないと考えられる。

　文化審議会著作権分科会法制度小委員会「AI と著作権に関する考え方について」（令和 6 年 3 月 15 日）（以下「文化審考え方」という）22 頁でも、「既存のデータベースやインターネット上に掲載されたデータに著作物が含まれる場合であって、著作物の内容をベクトルに変換したデータベースの作成等に伴う著

作物の複製等が、生成に際して、当該複製等に用いられた著作物の創作的表現の全部又は一部を出力することを目的としたものである場合には、当該複製等は、非享受目的の利用行為とはいえず、法第30条の4は適用されないと考えられる」としている。

　なお、生成物に、検索・収集された著作物の表現の本質的特徴が再製されていた場合には、生成物について著作権法30条の4は適用されず、次に検討する同法47条の5が適用されない限り著作権侵害になると考えられる[1]。

❸　検索拡張生成（RAG）と著作権法47条の5

　RAGによる回答の生成に際して既存の著作物を利用することについては、所在検索サービス（ウェブサイトの検索エンジンサービス等）や情報解析サービス（論文剽窃検証サービス等）の提供者がサービスの提供に付随して既存の著作物を軽微利用することを認める著作権法47条の5（**Q32**参照）の適用も考えられるところである。

　著作権法47条の5の適用可否を判断するにあたっては、まず、生成物について、サービスに付随して既存の著作物を軽微利用することを認める同条1項が適用されるかを判断することになる。そして、生成物に同項が適用される場合には、同条2項によって、同条1項が適用される行為の準備のために行う検索・収集・生成に伴う複製等も適法とされることになる。よって、同条の適用を検討するためには、生成物に同条1項が適用されるかがポイントとなる。

　この点、著作権法47条の5第1項に基づく既存の著作物の利用は、当該著作物の「利用に供される部分の占める割合、その利用に供される部分の量、その利用に供される際の表示の精度その他の要素に照らし軽微なもの」（軽微利用）に限って認められることに留意する必要がある。また、同項に基づく既存の著作物の利用は、同項各号に掲げる行為に「付随して」行われるものであることが必要とされているように、既存の著作物の創作的表現の提供を主たる目的とする場合は同項に基づく権利制限の対象となるものではない、ということにも留意する必要がある。

　以上からしてRAG等による生成に際して、「軽微利用」の程度を超えて既

1）　AIが他の権利制限規定（たとえば引用に関する32条）を満たすような生成物を出力した場合には、当該権利制限規定によって著作権侵害を免れる可能性もある。

存の著作物を利用するような場合や、検索対象データ群中の著作物の創作的表現の提供が主たる目的であると評価される場合には、著作権法 47 条の 5 第 1 項は適用されず、そのような生成が行われる RAG のための複製には同条 2 項も適用されないと考えられる（文化審考え方 22 頁）。

4　設問への回答

　設問のようなサービスにより、著作権で保護されるインターネット上の情報を利用することが著作権侵害とならないかについては、当該サービスに用いられている RAG の態様と実際の生成物に則して、著作権法 30 条の 4 又は 47 条の 5 の適用によって適法となるかを検討する必要がある。

　なお、既存のデータベースを検索対象データ群とする RAG において、当該データベース中に他人の著作物（著作権者からの許諾を受けていないもの）が含まれる場合について、当該著作物を当該データベースへの複製及び RAG による生成に用いることが著作権侵害とならないかについても、同様に、当該 RAG の態様と実際の生成物に則して、著作権法 30 条の 4 又は 47 条の 5 の適用によって適法とならないかを検討する必要がある。

〔齋藤浩貴〕

Q19　他人の著作物の学習利用と海外における訴訟

　海外で他者が著作権を有する画像を生成 AI サービスの学習用データとして利用しているケースで、サービス事業者が著作権者から訴訟を提起されていると聞きました。どのようなことが争点になっていますか。

A　質問のような訴訟が、米国でいくつか提起されています。これらの訴訟では、他者が著作権を有する画像を、生成 AI サービスの学習用データとして利用することが、米国著作権法 107 条のフェア・ユースに該当して、著作権侵害に当たらないこととなるかどうかが、主要な争点となっています。

解説

(Keyword)　外国訴訟、著作権法 30 条の 4（非享受目的）、フェア・ユース

1　米国における訴訟

　米国においては、画像生成 AI の学習用データとして用いられた画像の著作権者が、生成 AI の提供事業者を著作権侵害で訴えた訴訟がいくつか提起されている。代表的なものとして、次の 3 つの事件がある。いずれも本稿執筆時点で係争中であり、判決又は和解等による解決には至っていない。

(1)　Andersen et al. v. Stability AI et al., No.23 Civ. 201（N.D. Cal. Jan. 13, 2023）

　原告である Sarah Andersen ら 3 人が、同様の請求権を有すると見込まれる集団のアーティストを代表するクラス・アクションとして、Stability AI の英国法人及び米国法人らに対して 2023 年 1 月 13 日にサンフランシスコ連邦地方裁判所に提起した訴訟。原告らは、Stability AI がその画像生成 AI である Stable Diffusion に学習させるために、許可なくインターネットから著作権で保護された何十億もの画像をスクレイピング（ウェブサイトから情報を抽出するコンピュータソフトウェア技術）したことが、著作権侵害に当たるとして、差止め及び損害賠償を求めている。Stable Diffusion のオープンソースに基づいて画像生成 AI を開発している Midjourney 及び DeviantArt（DreamUp の開発

元）も共同被告となっている。

　(2)　Getty Images（US), Inc. v. Stability AI, Inc.（Case No. 1:23-cv-00135（D. Del. 2023).）

　ストックフォトサービス事業者である Getty Images が、Stability AI に対して、著作権侵害を理由として、差止め及び損害賠償を求めて、2023 年 2 月 3 日にデラウェア連邦地方裁判所に提起した訴訟。Getty Images は、Stability AI がその画像生成 AI である Stable Diffusion に学習させるために、Getty Images のサービスからダウンロードした、少なくとも 1,200 万点以上の著作権で保護された画像を無許可で使用したことを、著作権侵害であると主張している。

　この訴訟の訴状では、Stable Dfiffusion によって生成される画像の中には、Getty Images のストック画像と一定の類似が認められ、なおかつストック画像に付された Getty Images の「すかし（watermark）」の痕跡が認められるものがあることが指摘されている（下図の画像の左が Getty Images のストック画像であり、右が Stable Diffusion によって生成された画像である）。

〔図〕ストック画像と生成画像

　報道[1] によれば、Getty Images は、2023 年 1 月に同様の訴訟をロンドンの

裁判所にも提起しており、画像生成 AI の英国における販売の差止めを請求している。本稿執筆時点で訴状等が公開されていないため、争点等の詳細は明らかになっていない。

(3)　The New York Times Company v. Microsoft Corporation, 1:23-cv-11195,（S.D.N.Y.）

ニューヨーク・タイムズが、OpenAI とマイクロソフトに対して、著作権侵害を理由として、差止め及び損害賠償を求めて、2023 年 12 月 27 日に、ニューヨーク州南部地区連邦地方裁判所に提起した訴訟。ニューヨーク・タイムズは、記事が許可なく AI の学習用に使用され、著作権が侵害されたと主張している。訴状では、この著作権侵害による損害額は数千億円に上るとしている。なお、ニューヨーク・タイムズは 2023 年 8 月にサービスの利用規約を変更し、AI に記事や写真などを学習させることを原則として禁止していた。

❷　米国における訴訟の争点——フェア・ユース

米国の著作権法では、AI 学習のための著作物の利用について、日本の著作権法 30 条の 4（**Q10** 参照）のような特別の権利制限規定は設けられていない。そのため、これらの訴訟で被告側は、AI 学習のための著作物の利用は、米国著作権法における一般的権利制限規定である「フェア・ユース」（107 条）に該当し、著作権侵害にならないと主張している。

フェア・ユースとなるか否かについては、以下の考慮要素に基づいて判断されることになる。

①　使用の目的及び性質（使用が商業性を有するか又は非営利的教育目的かを含む）
②　著作物の性質
③　著作物全体との関連における使用された部分の量及び実質性
④　著作物の潜在的市場又は価値に対する使用の影響

フェア・ユースに該当するかどうかは、これらの考慮要素に基づく総合判断となるが、①について、被告側の AI サービスは商業性を有すること、③について、学習には著作物全体が用いられるが、学習によりできあがるモデルに

---

1)　Reuters「Getty asks London court to stop UK sales of Stability AI system」（https://www.reuters.com/technology/getty-asks-london-court-stop-uk-sales-stability-ai-system-2023-06-01/）.

は、学習対象の画像の表現の本質的特徴は直接的には保存されないこと、④について、Getty Images のケースでは、Getty Images が、ストック画像を、AI の学習向けに有料でライセンスしている旨主張していること、等が結論にどのように影響するかが判断にあたっての焦点となると考えられる。

　これらの裁判において、AI による機械学習のための著作物の利用がフェア・ユースに当たると判断されるかどうかは、予測の限りではなく、訴訟の帰趨に注目が集まっている。

〔齋藤浩貴〕

Q20　他人の著作物を学習利用した生成 AI の海外展開

　日本の著作権法で許される範囲で、他人の著作物を無許諾で学習用データとして利用した生成 AI を使って、海外向けにサービスを提供しても問題は生じませんか。

A　外国の著作権法は、他人の著作物を無許諾で学習用データとして利用することを、必ずしも日本法のように広く認めてはいません。しかし、日本国内において著作権法 30 条の 4 に依拠して無許諾で行われた学習用データの複製行為等には、外国の著作権法は適用されないと考えられます。これによってできあがった生成 AI も、それ自体は学習に用いられた著作物の複製物又は翻案物ではないため、日本国内で運用するサーバを用いて外国向けにサービス展開する場合はもちろん、外国においてそのような生成 AI を配布又はサーバ運用しても著作権侵害とはならない可能性が高いと考えられます。ただし、当該外国の著作権法によって、みなし侵害規定のような規定により違法とされるおそれがないかは確認したほうがよいといえます。

解説

(Keyword)　生成 AI の海外展開、外国法

1　生成 AI の学習に関する外国の著作権法

　日本においては、他人の著作物を生成 AI の学習用データとして無許諾で利用することが、著作権法 30 条の 4 によって、商用の AI のための学習の場合を含め、広く認められている（**Q10** 参照）。

　しかし、外国の著作権法では、必ずしも、そのように、広く無許諾で利用することを認めているわけではない。EU では、学術目的でない AI の学習については、権利者がオプトアウト（無許諾では学習対象としてはならない旨選択すること）できるとされているし、英国では、無許諾で行うことのできる AI 学習利用は、非営利目的に限定されている。また、米国の著作権法には特別の規定がなく、フェア・ユースに該当するかは裁判によって明らかにされるのを待

つべき状況となっている（**Q19** 参照）。

　欧米の状況をまとめると下表のとおりである。

〔表〕生成 AI の学習に関する欧米の著作権法

欧州連合（EU）	**デジタル単一市場における著作権及び隣接権に関する指令（DSM 指令）において、TDM（Text Data Mining）[※]に著作物を用いる場合について権利制限規定を設けている**（3 条、4 条） （※文章、画像等のデジタル形式の情報に対する自動的な情報分析） ・3 条に基づき許諾なく実施可能な TDM： 　【主体】研究組織及び文化遺産機関／【目的】学術研究／オプトアウト規定なし ・4 条に基づき許諾なく実施可能な TDM： 　【主体】限定なし／【目的】限定なし／権利者による複製権の留保が可能
米国	**連邦著作権法において、「フェア・ユース」に該当する場合は著作権の侵害とならないとする権利制限規定を設けている**（107 条） フェア・ユースとなるか否かの考慮要素には、以下のものを含む。 ①使用の目的及び性質（使用が商業性を有するか又は非営利的教育目的かを含む） ②著作物の性質 ③著作物全体との関連における使用された部分の量及び実質性 ④著作物の潜在的市場又は価値に対する使用の影響
ドイツ	**著作権法において、TDM に著作物を用いる場合について権利制限規定を設けている**（44b 条、60d 条） ・44b 条に基づき許諾なく実施可能な TDM： 　【主体】限定なし／【目的】限定なし／権利者による複製権の留保が可能 ・60d 条に基づき許諾なく実施可能な TDM： 　【主体】研究組織、文化遺産機関及び非営利の個人研究者／【目的】非営利／オプトアウト規定なし
英国	**著作権法において、テキスト及びデータのコンピュータ解析に著作物を用いる場合について権利制限規定を設けている**（29A 条） 　【主体】限定なし／【目的】非営利の研究／オプトアウト規定なし また、「一時的複製物」[※]の作成について権利制限規定を設けている（28A 条） （※過渡的若しくは付随的であって、科学技術のプロセス（工程）の必要不可欠な部分であり、①第三者間のネットワークにおける著作物の媒介者による送信、②著作物の適法な利用のいずれかを可能とすることを唯一の目的とし、かつ、独立した経済的意義を有しない複製物）

〔出所〕文化審議会著作権分科会法制度小委員会令和5年度第3回（令和5年10月16日）資料4「生成 AI に関する各国の対応について」に基づき作成。

❷　各国著作権法の効力範囲

　日本においては、著作権者以外の者による、権利制限規定に該当しない無許諾の複製等が禁じられる。しかし、日本の著作権法に基づく著作権は，その効力が日本の領域においてのみ認められると考えられているから、外国の領域における複製等を禁止するものではない。これが属地主義の原則であるが、この原則は、海外各国の著作権法についても同様であると考えられる。

　よって、日本国内において著作権法30条の4に依拠して無許諾で行われた学習用データの複製行為等には、外国の著作権法は適用されない。これによってできあがった生成 AI を日本国内で運用するサーバを用いて外国向けにサービス提供したとしても、学習用データの複製行為等が、サービス対象国の著作権法の適用によって違法とされることはないと考えられる。

　できあがった生成 AI 自体は学習に用いられた著作物の複製物又は翻案物ではないため、外国においてそのような生成 AI を配布又はサーバ運用しても、やはり著作権侵害とはならない可能性が高いと考えられる。

　ただし、日本において行われた学習のための利用が、当該外国において行われたとするならば、当該外国の著作権法によって著作権侵害となるような場合には、そのような学習により生産された AI を当該外国で利用する行為を、著作権侵害とみなすような規定が当該外国の著作権法に存在する可能性がないとはいえない。また、そのような行為が一般的な不法行為等により違法となる可能性もないとはいえない。よって、日本の著作権法で許される範囲で、第三者の著作物を無許諾で学習用データとして利用した生成 AI を、外国において、配布又はサーバ運用等しようとする場合には、当該外国の法律専門家の見解を得たほうが安全であるといえる。

〔齋藤浩貴〕

2 生成 AI の利用段階の問題

Q21 AI 生成物の著作権とその帰属

生成 AI により出力された AI 生成物に著作権は発生しますか。発生する場合、誰の著作権になるのでしょうか。

A AI 生成物にも著作権は発生しうるものの、その場合は限定的であると考えられます。著作権が発生する場合、著作権者は生成 AI のユーザとなることがほとんどですが、生成 AI の開発者がユーザとともに共同著作権者となることや、開発者が単独で著作権者となることもあります。

########## 解説 ##########

(Keyword) 著作権、著作物

1 AI 生成物に著作権は発生するか

(1) 著作権の発生要件

著作権法上は、ある表現物が著作物と認められた場合に著作権が発生するものとされている。そして、著作物とは、「思想又は感情を創作的に表現したものであって、文芸、学術、美術又は音楽の範囲に属するものをいう」とされている（2条1項1号）。

ここでいう「思想又は感情」とは、社会通念上人間の思想又は感情のことを指すと考えられている[1]。そして、生成 AI が自律的に生成したものについては、人間の思想又は感情が介在していないため、「思想又は感情を創作的に表現したもの」とはいえず、著作物には当たらないと考えられる[2]。

他方、パソコンを用いて文書を作成した場合に、当該文書はパソコンではなくパソコンの使用者が作成したと考えられるのと同様に、生成 AI を用いて作成された物についても、人が思想感情を創作的に表現するための「道具」として生成 AI を用いたといえる場合には、当該 AI 生成物は「思想又は感情を創

---

1) 加戸守行『著作権法逐条講義〔七訂新版〕』（著作権情報センター、2021年）22頁。
2) 文化庁著作権課「AI と著作権」（令和5年6月）57頁。

作的に表現したもの」として著作物性が認められると考えられる³⁾。

　そして、人が生成AIを「道具」として用いたと認められるためには、人の創作意図があり、かつ人が創作的寄与をしたと認められる必要がある⁴⁾。

(2)　創作意図の有無

　創作意図とは、思想又は感情を、生成AIを使用してある結果物として表現しようとする意図のことをいう。この創作意図については、生成のためにAIを使用するという事実行為から通常推認しうるものであり、また、具体的な結果物の態様についてあらかじめ確定的な意図を有することまでは要求されず、「AIを使用して自らの個性の表れとみられる何らかの表現を有する結果物を作る」という程度の意図があれば足りるものと考えられている⁵⁾。

(3)　創作的寄与の有無

　創作的寄与については、ユーザの寄与が簡単な指示を行うことにとどまるような場合には認められず、当該AI生成物は著作物には当たらないと考えられている⁶⁾。生成AIに対するプロンプトの入力については、基本的には上記の簡単な指示を行うというものにとどまると考えられるため、AI生成物が著作物に当たるとされる場合は限定的と考えられる。

　この点に関連して、米国の事例であるが、Midjourneyという画像生成AIを使用し、少なくとも624回にわたってテキストプロンプトを入力するなどの作業を経て生成された画像について、プロンプト入力者ではなくAIにより生成されたものであるとして、プロンプト入力者による著作権登録申請が著作権局によって否定された例がある⁷⁾。これは米国の事例ではあるものの、どのような場合に創作的寄与が認められるかを考えるにあたって参考になるものと考

---

3)　文化庁「著作権審議会第9小委員会（コンピュータ創作物関係）報告書」（平成5年11月）第3章Ⅰ1（https://www.cric.or.jp/db/report/h5_11_2/h5_11_2_main.html）。

4)　文化庁著作権課・前掲「AIと著作権」58頁、文化庁・前掲「報告書」第3章Ⅰ1。

5)　同上。

6)　知的財産戦略本部　検証・評価・企画委員会　新たな情報財検討委員会「新たな情報財検討委員会報告書——データ・人工知能（AI）の利活用促進による産業競争力強化の基盤となる知財システムの構築に向けて——」（平成29年3月）36頁。文化審議会著作権分科会法制度小委員会「AIと著作権に関する考え方について」（令和6年3月15日）（以下「文化審考え方」という）39頁においても、生成AIに対する指示が表現に至らないアイデアにとどまるような場合には、当該AI生成物に著作物性は認められないとされている。

7)　ロイターの2023年9月7日付記事「US Copyright Office denies protection for another AI-created image」（https://www.reuters.com/legal/litigation/us-copyright-office-denies-protection-another-ai-created-image-2023-09-06/）。

えられる。

　どのような場合に生成 AI のユーザが創作的寄与を行ったと評価でき、又は
単なる操作者であって創作的寄与がないと評価されるかは、個々の事例に応じ
て判断せざるをえないが（**Q22** 参照）、一般に、①プロンプト等の指示・入力
の分量及び内容、②生成の試行回数、③複数の生成物からの選択等の要素を総
合的に評価する必要があると考えられている [8]。

2　誰が著作権者になるか

　AI 生成物に著作物性が認められる場合、その著作者は具体的な結果物の作
成に寄与した者であり、それは通常の場合、生成 AI のユーザと考えられる。
ただし、生成 AI の開発行為とユーザの創作行為に共同性が認められる場合、
生成 AI の開発者が当該生成 AI のユーザとともに共同著作権者となりうる。

　また、生成 AI の開発者が自ら特定の創作物の作成を意図して、そのために
開発されたものであると客観的に認識できる程度の特定性がある生成 AI を開
発し、ユーザが単なる操作者にとどまる場合には、当該 AI の開発者が単独で
創作物の著作権者となることもありうる [9]。

3　設問への回答

　AI 生成物が、「思想又は感情を創作的に表現したもの」といえる場合には、
当該 AI 生成物に著作権が発生する。「思想又は感情を創作的に表現したも
の」といえるためには、人が生成 AI を「道具」として用いたといえる必要が
あり、具体的には、人の創作意図があり、かつ人が創作的寄与をしたと認めら
れる必要がある。生成 AI を用いた AI 生成物の生成にあたって、創作的寄与
が認められる場合は限定的であると考えられるため、AI 生成物が著作物に該
当する場合も限定的と考えられる。

　AI 生成物に著作物性が認められる場合、その AI 生成物の著作者は通常、
生成 AI のユーザである。ただし、当該生成 AI の開発者がユーザとともに共
同著作権者となる場合や、開発者が単独で著作権者となる場合もありうる。

〔栄原宏季＝増田雅史〕

---

8)　文化審考え方 39 頁、40 頁。
9)　文化庁・前掲「報告書」第 3 章Ⅰ 2。

Q22　AI 生成物の加工と著作権

　生成 AI により出力された AI 生成物を人間が加工すれば著作物として保護されると思いますが、どの程度加工すればよいですか。

A　「思想又は感情を創作的に表現したもの」といえるものが作成されたと認められる程度に加工した場合には著作物性が認められることになりますが、具体的にどの程度加工した場合に「思想又は感情を創作的に表現したもの」が作成されたと認められるかについては明確な基準はないため、個別の事案ごとに判断を行っていく必要があります。

━━━ 解説 ━━━━━━━━━━━━━━━━━━━━━━━━━━━━━━━━━━━━━

(Keyword)　著作権、著作物

1　著作物性がどのような場合に認められるか

　著作物とは、「思想又は感情を創作的に表現したものであって、文芸、学術、美術又は音楽の範囲に属するものをいう」とされている（著作権法 2 条 1 項 1 号）。そのため、生成 AI により出力された AI 生成物を人間が加工する場合についても、加工後の物が「思想又は感情を創作的に表現したもの」といえる場合には、当該加工後の物に著作物性が認められる[1]。そして、加工後の物が「思想又は感情を創作的に表現したもの」といえるのは、加工者の加工行為が創作的寄与と認められる場合である。

　他方、どのような場合に創作的寄与が認められるかについて、現時点では統一的な見解は存在しない。そのため、以下では、加工行為が創作的寄与と認められる場合、認められない場合のそれぞれについて、著作物ごとに例示する。

---

1)　文化審議会著作権分科会法制度小委員会「AI と著作権に関する考え方について」（令和 6 年 3 月 15 日）40 頁。

2　言語の著作物

創作的寄与が認められる場合	・生成 AI を用いて作成した小説について、内容はそのままに児童向けの読み物に書き直す場合 [2] ・生成 AI を用いて作成した文章を要約する形で短く加工する場合
創作的寄与が認められない場合	・生成された文書の内容に影響を及ぼさない形式的な変更（「てにをは」の修正等）を行う場合

3　美術の著作物

創作的寄与が認められる場合	・生成 AI を用いて作成した人物画について、人物画において見る者の注目をひく枢要部である頭部・顔面を異なる容貌に加工した場合 [3]
創作的寄与が認められない場合	・生成 AI を用いて作成した人物画について、非本質的な部分（輪郭線の太さ等）の変更を行う場合

4　設問への回答

　生成 AI により出力された AI 生成物をどの程度加工すれば著作物性が認められるかについては、一般的な基準が存在するわけではない。そのため、著作物性が認められるかどうかは個別の事例ごとの判断とならざるをえないが、上記のような具体例も参照しつつ、加工後の表現物が「思想又は感情を創作的に表現したもの」といえるかどうかを検討するべきである。

〔桒原宏季＝増田雅史〕

---

2)　加戸守行『著作権法逐条講義〔七訂新版〕』（著作権情報センター、2021 年）50 頁。なお、同書の記載は翻案に関するものであるが、翻案とは、既存の著作物に依拠し、かつ、その表現上の本質的な特徴の同一性を維持しつつ、具体的表現に修正、増減、変更等を加えて、新たに思想又は感情を創作的に表現することにより、これに接する者が既存の著作物の表現上の本質的な特徴を直接感得することのできる別の著作物を創作する行為とされており（最判平成 13・6・28 民集 55 巻 4 号 837 頁〔江差追分事件〕）、加工前の物が著作物であるかどうかの違いはあるものの、既存の物に変更を加えて新たな著作物を作成するという点では類似するため、検討にあたって参考になると考えられる。

3)　知財高判平成 18・9・26（平成 18 年（ネ）10037 号、10050 号）裁判所ホームページ。

Q23　プロンプトの著作物性と AI 生成物の著作権

　生成 AI に入力するプロンプトに著作物性が認められれば、出力された AI 生成物にも著作権が発生しますか。プロンプトの内容・著作物性は AI 生成物の著作権発生の有無にどのように影響しますか。

A　著作物性が認められるような創意工夫を凝らしたプロンプトによって生成された AI 生成物については、より著作物性が認められやすい可能性があります。しかし、出力された AI 生成物がプロンプトとは別個の著作物となるかはケースバイケースの判断となります。

解説

(Keyword)　プロンプト、プロンプトの著作物性、生成物の著作物性の基準

1　プロンプトの著作物性

　生成 AI の利用の際には、テキストや画像等のプロンプトを生成 AI に入力する（プロンプトについては Q2 、 Q6 参照）。著作物とは、著作権法上、「思想又は感情を創作的に表現したものであつて、文芸、学術、美術又は音楽の範囲に属するもの」と定義されている（著作物性については Q10 参照）。言語の著作物の場合、一般に、ありふれた表現やごく短い文章である場合には、創作性が認められにくく、著作物性が否定される傾向にあるが、創意工夫を凝らした文章や長い文章には著作物性が認められやすくなる。

　既存の著作物をそのまま利用する場合、たとえば、生成 AI に文章の翻訳等をさせるために、刊行されている書籍等を書き写してプロンプトとして入力するような場合には、当然にプロンプトに著作物性が認められる。なお、他人の著作物をプロンプトとして入力する際の留意点については Q25 を参照されたい。

　ここでは、既存の著作物をそのままプロンプトとして利用するわけではない場合を念頭に議論をする。このような場合、たとえば、「ブロックチェーンの仕組みについて、わかりやすく説明してください」や「売買契約書を作成する

上での注意点を教えてください」とプロンプトとして入力する場合、このような文章は、その表現自体はありふれたものであり、かつ比較的短いため、創作性がないとして、著作物性は認められないと考えられる。

　このようにプロンプトとして入力する文章は、生成 AI への指示を目的とする文章であるという性質上、基本的には、表現上の創意工夫の余地は大きくなく、著作物と認められる可能性はあまり高くないといえる。一方で、生成 AI のユーザの間では、回答の精度を上げるために、目的を明確にしたり、具体的な情報（前提条件）を与えたりと、プロンプトの内容を工夫することが行われている（「プロンプトエンジニアリング」と呼ばれる。プロンプトエンジニアリングについて、詳しくは Q6 を参照されたい）。このように、プロンプトとして入力するために創意工夫をして作成された文章は、創作性がある著作物と認められる可能性がある。

❷　AI 生成物の著作物性

　一般に、生成 AI を利用する場面では、生成 AI のユーザが、思想感情を創作的に表現するための「道具」として生成 AI を使用したものと認められれば、著作物に該当し、ユーザが著作者になると考えられている。ユーザが生成 AI を「道具」として使用したといえるか否かは、ユーザの「創作意図」があるか、及び、ユーザが「創作的寄与」と認められる行為を行ったか、によって判断されると考えられている[1]。他方で、上記のようにいえない場合、つまり、ユーザが何ら指示を与えず（又は簡単な指示を与えるにとどまり）「生成」のボタンを押すだけで生成 AI が生成したもののように、生成 AI が自律的に作成したものは、「思想又は感情を創作的に表現したもの」ではなく、著作物には該当しないと考えられる。AI 生成物の著作物性について、詳しくは Q21 を参照されたい。

　たとえば、「こういう物語を作成してください」や「こういう画像を作成してください」といったプロンプトを生成 AI モデルに入力した場合、当該プロンプトは、基本的にはアイデアにすぎない又は創作性がないとして著作物には当たらず、また、当該プロンプトに従って生成された AI 生成物も、ユーザは

---

1)　文化庁著作権課「AI と著作権」（令和 5 年 6 月）58 頁。

簡単な指示を与えたにとどまり、生成 AI が自律的に作成したものとして通常著作物とはならないと考えられる。もっとも、「こういう物語」や「こういう画像」がきわめて詳細になされれば、アイデアの範疇を超え、さらには創作性が認められ、プロンプト自体が著作物に当たる可能性もあると考えられる。

この場合には、生成 AI により生成された AI 生成物の著作物性の評価においても、ユーザに「創作意図」があり、ユーザが「創作的寄与」と認められる行為を行ったとの評価がなされる可能性があり、著作物として認められる場合もありえないとはいえない。しかしながら、現在の生成 AI の技術では、AI がどのようにプロンプトを解釈して、どのように AI 生成物を生成するかについて、ユーザは創作上の最終的な制御を行いえないことからすれば、プロンプトに著作物性があっても、プロンプトの著作物性が、AI 生成物の表現の本質的特徴に寄与するとは限らないため、AI 生成物がプロンプトとは別個の著作物になるかはケースバイケースの判断とならざるをえない[2]。

❸ 設問への回答

以上のとおり、プロンプトの著作物性が認められるためには創作性があることが必要であり、このような場合には、ユーザの「創作意図」があり、ユーザが「創作的寄与」と認められる行為を行ったと認められる可能性が高まるため、一般的には、AI 生成物の著作物性がより認められやすいと考えられる。しかし、プロンプトの著作物性が認められれば、必ず AI 生成物の著作物性も認められるというわけではなく、ケースバイケースの判断とならざるえない。

〔正田和暉＝輪千浩平〕

---

2) 文化審議会著作権分科会法制度小委員会「AI と著作権に関する考え方について」（令和 6 年 3 月 15 日）では、「AI 生成物の著作物性は、個々の AI 生成物について個別具体的な事例に応じて判断されるものであり、単なる労力にとどまらず、創作的寄与があるといえるものがどの程度積み重なっているか等を総合的に考慮して判断されるものと考えられる」とされており、著作物性を判断する要素として、①指示・入力（プロンプト等）の分量・内容、②生成の試行回数、③複数の生成物からの選択の 3 つが挙げられている（39 頁、40 頁）。

Q24　AI 生成物の二次的著作物性

　自分が書いた小説をもとに生成 AI に漫画を出力させた場合、その漫画は二次的著作物に該当しますか。また、その漫画のキャラクター商品を、他人が原作者（小説の著作者）の許諾なく販売することは認められますか。

A　自分が書いた小説をもとに生成 AI を利用して漫画を作成したケースにおいては、そのプロセスに、原作に創作的表現を付加する人間の創作的寄与があると認められない場合や原著作者の創作性ある表現が直接感得できない場合には、当該漫画は二次的著作物には該当しません。そのような場合には、漫画のキャラクター商品を小説の原作者の許諾なく販売することは原則として認められます。

━━━ **解説** ━━━━━━━━━━━━━━━━━━━━━━━━━━━━━━━━━━━━━

(Keyword)　二次的著作物

1　二次的著作物

　著作権法は、「著作物を翻訳し、編曲し、若しくは変形し、又は脚色し、映画化し、その他翻案することにより創作した著作物」を二次的著作物と定義している（2条1項11号）。二次的著作物といえるためには、既存の著作物に創作的な表現を付加する必要があり、また、創作した作品自体に著作物性が認められる必要がある。

　二次的著作物が成立する行為として、著作権法は翻訳・編曲・変形・翻案の4つの行為を挙げているが、類型による法的効果の差異はなく、二次的著作物に当たるためには、既存の著作物を改変して新たに創作的な表現を付加し、原著作者の創作性ある表現が直接感得できるかが問題となる。

　二次的著作物は原著作物とは別個の著作物であり、著作権も別個の権利として、それぞれの著作権者に帰属する。二次的著作物の成立は、原著作物の著作権に影響を与えない（著作権法11条）。二次的著作物に関して原著作物の著作権者が権利を行使できる範囲については議論のあるところであるが、二次的著

作物の利用に関しては、原著作者の権利が及ぶことになる（同法28条）。

2 キャンディ・キャンディ事件

　設問を検討するにあたっては、原作の物語をもとに漫画家が漫画を作成した場合における当該漫画の二次的著作物性が問題となった、キャンディ・キャンディ事件[1]との比較が参考になる。同事件の事案は、著述家であるX（原告・被控訴人・被上告人）と漫画家であるY（被告・控訴人・上告人）が「キャンディ・キャンディ」と題する連載漫画（以下「本件連載漫画」という）を、Xが各回の具体的なストーリーを創作・小説形式の原稿にし、Yにおいておおむねその原稿に沿って漫画を作成するというプロセスで創作していた場合において、XがYに対し、本件連載漫画のコマ絵の著作者の権利をXが有することの確認とYが新たに書き下ろしたリトグラフ及び絵はがきの原画（以下「本件原画」という）の作成・複製・配布の禁止を求めたものである。

　上告審判決は、「この事実関係によれば、本件連載漫画は被上告人〔X〕作成の原稿を原著作物とする二次的著作物であるということができるから、被上告人〔X〕は、本件連載漫画について原著作者の権利を有するものというべきである。そして、二次的著作物である本件連載漫画の利用に関し、原著作物の著作者である被上告人〔X〕は本件連載漫画の著作者である上告人〔Y〕が有するものと同一の種類の権利を専有し、上告人〔Y〕の権利と被上告人〔X〕の権利とが併存することになるのであるから、上告人〔Y〕の権利は上告人〔Y〕と被上告人〔X〕の合意によらなければ行使することができないと解される。したがって、被上告人〔X〕は、上告人〔Y〕が本件連載漫画の主人公キャンディを描いた本件原画を合意によることなく作成し、複製し、又は配布することの差止めを求めることができるというべきである」と判示した。なお、上告審・控訴審[2]では二次的著作物に該当する理由については明示的に判示していないが、一審判決[3]では、「これらの事情を総合すれば、本件連載漫画は、連載の各回ごとに、原告の創作に係る小説形式の原作原稿という言語の著作物……の存在を前提とし、これに依拠して、そこに表現された思想・感

---

1) 最判平成13・10・25集民203号285頁〔キャンディ・キャンディ事件上告審判決〕。
2) 東京高判平成12・3・30判時1726号162頁〔キャンディ・キャンディ事件控訴審判決〕。
3) 東京地判平成11・2・25判時1673号66頁〔キャンディ・キャンディ事件第一審判決〕。

情の基本的部分を維持しつつ、表現の形式を言語から漫画に変えることによって、新たな著作物として成立したものといえるのであり、したがって、本件連載漫画は、原告の創作に係る原作原稿という著作物を翻案することによって創作された二次的著作物に当たると認められる」と判示している。

　上記キャンディ・キャンディ事件の上告審判決によれば、自分が書いた小説をもとに他人に漫画を書いてもらった場合、当該漫画から小説の原著作者の創作性ある表現が直接感得できる場合は、小説の二次的著作物となり、二次的著作物の利用に関しては、著作権法 28 条を介して、原著作者の権利が及ぶことになるから、小説の著作者の権利は、小説の創作性が反映されている漫画のストーリーはもちろん、小説の創作性が直接反映されていない漫画に登場するキャラクターのイラスト（キャンディ・キャンディ事件に即していえば、本件原画）などにも及ぶことになる。

3　生成 AI が作成した漫画の著作物性・二次的著作物性

　生成 AI のユーザに「創作意図」があり、ユーザが「創作的寄与」と認められる行為を行った場合には、AI 生成物も著作物に該当し、ユーザが著作者になりうる（**Q21** 参照）。設問においても、ケースバイケースの判断となるが、小説の著作者に「創作意図」があり、「創作的寄与」と認められる行為を行った場合には、小説の著作者は生成 AI が作成した漫画の著作者となる。この場合、小説の著作者は、漫画の著作者でもあるため、漫画に登場するキャラクターのイラストなどにも当然に権利が及ぶことになる。

　もっとも、生成 AI が自律的に作成したものは、基本的には創作的な表現の付加がない。そのため、設問においても、単にプロンプトとして小説を入力して生成された漫画をそのまま使うような場合は、特に人間による創作的寄与が加えられたものでない限り、当該漫画に原作とは別個の著作物性が認められない。この場合、当該漫画は二次的著作物に該当しないため、小説の著作者の権利は漫画に登場するキャラクターのイラストなどには及ばないことになる。ただし、小説のストーリーは当該漫画に複製されていることになるため、ストーリーを含むような漫画の複製等については、小説に関する著作権が及ぶことになる。

4　設問への回答

　以上のとおり、自分が書いた小説をもとに生成 AI に漫画を出力させ、その
まま利用するような場合、特に人間による創作的寄与が加えられたものでない
限り、その漫画は生成 AI が自律的に作成したものにすぎず、著作物とはいえ
ないため創作的な表現の付加は認められないから、二次的著作物に該当しない
ものと考えられる。したがって、小説の著作権者は、漫画について、小説のス
トーリーを再製している限りにおいては小説の著作権を行使することができる
ものの、漫画に登場するキャラクターのイラストなどについての著作権を行使
することはできない。そのような場合には、その漫画のキャラクター商品を、
小説の原作者の許諾なく販売することは認められる。

〔正田和暉＝輪千浩平〕

Q25　他人の著作物とプロンプト入力

　プロンプトとして他人の著作物を入力することは、著作権法上許されますか。

A　①著作権者による許諾がある場合、又は②著作権法上の権利制限規定に該当する場合には、他人の著作物をプロンプトとして入力することは許されます。

―――― **解説** ――――――――――――――――――――――――――

(Keyword)　私的使用目的複製、著作権法 30 条の 4（非享受目的）、同一性保持権

1　他人の著作物をそのまま入力した場合

(1)　原則

　プロンプトが他人の著作物である場合、著作権者に無断でプロンプトとして入力する行為は、原則として、その著作物についての著作権（複製権）侵害となり（**Q10** 参照）、利用の差止めや損害賠償の対象となりうる。もっとも、以下で述べるように、①著作権者による許諾がある場合、又は②著作権法上の権利制限規定に該当する場合には、著作権侵害にはならない。②について、プロンプトの入力段階において適用しうる規定として、著作権法 30 条 1 項のいわゆる私的使用目的複製の例外、同法 30 条の 4 の情報解析等のための利用の例外がある。

(2)　著作権者による許諾

　著作物の著作権者が、著作物をプロンプトとして入力することに同意（許諾）している場合には、著作権侵害にはならない。著作権者から個別に利用許諾を得た場合はもちろん、たとえば、著作権者がインターネット上で著作物を公開した上で、包括的に利用を許諾している場合も許諾があることになる。また、利用許諾ができるのは、著作物の著作権者（とその著作権者から許諾権を得た者）のみである。

(3)　著作権法 30 条 1 項

著作権法の権利制限規定のうち、プロンプトの入力段階において適用しうる規定としては、以下の 30 条 1 項がある。

（私的使用のための複製）
第三十条　著作権の目的となつている著作物（以下この款において単に「著作物」という。）は、個人的に又は家庭内その他これに準ずる限られた範囲内において使用すること（以下「私的使用」という。）を目的とするときは、次に掲げる場合を除き、その使用する者が複製することができる。
　……

著作権法 30 条 1 項によれば、「個人的に又は家庭内その他これに準ずる限られた範囲内において使用することを目的とする」場合には、著作権者の許諾を得ないで著作物を利用することができる。一般に、個人が利用する場合については、「個人的に又は家庭内その他これに準ずる限られた範囲内において使用することを目的とする」場合に該当するとされる。しかし、企業による利用については、その利用の目的が「個人的に又は家庭内その他これに準ずる限られた範囲内」であると評価されることは通常なく、同項は適用されない。

(4)　著作権法 30 条の 4

著作権法の権利制限規定のうち、情報解析等のための利用の例外として 30 条の 4 がある。著作権法は、情報解析等の他人の知覚による認識を伴わないコンピュータ（電子計算機）による情報処理の過程における著作物の利用など、著作物に表現された思想又は感情の享受を目的としない著作物の利用（いわゆる「非享受目的利用」）であれば、必要と認められる限度で、著作権者の許諾を得ないで著作物を利用することを認めている。ただし、同条はそのただし書きにおいて、「当該著作物の種類及び用途並びに当該利用の態様に照らし著作権者の利益を不当に害することとなる場合」は、権利制限の対象とならないと規定している。詳しくは Q12 を参照されたい。

　プロンプトの入力行為の多くは、「情報解析の用に供する場合」（著作権法 30 条の 4 第 2 号）や「著作物の表現について人の知覚による認識を伴うことなく当該著作物を電子計算機による情報処理の過程における利用その他の利用に供する場合」（同条 3 号）に該当し、著作権侵害とはならない可能性が高いといえる。しかし、たとえば、ネット記事等の他人の著作物を要約する目的で、そ

の著作物をそのままプロンプトに入力することは、元の著作物の複製物である要約を享受する目的が認められることから、著作権法30条の4が適用されず、著作権侵害とされる可能性もある[1]。

　このように、本稿執筆時点においては定まった見解や裁判例がなく、思想又は感情の享受を目的とした利用とされる場合及び著作権法30条の4ただし書きの解釈次第では、同条が適用されない可能性があるため、現時点では、プロンプト入力行為すべてについて、情報解析等のための利用であり著作権侵害にならないと安易に考えるのは避けるべきと考えられる。

❷　著作者人格権との関係

　著作権法は、著作権とは別の権利として、著作者人格権を定める。著作権法30条の4と著作者人格権の関係については、Q14 を参照されたい。プロンプトの入力段階において問題となりうる著作者人格権としては、同一性保持権がある。プロンプトに他人の著作物を改変して入力した場合には、形式的には「変更、切除その他の改変」（同法20条1項）に当たり、同一性保持権侵害となりうる。

　著作者人格権との関係では、権利制限規定は影響を及ぼすものではなく（著作権法50条）、権利制限規定を理由に同一性保持権の侵害が否定されることにはならない。著作権法20条の条文を形式的に解釈すれば、あらゆる些細な変更も同一性保持権の侵害に該当するように読めるが、実務上は、同一性保持権の侵害が認められるのは、常識的な範囲にとどまるものと解釈されている。また、もはや原著作物の表現性質上の本質的特徴を感得させないまでに大幅に変更を加えた場合は「改変」には当たらず、同一性保持権を侵害しない。したがって、一定の範囲での著作物の変更については、同一性保持権侵害とはならないと解釈されうる余地がある[2]。

---

1)　文化審議会著作権分科会法制度小委員会「AIと著作権に関する考え方について」（令和6年3月15日）37頁～38頁では、「生成AIに対する入力に用いた既存の著作物と類似する生成物を生成させる目的で当該著作物を入力する行為は、生成AIによる情報解析に用いる目的の他、入力した著作物に表現された思想又は感情を享受する目的も併存すると考えられるため、法第30条の4は適用されないと考えられる」とされている。

2)　中山信弘『著作権法〔第4版〕』（有斐閣、2023年）632頁～636頁。

3　設問への回答

　以上のとおり、プロンプトに他人の著作物を入力しても、①著作権者による許諾がある場合、又は②著作権法上の権利制限規定に該当する場合には、著作権侵害にはならない。

　また、プロンプトに他人の著作物を改変して入力した場合についても、上記のような解釈により同一性保持権侵害とならないと解釈される余地があると考えられる。

〔正田和暉＝輪千浩平〕

Q26　AI 生成物と人間による創作物を区別する方法

AI 生成物か人間による創作物かを明確に区別する方法はありますか。

A　生成 AI を利用して作品を生成した著作者が、当該作品が「AI 生成物である」ことを明示していないことを前提とした場合、ある作品が生成 AI を（どの程度）利用して創作されたものであるのかを外観上区別することは基本的には困難です。例外的に、学習データに含まれるオリジナル著作物のロゴやウォーターマーク等の特徴的部分が一部残る形で出力された場合には、学習データに当該オリジナル著作物の含まれる AI 生成物であると判明することもあると思われます。

■ **解説** ■

(Keyword)　生成 AI の区別

1　AI 生成物か人間による創作物かによる区別

ある作品が AI 生成物である場合には、そもそも著作者を観念しえず、当該作品に関する著作権等の権利処理を検討する必要がなくなる。他方で、ある作品が、人間による創作物である場合には、著作者に作品に対する著作権が発生するため、権利者である当該著作者の許諾なく、当該作品を利用することは、著作権法の権利制限規定に該当する場合を除き、認められないこととなる。

生成 AI を利用して作品を創作するという場合に、プロンプト等の分量・内容、生成の試行回数、複数の生成物からの選択等を考慮し[1]、どこまでの創作意図及び創作的寄与があれば人間による創作物といえるのか（又は人間が生成 AI をツールとして利用したにすぎないといえるのか）は別途問題となるが（ Q21 、 Q22 参照）、ここでは、その点は措き、現実問題として、生成された作品の外観から生成 AI の利用の有無を判断することがそもそも可能であるのか、という点について解説する。

---

1)　文化審議会著作権分科会法制度小委員会「AI と著作権に関する考え方について」（令和6年3月15日）（以下「文化審考え方」という）40頁。

❷　AI 生成物であることの立証と著作権侵害該当性判断との関係性

現在、AI 生成物による著作権侵害の可能性を検討する際には、これまでの著作権法上の考え方とは異なり、「類似性」が認められる場合には広く「依拠性」を肯定するという考え方も議論されているところ（依拠については Q29 参照）、設問は、そもそもある作品が「AI 生成物であること」を立証することが可能か、という点にも関係してくる。

まず、AI 生成物については広く「依拠性」を肯定するという立場をとった場合でも、「依拠」の存在を示す事情として、AI 生成物の生成に用いられた生成 AI の学習対象に類似著作物が含まれていることは立証されなければならない [2]。そして、「依拠」の立証責任が本来著作権者側にあることからすれば、上記の「生成 AI の学習対象に類似著作物が含まれていること」については、著作権者が立証しなければならないように思われる。しかし、著作権者の側で、自らの与り知らないところで学習され利用された生成 AI の学習データの内容を立証することは非常に困難であること及び生成 AI から既存の著作物に類似した作品が出力された場合には当該生成 AI の学習対象に当該既存の著作物が含まれていることが推定されることから、AI 生成物による著作権侵害の可能性を検討する場面においては、生成 AI ユーザの側で、自らの利用した生成 AI の学習データの中には、著作権侵害を主張された作品は含まれていないことを立証しなければならないと考えるべきであるという立場も存在するところである。

生成 AI の利用による著作権侵害を著作者から主張される仮想事例として、以下のような例がありうるが、以下の検討のとおり、侵害（非侵害）立証は困難にならざるをえない。

X 氏が、AI 生成物について広く「依拠性」を肯定する立場で、かつ、「依拠

---

2)　この点、文化審考え方 33 頁〜35 頁においても、「生成 AI の場合、その開発のために利用された著作物を、生成 AI の利用者が認識していないが、当該著作物に類似したものが生成される場合も想定され、このような事情は、従来の依拠性の判断に影響しうると考えられる」とされ、特に、「AI 利用者が既存の著作物を認識していなかったが、AI 学習用データに当該著作物が含まれる場合」の考え方に関し、「通常、依拠性があったと推認され、AI 利用者による著作権侵害になりうる」とされている。

性」を否定するには、生成 AI ユーザの側で、当該生成 AI の学習対象に自らの著作物が含まれていないことを立証する必要があるという立場の下、Y氏の作品Bについて、「この作品Bは AI 生成物であるが、当該 AI 生成物は、私の著作物である作品Aに非常に類似しているから、依拠性も推定される。この作品Bを作成したY氏は、私の著作権を侵害している」と主張してきたのに対し、Y氏の側は、「いやいや、そもそもこの作品Bは AI 生成物ではないから、X氏の言うような依拠性の考え方は当てはまらない。偶然類似してしまっただけで、作品Aなんて知らないし、作品Aに依拠していないから、作品Aの著作権を侵害するということはない」と反論したケースを想定する。

　現時点では、日本において、AI 生成物であるかどうかのラベル付けが義務化されていない以上、著作権侵害を主張された側（Y氏）が「作品Bの創作に生成 AI は利用していない。自らの手による創作物である」と言い張れば、著作権侵害を主張する側（X氏）がY氏の創作過程における生成 AI 利用の事実を立証しなければならなくなる。しかし、現在のところ、作品（上記の例では作品B）の創作過程を知りえない第三者（上記の例ではX氏）がその事実を立証することは非常に困難な場合が多いだろう。そうすると、生成 AI の利用の有無については、著作者（上記の例ではY氏）の申告内容に頼らざるをえなくなるが、著作者本人による「生成 AI は利用していない」という声明を無邪気に信用するわけにいかないのは当然だろう。他方で、一般に理解されているとおり、「ないことの証明」は通常できない（いわゆる「悪魔の証明」）ため、「生成 AI を利用していない」ことを著作権侵害を主張されている側（Y氏側）に立証させることも適当ではなさそうである。

　著作権侵害の有無が現実世界で争われた場合、著作権侵害を主張する者は、著作権侵害の事実（対象とする著作物について、自らの著作物に照らして、①依拠性及び②類似性が認められること）を立証する必要がある。しかし、上記のとおり、仮に、生成 AI が利用されて類似著作物が出力された場合には、当該生成 AI の学習対象にオリジナル著作物が含まれていることが推定され、出力された生成物がオリジナル著作物と類似している場合（②類似性が認められる場合）には依拠も肯定される（①依拠性も認められる）ということになれば、類似著作物について著作権侵害を主張する者は、①依拠性を立証する代わりに、③対象とする著作物が生成 AI を利用して出力されたものであることを立証しなけ

ればならない状態に陥るように思われる。ところが、上記のとおり、③の立証（対象とされた被疑侵害著作物の著作権者側による生成 AI を利用していないことの立証を含む）は非常に困難である。侵害を主張された被疑侵害者としては、生成 AI の利用は認めた上で、侵害を主張する者によるオリジナル著作物が当該生成 AI の学習対象には含まれていないことを立証し、侵害（依拠性）を否定するという方法もありうるが、生成 AI 利用者であっても、自らの利用した生成 AI の学習データに何が含まれるかを把握できるとは限らず、また、上記のとおり、著作権者側で上記③の立証が困難であることからすれば、あえて自ら生成 AI を利用した事実を開示することもないように思われる。

❸　米国大統領令・EU AI Act における AI 生成物の表示義務に関する議論

　本稿執筆時点で、G7 の合意した「行動規範」では、電子透かしを利用して、利用者が生成 AI によるコンテンツを識別できるようにする技術の導入が奨励されている。

　米国においては、G7 の合意に先駆けて、主要 15 企業との間の自主誓約において、偽情報の拡散防止のため、コンテンツが「AI 製」かどうかを識別できる仕組み（AI 生成物であることがわかるようにするためのメカニズムの開発・実装（堅固な出所表示 and/or 透かし表示））に関連するシステムの導入が受け入れられていた。そして、2023 年 10 月 30 日に発令された大統領令により、商務省が、当該仕組みに関して、コンテンツ認証や電子的な透かしを表示する指針を作り、企業に当該指針の遵守を求めることとされている。

　また、EU の AI Act 案においても、一定の場合に AI 生成物であることのラベリングを強制する制度が検討されている。

　なお、G7 の合意した「行動規範」、米国大統領令及び EU AI Act についての詳細は、Q68 を参照されたい。

❹　設問への回答

　上記❷で検討したとおり、本稿執筆時点では、AI 生成物であるかどうかのラベル付けが義務化されていないことから、ある作品の外観から AI 生成物か人間による創作物かを明確に区別することは基本的には困難であろう。

　日本では、2024 年 2 月 14 日に、AI の安全性に関する評価手法や基準の検討・推進を行うための機関として、AI セーフティ・インスティテュート（AISI）が設立され、今後は、日本においても、G7 の合意を前提に、AI 生成物であることを識別可能とするシステムの導入が推進されることとなるものと思われるが、AI 生成物による著作権侵害の可能性を検討するに際しては、上記**2**のような現実的立証可能性の観点も考慮にいれて、ガイドラインや法の整備について検討する必要がありそうである。

　なお、生成 AI に関し、Getty Images が Stability AI に対して、自らが著作権を有する写真が学習データに無断で用いられたことについて米国で訴訟を提起している事案では、生成された作品にオリジナル著作物における「gettyimages」に酷似するウォーターマークが示されている（Getty Images（US）, Inc. v. Stability AI, Inc.（Case No. 1:23-cv-00135（D. Del. 2023）. COMPLAINT（訴状）18 頁。同事件の詳細は Q19 参照）。このように、「依拠性」を肯定することが、現行法下においても比較的容易といえる場合もあるが、「依拠性」の立証が外観から比較的容易に行える事例は、例外的といえるだろう。

〔堺有光子〕

Q27　AI生成物と著作権者の表示

　生成AIにより生成された文章、画像、又は音楽を、自己の著作物として公表することは、著作権法上許されますか。

A　生成AIをツールとして利用した創作物である場合には、自己の著作物として公表することは、当然可能です。また、生成AIを利用し、かつ、その利用の態様や程度等に照らし、人間の創作意図及び創作的寄与が認められない場合には、生成AIの出力物は「著作物」ではありませんが、現行著作権法上、著作物でないものを自己の著作物として公表することを禁じる規定はないため、問題となることはありません。しかし、このような場合に、出力物について、AI生成物ではなく、「著作物」であるかのように表示することは、今後導入が予測される、AI生成物であることの表示義務等に違反することとなるおそれが高いといえます。

━━━━ **解説** ━━━━━━━━━━━━━━━━━━━━━━━━━━━━━

(**Keyword**)　生成AIであることの表示、著作権法121条

1　生成AIをツールとして利用して創作物が創作された場合

　生成AIを利用して作品を創作する場合、生成AIに入力するプロンプト等の分量・内容、生成の試行回数、出力された複数の生成物からの選択等の存否を考慮し、生成AIを利用して出力（創作）された作品において、生成AIを利用する人間の創作意図及び創作的寄与が認められれば、当該生成AIを利用して出力（創作）された作品は、当該生成AIの利用者による著作物といえるものと考えられる（**Q21**参照）。文化審議会著作権分科会法制度小委員会「AIと著作権に関する考え方について」（令和6年3月15日）39頁～40頁においても、「AI生成物の著作性は、個々のAI生成物について個別具体的な事例に応じて判断されるものであり、単なる労力にとどまらず、創作的寄与があるといえるものがどの程度積み重なっているか等を総合的に考慮して判断されるものと考えられる」とされ、具体的には、上記のとおり、やはり、①指示・入力

（プロンプト等）の分量・内容、②生成の試行回数、③複数の生成物からの選択
といった要素が検討要素として示されている。

　このように、生成 AI をあくまで創作のツールとして利用したといえる場合
には、当該生成 AI を利用した出力物（創作物）について、当該生成 AI の利用
者が自己の著作物として公表することは、当然可能ということとなる。

❷　生成 AI による出力物にすぎない場合

　他方で、生成 AI が利用されているものの、当該利用の態様や程度等に照ら
して、人間の創作意図及び創作的寄与が認められるといえる程度にまで人間に
よる手が加えられていない出力物を、当該生成 AI の利用者が自己の著作物と
して公表した場合にはどうなるか。

　この点、「著作者でない者の実名……を著作者名として表示した著作物の複
製物……を頒布」する行為は、違法行為であるとして、1 年以下の拘禁刑若し
くは 100 万円以下の罰金、又はこれを併科する旨規定する著作権法 121 条との
関係が問題となりうるが、上記のような出力物は、そもそも「著作物」に該
当しないことから、少なくとも現行法上は、同条項の適用の前提を欠くといえ
る。ただし、同条項の趣旨は、①実名等を冒用された者の人格的利益の保護、
及び、②著作者についての誤った情報の拡散防止という 2 つの側面があると
されているところ、AI 生成物の場合、①が問題となることはない一方で、②
については、AI 生成物の利用者（鑑賞者、消費者等）が、「AI 生成物であるこ
と」を明らかにされない不利益（実際には AI 生成物であるにもかかわらず、人間
の創作物であるかのような誤った情報を受け取る不利益）を被る側面もあるといえ
る。したがって、今後、同条項の立法趣旨を考慮した上で、同条項の適用範囲
を拡大する法改正がなされる可能性も否定はできない。

❸　米国大統領令・EU AI Act 等における AI 生成物の表示義
務に照らした議論

　また、① G7 の合意した、電子透かしを利用して利用者が生成 AI によるコ
ンテンツを識別できるようにする技術の導入を奨励する「行動規範」や②コン
テンツが「AI 製」かどうかを識別できる仕組み（AI 生成物であることがわかる
ようにするためのメカニズムの開発・実装（堅固な出所表示 and/or 透かし表示））

として、コンテンツ認証や電子的な透かしを表示するという内容の商務省作成の指針の遵守を企業に求める米国の大統領令（2023 年 10 月 30 日発令）、③一定の場合に AI 生成物であることのラベリングを強制する制度が検討されている EU の AI Act 案に照らせば、AI 生成物（上記❷のような事例）にすぎないにもかかわらず、当該生成物を「自己の著作物として公表」することは、日本においても、今後制定されるガイドラインや法規定等との関係で、許容されないことになる可能性も高いと推測される（G7 の合意した「行動規範」、米国大統領令、EU AI Act について、詳細は Q68 参照）。

　このような表示義務に関しては、現行法上も、たとえば、遺伝子組換え食品が、食品衛生法に基づく安全性審査を経て流通している上に、特定の遺伝子組換え農産物等については、「遺伝子組換え農産物である」ことに関する一定の内容の表示制度（食品表示基準（平成 27 年内閣府令第 10 号））が設けられていることも参考になるだろう。

❹　その他今後留意すべき事項等

　加えて、景品表示法は、商品やサービスの品質、内容、価格等を偽って表示を行うことを厳しく規制することなどにより、消費者がより良い商品やサービスを自主的かつ合理的に選べる環境を守ることを目的として規定されているところ[1]、同法 5 条 1 号では、商品・サービスの品質、規格その他の内容についての不当表示（優良誤認表示）、同条 2 号では、商品・サービスの価格その他取引条件についての不当表示（有利誤認表示）が禁止されており、当該規定に違反する場合には、事業者に対して課徴金が課される可能性もある（同法 8 条）。

　これまでのところ、AI 生成物の表示に関して、景品表示法に関する検討は特段行われていないが、上記❷の場合に、AI 生成物（人間の創作意図や創作的寄与がない作品）であるにもかかわらず、あたかも創作物であるかのような表示を行う行為は、同法に規定する優良誤認表示や有利誤認表示に該当すると解釈される可能性も今後はあるかもしれない。

　また、事業者において、著作物の制作業務を下請会社等に委託している場合に、当該下請会社において生成 AI が利用され、かつ、当該利用の程度が上

---

1)　消費者庁ホームページ「景品表示法　表示規制の概要」（https://www.caa.go.jp/policies/policy/representation/fair_labeling/representation_regulation/）参照。

記**2**に記載する程度にとどまるという場合に、実際には、AI 生成物にすぎないにもかかわらず、「著作物」として納入されるということがありうるかもしれない。上記**3**で議論した AI 生成物であることの表示義務とも関連するが、このような業務委託を行う事業者においては、納入物に関し、自らが（今後制定されうる法律又はガイドライン等の法規制や今後の解釈に照らした現行規定を含む）法律違反等の責任を負うことのないよう、業務委託契約等において、①AI 生成物ではなく創作物の納入に限ること（具体的な対応としては、委託先事業者が生成 AI を利用する場合には、どのような態様でどの程度利用したかについての開示を求めるなどして、納入物が人間の創作意図及び創作的寄与のあるものといえるかを業務委託を行う事業者自らが確認できる規定を設けるなど）や② AI 生成物であることの表示を義務づけること等の手当てを行うことが不可欠となってくるだろう。

〔堺有光子〕

Q28　AI生成物の出力と著作権侵害①──著作権侵害になる場合

　生成AIにより出力されたAI生成物が他人の著作物の著作権侵害となるのは、どのような場合ですか。

A　AI生成物において、著作権者の許諾を得ることなく、他人の著作物が利用（複製又は翻案）され、かつ、その利用が著作権法の権利制限規定（30条以下）に該当しない場合には、著作権侵害（複製権侵害又は翻案権侵害）となります。ただし、AI生成物が翻案権侵害となるのは、非常に限定的な場合と考えられます。

解説

(Keyword)　著作権侵害、複製、翻案

1　著作権侵害とは

　著作権侵害は、著作権者から許諾を得ることなく、他人の著作物を利用し、かつ、当該利用が著作権法30条以下に規定されている権利制限規定に該当しない場合に認められる。そして、生成AIによりAI生成物を出力する場合においては、複製権（同法21条）及び翻案権（同法27条）侵害が問題となりうる。

2　複製権侵害・翻案権侵害

(1)　複製とは

　著作権法上、複製とは、「印刷、写真、複写、録音、録画その他の方法により有形的に再製すること」であると定義されている（2条1項15号）。また、裁判例においては、その表現上の本質的な特徴を直接感得することのできるものを作成することを意味すると解されている[1]。

　複製は、既存の著作物と同一性を有することを前提としているが、完全に同一である場合のみならず、多少の修正増減があっても当該著作物の同一性を損

---

1)　知財高判平成23・12・26判時2139号87頁、知財高判平成28・1・19（平成26年（ネ）第10038号）裁判所ホームページ。

なうことのない場合、すなわち実質的に同一である場合も複製に当たると考えられている。

（2）　翻案とは

翻案については、著作権法上定義されていないが、江差追分事件最高裁判決[2]において、「言語の著作物の翻案（著作権法27条）とは、既存の著作物に依拠し、かつ、その表現上の本質的な特徴の同一性を維持しつつ、具体的表現に修正、増減、変更等を加えて、新たに思想又は感情を創作的に表現することにより、これに接する者が既存の著作物の表現上の本質的な特徴を直接感得することのできる別の著作物を創作する行為をいう。そして、著作権法は、思想又は感情の創作的な表現を保護するものであるから（同法2条1項1号参照）、既存の著作物に依拠して創作された著作物が、思想、感情若しくはアイデア、事実若しくは事件など表現それ自体でない部分又は表現上の創作性がない部分において、既存の著作物と同一性を有するにすぎない場合には、翻案には当たらないと解するのが相当である」と判示されている。同判決は言語の著作物の翻案について判示したものであるが、以後、言語の著作物に限らず多くの裁判例において引用され、確立した判断基準となっている[3]。

上記判例が判示しているとおり、翻案に当たるためには、当該 AI 生成物が既存の著作物に依拠し、その表現上の本質的な特徴の同一性を維持しつつ、新たな思想又は感情の創作的表現がなされているといえる必要がある。もっとも、そもそも生成 AI により出力された AI 生成物に著作権が発生する場合は限定的であるため（詳細は Q21 を参照）、生成 AI により出力された AI 生成物が既存の著作物の翻案に当たる場合はきわめて限定的な場合（現実にありうるかは別としても、たとえば、既存の著作物をプロンプトに入力した上、修正、増減、変更等を加えることを指示し、それがアイデアの範疇を超えており、その指示によって追加された部分に新たな創作性が認められるような場合）に限られると思われる。

（3）　複製権・翻案権侵害の判断手法

まず、複製及び翻案といえるためには、他人の著作物に「依拠」していることが必要である（依拠性の要件）。依拠とは、既存の著作物に接して、それを自

2）　最判平成13・6・28民集55巻4号837頁〔江差追分事件〕。
3）　齋藤浩貴＝上村哲史『情報コンテンツ利用の法務 Q&A』（青林書院、2020年）89頁。

己の作品の中に用いることをいい、既存の著作物を知らず、偶然に一致したにすぎない独自創作の場合には、依拠性は認められない[4]。依拠の詳細については Q29 を参照されたい。

　次に、複製及び翻案といえるためには、既存の著作物の創作的表現が同一又は類似である必要がある（類似性の要件）。この点、類似性の判断手法としては、江差追分事件の最高裁判決以降、裁判実務では、「ろ過テスト」という手法が定着しており、AI生成物についても同様に判断することになろう[5]。「ろ過テスト」とは、①原告作品と被告作品の同一性のある部分（共通点）を抽出し、②この部分における創作的な表現の存否を判断し、③存在する場合には、原告作品の本質的特徴を感得しうるかを判断する手法である。

３　設問への回答

　以上のとおり、AI生成物においても、著作権者の許諾を得ることなく、他人の著作物が利用（複製又は翻案）され、かつ、その利用が著作権法の権利制限規定（30条以下。 Q10 参照）に該当しない場合には、著作権侵害（複製権侵害又は翻案権侵害）となる。ただし、AI生成物が翻案権侵害となるのは、上記のとおり、非常に限定的な場合と考えられる。

〔桒原宏季＝上村哲史〕

---

4)　文化庁著作権課「AIと著作権」（令和5年6月）19頁。
5)　文化審議会著作権分科会法制度小委員会「AIと著作権に関する考え方について」（令和6年3月15日）33頁でも、「AI生成物と既存の著作物との類似性の判断についても、人間がAIを使わずに創作したものについて類似性が争われた既存の判例と同様、既存の著作物の表現上の本質的な特徴が感得できるかどうかということ等により判断されるものと考えられる」との見解が示されている。

> **Q29** AI 生成物における依拠性の判断
>
> 　生成 AI により出力された AI 生成物が他人の著作物に依拠しているか
> は、どのように判断するのですか。

A　AI 生成物の依拠性に関しては、他人の既存の著作物が生成 AI の学習
に用いられてさえいれば依拠性が認められるとする考え方が有力となりつつ
ありますが、いまだ定説がなく、今後の議論の集積を待つ必要があります。

解説

(Keyword)　依拠

1　依拠とは

　依拠とは、既存の著作物に接して、それを自己の作品の中に用いることをい
い、既存の著作物を知らず、偶然に一致したにすぎない独自創作の場合には、
依拠性は認められない[1]。

　この依拠について、ワン・レイニー・ナイト・イン・トーキョー事件最高裁
判決[2]は、「著作物の複製とは、既存の著作物に依拠し、その内容及び形式を
覚知させるに足りるものを再製することをいうと解すべきであるから、既存の
著作物と同一性のある作品が作成されても、それが既存の著作物に依拠して再
製されたものでないときは、その複製をしたことにはあたらず、著作権侵害の
問題を生ずる余地はないところ、既存の著作物に接する機会がなく、従つて、
その存在、内容を知らなかつた者は、これを知らなかつたことにつき過失があ
ると否とにかかわらず、既存の著作物に依拠した作品を再製するに由ないもの
であるから、既存の著作物と同一性のある作品を作成しても、これにより著作
権侵害の責に任じなければならないものではない」と判示している。同判例に
よると依拠性が認められるためには、既存の著作物の存在又は内容を認識して
いる必要があるように読める。

---

1)　文化庁著作権課「AI と著作権」（令和 5 年 6 月）19 頁。
2)　最判昭和 53・9・7 民集 32 巻 6 号 1145 頁〔ワン・レイニー・ナイト・イン・トーキョー事件〕。

　しかし、依拠性は、偶然に一致したにすぎない「独自創作」の場合に複製権侵害を否定するための要件であって、「独自創作」か否かは、ある作品が、既存の著作物に類似していると認められるときに、当該作品の制作者における既存の著作物の存在又は内容の認識の有無、既存の著作物との同一性の程度、当該作品の作成経緯等の事情から判断される[3]。そのため、必ずしも既存の著作物の存在又は内容の認識があることは依拠性を認めるための必須の要件ではないと考えられる。たとえば、既存の著作物を機械的にコピー（デッドコピー）している場合には、「独自創作」とはいえないことは明白であるため、既存の著作物の存在又は内容の認識を問題とするまでもなく、依拠性が認められるものと考えられる。

2　AI 生成物における依拠性

(1)　既存の著作物の存在又は内容の認識の要否

　生成 AI サービスにおいてユーザが AI 生成物を出力した場合にその複製の主体がサービス提供者なのか又はユーザなのかは、サービスの内容やそれぞれの関与の内容・程度等によって異なるものと考えられるが（侵害行為主体については**Q43**参照）、ユーザが複製の主体である場合において、AI 生成物における依拠性に関し、ユーザに既存の著作物の存在又は内容の認識を要求したとしても、ユーザが既存の著作物（その表現内容）を認識しており、生成 AI を利用してこれと創作的表現が共通したものを出力させた場合[4]（たとえば、プロンプトに「ピカチュウ」などのキャラクターのデザインを入力し、それと創作的表現が共通する AI 生成物を出力させた場合）には、依拠性が認められるものと考えられる。

　しかし、ユーザに既存の著作物の存在又は内容の認識を要求すると、学習に関与していないユーザは、学習段階でどのような著作物が学習に用いられてい

---

3)　文化審議会著作権分科会法制度小委員会令和 5 年度第 1 回（令和 5 年 7 月 26 日）資料 3「AI と著作権に関する論点整理について」4 頁。なお、文化審議会著作権分科会法制度小委員会「AI と著作権に関する考え方について」（令和 6 年 3 月 15 日）（以下「文化審考え方」という）も、「依拠性の判断については、既存の判例・裁判例では、ある作品が、既存の著作物に類似していると認められるときに、当該作品を制作した者が、既存の著作物の表現内容を認識していたことや、同一性の程度の高さなどによりその有無が判断されてきた」（33 頁）と述べられていることからすると、従来の依拠性の判断において、既存の著作物の表現内容を認識していたことが必須の要件であったとの見解に立っているわけではない。

4)　文化審議会・前掲「論点整理について」4 頁、文化審考え方 33 頁。

るかを知らず、どのような AI 生成物が出力されるかがわからないことが多いため、「独自創作」ではないにもかかわらず、依拠性が否定されてしまうおそれがある。

　そのため、AI 生成物の依拠性に関しても、既存の著作物の存在又は内容の認識を必須とするべきではないものと考えられる。

(2) AI 生成物の依拠性に関する議論の状況

　現在、AI 生成物の依拠性に関しては、さまざまな議論がなされており、概要、以下のような考え方が存在するものの、まだ定説といえる考え方は存在しない。

---

① 　著作物が創作的表現としてではなく、パラメータとして抽象化・断片化されている場合には、アイデアを利用しているにすぎず依拠を認めるべきではないという考え方[5]

② 　著作物が学習済みモデル内に創作的な表現の形でデータとしてそのまま保持されている場合には、依拠性が認められるという考え方[6]

③ 　著作物が学習済みモデル内に創作的な表現の形でデータとしてそのまま保持されていなくても、学習用データに含まれているなど、元の著作物へのアクセスがあれば依拠を認めてもよく、著作権侵害の成否については類似性のみで判断するべきという考え方[7]

④ 　AI ユーザ自身の独自創作であることに加えて、AI 自体が学習対象の著作物をそのまま出力するような状態になっていないこと（AI の独自作成であること）の両方がいえない限りは依拠性を認めるべきであるという考え方[8]

　そもそも、依拠性は、偶然に一致したにすぎない独自創作の場合に複製権侵害を否定するための要件であるところ、既存の著作物が学習に用いられており、かつ、当該既存の著作物と創作的表現が類似する AI 生成物が出力された場合には、当該 AI 生成物は偶然に一致したにすぎない独自創作とは言い難く、上記の③の考え方がシンプルであるように思われる。

　この点については、文化審議会著作権分科会法制度小委員会「AI と著作権に関する考え方について」（令和6年3月15日）でも、「AI 利用者が既存の著

---

5) 　横山久芳「AI に関する著作権法・特許法上の問題」法律時報 91 巻 8 号（2019）50 頁、著作権委員会「AI 生成物の著作権法上の保護のあり方についての一考察」知財管理 70 巻 8 号（2020）1130 頁。

6) 　知財戦略本部 検証・評価・企画委員会 新たな情報財検討委員会「新たな情報財検討委員会報告書——データ・人口知能（AI）の利活用促進による産業競争力強化の基盤となる知財システムの構築に向けて——」（平成 29 年 3 月）37 頁。

7) 　同上。

8) 　文化庁著作権課・前掲 48 頁。

作物（その表現内容）を認識していなかったが、当該生成 AI の開発・学習段
階で当該著作物を学習していた場合については、客観的に当該著作物へのアク
セスがあったと認められることから、当該生成 AI を利用し、当該著作物に類
似した生成物が生成された場合は、通常、依拠性があったと推認され、著作権
侵害になりうると考えられる」(34 頁)とされており [9]、生成 AI の開発・学
習段階で既存の著作物を学習していた場合には依拠性を推認する考え方がとら
れている。もっとも、依拠については、現時点で具体的な裁判例がなく、今後
の裁判例の集積を待つ必要がある。

　なお、上記①〜④の議論は、いずれも AI 生成物と類似する既存の著作物が
生成 AI の学習に用いられている場合を前提としており、そもそも生成 AI が
AI 生成物と類似している既存の著作物を学習にすら用いていない場合には、
上記のようなユーザが既存の著作物（その表現内容）を認識しており、生成 AI
を利用してこれと創作的表現が共通したものを出力させた場合等の特段の事情
がある場合を除き、依拠性は認められないものと考えられる [10]。

〔桒原宏季＝上村哲史〕

---

9)　なお、文化審考え方 34 頁では、「ただし、当該生成 AI について、開発・学習段階において学習に
　用いられた著作物の創作的表現が、生成・利用段階において生成されることはないといえるような状
　態が技術的に担保されているといえる場合もあり得る。このような状態が技術的に担保されているこ
　と等の事情から、当該生成 AI において、学習に用いられた著作物の創作的表現が、生成・利用段階
　において出力される状態となっていないと法的に評価できる場合には、AI 利用者において当該評価
　を基礎づける事情を主張することにより、当該生成 AI の開発・学習段階で既存の著作物を学習して
　いた場合であっても、依拠性がないと判断される場合はあり得ると考えられる」との見解が示されて
　いる。
10)　横山・前掲 53 頁、文化審考え方 33 頁。

> **Q30**　AI生成物の出力と著作権侵害②——既存著作物に似ている生成物
>
> 　画像生成AIで生成されたAI生成物がある画家の既存の作品に似ていた場合、これはその画家の著作権を侵害することになりますか。

A　既存の作品の著作権者の許諾がなく、著作権法の権利制限規定にも該当しない場合で、かつ①類似性及び②依拠性の要件を満たす場合には、その画家の著作権を侵害することになります。

━━━━ **解説** ━━

(Keyword)　複製、翻案、依拠、類似

1　AI生成物の出力・利用による著作権侵害

(1)　AI生成物による著作権侵害の判断基準

　AI生成物による著作権侵害の成否は、通常の生成AIを利用しない創作物による著作権侵害の要件同様に考えられる[1]。すなわち、既存の著作物の著作権者の許諾を得ておらず、著作権法の権利制限規定（たとえば、私的使用のための複製（Q25参照））にも該当しない場合で、かつ既存の著作物との①類似性（創作的表現が同一又は類似であること）及び②依拠性（既存の著作物に依拠して複製等がされたこと）が認められる場合には、当該AI生成物の利用行為は、著作権侵害（特に、当該AI生成物を生成する行為は、複製権又は翻案権侵害）となる（詳細はQ28参照）。

(2)　類似性

　AI生成物と既存の著作物の類似性の判断については、人間がAIを使わずに創作したものについて類似性が争われた既存の判例と同様に、既存の著作物の表現上の本質的な特徴が感得できるかどうかということ等により判断されると考えられている[2]。

---

1)　文化審議会著作権分科会法制度小委員会「AIと著作権に関する考え方について」（令和6年3月15日）（以下「文化審考え方」という）32頁。
2)　文化審考え方33頁。

　この点、表現上の本質的特徴には、単なる事実の記載やありふれた表現、具体的な表現とは呼べないアイデアは含まれない。そのため、作風や画風といったアイデアが類似するにとどまる場合には類似性は認められない。もっとも、アイデアと創作的表現の区別はケースバイケースで具体的に判断するほかない。

　なお、既存の他人の著作物に改変が加えられていても、その改変が新たな創作性を付加するものでなければ「複製」（著作権法 21 条）にとどまる。他方で、その改変が新たな創作性を付加しつつ、表現上の本質的な特徴を直接感得できる程度にとどまっていれば「翻案」（同法 27 条）に該当するが、AI 生成物に著作権が発生する場合は限定的であるため、AI 生成物が既存の著作物の翻案に当たる場合はきわめて限定的な場合に限られると思われる（**Q28** 参照）。

(3)　依拠性

　依拠とは、既存の著作物に接して、それを自己の作品の中に用いることをいい、既存の著作物を知らず、偶然に一致したにすぎない独自創作の場合には、依拠性は認められない[3]。そして、「独自創作」か否かは、ある作品が、既存の著作物に類似していると認められるときに、当該作品の制作者における既存の著作物の存在又は内容の認識の有無、既存の著作物との同一性の程度、当該作品の作成経緯等の事情から判断される[4]。そのため、必ずしも既存の著作物の存在又は内容の認識があることは依拠性を認めるための必須の要件ではないと考えられる。

　AI 生成物についても、ユーザがその複製の主体である場合において、ユーザに既存の著作物の存在又は内容の認識を要求すると、学習に関与していないユーザは、学習段階でどのような著作物が学習に用いられているかを知らず、どのような AI 生成物が出力されるかがわからないことが多いため、「独自創作」ではないにもかかわらず、依拠性が否定されてしまうおそれがある。そのため、AI 生成物の依拠性に関しても、既存の著作物の存在又は内容の認識を必須とするべきではないものと考えられる。

　現在、AI 生成物の依拠性に関しては、さまざまな議論がなされており、まだ定説といえる考え方は存在しないものの、既存の著作物の存在又は内容の認

---

3)　文化庁著作権課「AI と著作権」（令和 5 年 6 月）19 頁。
4)　文化審議会著作権分科会法制度小委員会令和 5 年度第 1 回（令和 5 年 7 月 26 日）資料 3「AI と著作権に関する論点整理について」4 頁参照。

識を要求する見解は見当たらない状況である。

　この点、文化審議会著作権分科会法制度小委員会「AI と著作権に関する考え方について」（令和6年3月15日）でも、「AI 利用者が既存の著作物（その表現内容）を認識しており、生成 AI を利用して当該著作物の創作的表現を有するものを生成させた場合」のほか、「AI 利用者が既存の著作物（その表現内容）を認識していなかったが、当該生成 AI の開発・学習段階で当該著作物を学習していた場合については、客観的に当該著作物へのアクセスがあったと認められることから、当該生成 AI を利用し、当該著作物に類似した生成物が生成された場合は、通常、依拠性があったと推認され、著作権侵害になりうると考えられる」とされており [5]、元の著作物が生成 AI の学習に用いられてさえいれば依拠性が認められるという考え方に近い考え方がとられているように思われる。

　したがって、ユーザが既存の著作物を認識している場合（たとえば、ユーザ自身が既存の著作物をプロンプトとして入力した結果、当該著作物に類似する AI 生成物が出力された場合）には依拠性が認められ、ユーザによる著作権侵害が成立する可能性が高いと考えられる。また、ユーザ自身が既存の著作物の認識をしていなくても、ユーザが利用した生成 AI の開発・学習段階で当該著作物を学習していた場合も、依拠性が認められ、ユーザによる著作権侵害が成立する可能性が高いと考えられる。もっとも、この点については、現時点で具体的な裁判例がなく、今後の裁判例の集積を待つ必要がある。なお、上記の場合にユーザが著作物侵害を問われたときには、生成 AI 事業者も著作権侵害の責任を負う場合があると考えられることに留意が必要である [6]（侵害行為主体については Q43 参照）。

　なお、依拠性の判断に関する解説の詳細は、 Q29 を参照されたい。

2 設問への回答

　上記 1(1)のとおり、既存の画家の作品との①類似性及び②依拠性が認められる AI 生成物を、当該作品の著作権者の許諾なく、商業利用するなどの権利制限規定にも該当しない態様で使用した場合には、著作権侵害が成立する。なお、人間が制作する場合には、単なる改変にとどまらず、新たな思想又は感情の創

---

5) 文化審考え方33頁〜34頁。
6) 文化審考え方34頁。

作的表現を加えたものと判断されうるため、複製ではなく翻案となる可能性があるが、生成 AI による場合には、単純なプロンプトを入力する行為が思想又は感情の表現であるとは認められないため、翻案ではなく複製となると考えられる。

　類似性については、上記**1**(2)で述べたとおり、当該 AI 生成物から、既存の作品の表現上の本質的な特徴を直接感得できる場合には、類似性が肯定される。どのような場合に「表現上の本質的な特徴を直接感得できる」といえるかは、事案ごとに個別具体的に判断するほかないものの、たとえば、既存の作品の画風やテイスト等を微妙に変更しただけといった場合や、既存の作品にわずかに文字や図画を加えただけといったような場合には、既存の作品の「表現上の本質的な特徴を直接感得できる」と評価される可能性が高く、類似性が肯定されやすいといえる（**Q31** も参照）。逆に、AI 生成物が、何となく既存の作品と似ているとしても、表現上の本質的な特徴とはいえないありふれた表現や、具体的な表現とは呼べないアイデアのみが似ているにすぎない場合（たとえば、画像生成 AI に、「海で泳ぐイルカの姿」というプロンプトを入力して出力された画像のうち、海が青色で、イルカが水色で、海の上をイルカが跳ねている様子といった要素自体はありふれた表現、又はアイデアにすぎないといえるかもしれない）には、類似性が否定される方向に働く。

　また、依拠性については、上記**1**(3)で述べたとおり、ユーザ自身が既存の著作物をプロンプトとして入力した結果、当該著作物に類似する AI 生成物が出力された場合など、ユーザが既存の著作物を認識している場合や、ユーザ自身が既存の著作物の認識をしていなくても、ユーザが利用した生成 AI の開発・学習段階で当該著作物を学習していた場合には、通常、依拠性が認められ、ユーザによる著作権侵害が成立する可能性が高いと考えられる。もっとも、ユーザが、利用した当該生成 AI の学習対象に当該著作物が含まれているか否かを認識することは容易ではない場合もあり、依拠性の有無を判断するには事業者の協力を得ることも必要になろう。

　したがって、画像生成 AI で生成された AI 生成物がある画家の既存の作品に似ていた場合に、その画家の著作権を侵害するか否かは、①類似性及び②依拠性について、上記のような判断基準及び判断要素をそれぞれ考慮して判断する必要がある。

〔佐藤真澄〕

Q31 AI 生成物の出力と著作権侵害③——既存著作物の特徴を変えた生成物

　画像生成 AI に、プロンプトとして入力したオリジナル画像とは異なる画風やテイストの画像を AI 生成物として出力させて当該画像を商業利用等する行為は、オリジナルの画像の著作権侵害になりますか。

A 　一般的に、画像生成 AI にオリジナル画像をプロンプトとして入力し、これに異なる画風やテイストを加えた画像を出力させた場合、当該画像にはオリジナル画像との類似性が認められ、これを商業利用等する行為はオリジナル画像の著作権侵害になる場合が多いと考えられます。

━━ 解説 ━━

(Keyword) 複製、翻案、依拠、類似

1 設問への回答

　設問では、たとえば、画像生成 AI に、他人の著作物である既存のある油彩絵画の画像をプロンプトとして入力し、その画像の水彩画風の画像を出力させた場合に、当該オリジナルの画像の著作権侵害になるかが問題となる。

　生成 AI により出力された AI 生成物が、オリジナルの著作権を侵害するか否かの判断基準については **Q30** を参照されたい。設問では、特にオリジナル画像と異なる画風やテイストに加工された画像に類似性が認められるか否かが問題となる。

　この点、一般に、画風やテイストは、具体的な表現とは呼べないアイデアに属するものと考えられ、画風やテイストが異なるとしても、そのほかの共通する部分が同一である場合には、表現上の本質的特徴を直接感得できると判断される可能性が高いと考えられる。上記の例でいえば、油彩や水彩画風というのは、具体的な表現ではなくアイデアにすぎないため、オリジナルの画像を水彩画風に加工したとしても、オリジナルの画像の表現上の本質的特徴が直接感得できる程度に維持されていれば、類似性が認められる可能性が高い。なお、異なる画風やテイストを加える行為は、人間が行う場合には、単なる改変にとど

まらず、新たな思想又は感情の創作的表現を加えることと判断されうるため、複製ではなく翻案となる可能性があるが、生成AIによる場合には、画風やテイストを加えるという加工は思想又は感情の表現であるとは認められないため、翻案ではなく複製となると考えられる。

　もっとも、オリジナル画像に異なる画風やテイストを加えたAI生成物に、オリジナル画像との類似性が認められるか否かはケースバイケースであり、事案ごとにオリジナル画像の表現上の本質的特徴を直接感得できるか否かを個別具体的に判断する必要がある。たとえば、オリジナルのイラスト画像における元の画風やテイスト、又はAI生成物により加工した後の画風やテイスト自体が顕著な特徴を有しており、それ自体がアイデアを超えて具体的な表現といえる場合で、それ以外の共通する部分がありふれた表現にすぎないときには、異なる画風やテイストを加えたAI生成物から、もはやオリジナル画像の表現上の本質的特徴を直接感得できるとはいえず、（二次的著作物にも該当しない）原著作物とは別個の著作物として創作されたものと認められる可能性もある。

　依拠性については、オリジナル画像をプロンプトとして実際に入力しているならば、ユーザは当該既存の著作物を認識しているため、依拠性も認められるものと考えられる。

　したがって、オリジナル画像に異なる画風やテイストを加えたAI生成物から、そのオリジナル画像の表現上の本質的特徴を直接感得できる場合には、類似性が認められ、かつ、オリジナル画像をプロンプトとして入力している場合には依拠性も認められるため、当該画像を、オリジナル画像の著作者の許諾なく、商業利用等する行為には著作権侵害（特に、当該AI生成物を生成する行為には複製権侵害）が成立すると考えられる（私的使用のための複製については Q25 参照）。

2　応用問題

　ある画像を入力すると、そのオリジナル画像を特定の画風の画像として出力するよう学習された生成AIに、上記 1 とは逆に、ユーザ自身の作品を入力し、特定の画風の画像が出力された場合はどうであろうか。たとえば、画家Xの作品とはまったく似ていない自分で撮影した画像を生成AIに入力すると、画家X風の画像に加工されて出力されるような場合は、画家Xの著作権を侵害

することになるであろうか。

　この点、上記**1**で解説したとおり、一般的に画風自体はアイデアにすぎず具体的な表現とはいえないと考えられるため、画家Xのいずれの作品とも似ていない画像に画家X風の画風の加工がされたとしても、画家Xの特定の作品の表現上の本質的特徴を直接感得させるものとはいえず、類似性が認められる可能性は高くないと考えられる。もっとも、アイデアと創作的表現の区別はケースバイケースで個別具体的に判断するほかない。

〔佐藤真澄〕

Q32　所在検索・情報解析サービス提供者による他人の著作物の軽微利用

　画像生成 AI サービスのユーザが生成された画像と生成 AI の学習に用いられた画像の類似性をチェックできるよう、サービス提供者が、学習データに用いた画像データを蓄積しておき、そのデータの中で生成された画像と最も類似する画像を AI により表示させることは、著作権法上許されますか。

A　著作権法 47 条の 5 第 1 項に定める一定の要件を満たせば、生成された画像と生成 AI の学習に用いられた画像の類似性チェックの結果として、著作権者の許諾を得ないで、学習データの中で生成された画像と最も類似する画像を AI により表示することは著作権法上許されます。

解説

(Keyword)　著作権法 47 条の 5、軽微利用

1　著作権法 47 条の 5

(1)　概要

　一定の場合に著作権者の許諾なく著作物の利用を認める権利制限規定として、以下の著作権法 47 条の 5 がある。

> （電子計算機による情報処理及びその結果の提供に付随する軽微利用等）
> 第四十七条の五　電子計算機を用いた情報処理により新たな知見又は情報を創出することによつて著作物の利用の促進に資する次の各号に掲げる行為を行う者（当該行為の一部を行う者を含み、当該行為を政令で定める基準に従つて行う者に限る。）は、公衆への提供等（公衆への提供又は提示をいい、送信可能化を含む。以下同じ。）が行われた著作物（以下この条及び次条第二項第二号において「公衆提供等著作物」という。）（公表された著作物又は送信可能化された著作物に限る。）について、当該各号に掲げる行為の目的上必要と認められる限度において、当該行為に付随して、いずれの方法によるかを問わず、利用（当該公衆提供等著作物のうちその利用に供される部分の占める割合、その利用に供される部分の量、その利用に供される際の表示の精度その他の要素に照らし軽微なものに限る。以下この条において「軽微利用」という。）を行うことができる。ただし、当該公衆提供等著作物に係る公衆への提供等が著作権を侵害するものであ

ること（国外で行われた公衆への提供等にあつては、国内で行われたとしたならば著作権の侵害となるべきものであること）を知りながら当該軽微利用を行う場合その他当該公衆提供等著作物の種類及び用途並びに当該軽微利用の態様に照らし著作権者の利益を不当に害することとなる場合は、この限りでない。

一　電子計算機を用いて、検索により求める情報（以下この号において「検索情報」という。）が記録された著作物の題号又は著作者名、送信可能化された検索情報に係る送信元識別符号（自動公衆送信の送信元を識別するための文字、番号、記号その他の符号をいう。第百五十三条第二項及び第四項において同じ。）その他の検索情報の特定又は所在に関する情報を検索し、及びその結果を提供すること。

二　電子計算機による情報解析を行い、及びその結果を提供すること。

三　前二号に掲げるもののほか、電子計算機による情報処理により、新たな知見又は情報を創出し、及びその結果を提供する行為であつて、国民生活の利便性の向上に寄与するものとして政令で定めるもの

2　前項各号に掲げる行為の準備を行う者（当該行為の準備のための情報の収集、整理及び提供を政令で定める基準に従つて行う者に限る。）は、公衆提供等著作物について、同項の規定による軽微利用の準備のために必要と認められる限度において、複製若しくは公衆送信（自動公衆送信の場合にあつては、送信可能化を含む。以下この項及び次条第二項第二号において同じ。）を行い、又はその複製物による頒布を行うことができる。ただし、当該公衆提供等著作物の種類及び用途並びに当該複製又は頒布の部数及び当該複製、公衆送信又は頒布の態様に照らし著作権者の利益を不当に害することとなる場合は、この限りでない。

　著作権法47条の5第1項は、所在検索サービス（1号。ウェブサイトの検索エンジンサービス等）や情報解析サービス（2号。論文剽窃検証サービス等）などの提供者が、「目的上必要と認められる限度において」、情報処理の結果提供「**に付随して**」、著作物を「いずれの方法によるかを問わず、**利用**（当該公衆提供等著作物のうちその利用に供される部分の占める割合、その利用に供される部分の量、その利用に供される際の表示の精度その他の要素に照らし**軽微なものに限る。……）」**（**軽微利用**）することができるとしている。たとえば、ウェブサイトの検索エンジンサービスで、検索結果として、数行程度のスニペット（ウェブページの内容の要約）やサムネイル（縮小画像）を表示して提供することは、同項の要件を満たす限りにおいて認められる。

　ただし、著作権法47条の5第1項ただし書きは、「公衆への提供等が著作権を侵害するものであること……を知りながら当該軽微利用を行う場合その他当該公衆提供等著作物の種類及び用途並びに当該軽微利用の態様に照らし**著作権**

者の利益を不当に害することとなる場合は、この限りでない」と定めているため、当該著作物の軽微利用が著作権者の利益を不当に害することになる場合には、同項は適用されないことに注意が必要である。どのような場合が「著作権者の利益を不当に害することになる」か否かは、著作権者の著作物の利用市場と衝突するか、あるいは将来における著作物の潜在的販路を阻害するかという観点から個別具体的に判断される。たとえば、2019年10月24日に文化庁著作権課が作成した「デジタル化・ネットワーク化の進展に対応した柔軟な権利制限規定に関する基本的な考え方（著作権法第30条の4、第47条の4及び第47条の5関係）」（以下「考え方」という）においては、辞書のように複数ある語義のうち一部のみでも確認されれば本来の役割を果たすような著作物について当該一部を表示することや、映画の核心部分のように一般的に利用者の有している当該著作物の視聴等にかかわる欲求を充足するような著作物の一部分を表示することは、そのオリジナルの著作物の視聴等に係る市場に悪影響を及ぼしうることから、利用の態様によっては、同項ただし書きに該当しうるとされている（考え方24頁（問31回答））。

　また、著作権法47条の5第2項は、同条1項による著作物の提供行為の準備を行う者が、準備のために当該著作物の複製等を行うことができるとしている。

(2)　付随性

　著作権法47条の5第1項により著作物の軽微利用が認められるためには、当該著作物の利用行為が情報処理の結果の提供等に「付随」するものである必要がある。

　そして、情報処理の結果の提供等に「付随」するというためには、具体的に、①情報処理の結果の提供に係る行為と、②著作物を軽微な範囲で提供する行為とをそれぞれ区分して捉えた上で、前者が主たるもの、後者が従たるものという位置づけであることが求められるとされている（考え方22頁（問29回答））。たとえば、ウェブサイトの検索エンジンサービスの場合、①検索結果としてURLを提供する行為（情報処理の結果の提供）と、②スニペットやサムネイルを提供する行為（著作物を軽微な範囲で提供する行為）とは、それぞれ区分して捉えられた上で、主従の関係を有することから、「付随」するものであるといえる（考え方22頁（問29回答））。

　他方で、情報処理の結果の提供に係る行為が著作物そのものを提供するものである場合には、当該情報処理結果の提供行為と著作物を軽微な範囲で提供する行為が一体化しているため、「付随」するものとは評価できないと考えられている（考え方23頁（問29回答））。

(3) 軽微利用

　著作権法47条の5第1項は、権利制限の対象となる「利用」行為の範囲を、「当該公衆提供等著作物のうちその利用に供される部分の占める割合、その利用に供される部分の量、その利用に供される際の表示の精度その他の要素に照らし軽微なものに限る」としている。たとえば、小説であればそのうちどの程度の文字数が利用されているか、写真の画像データであればどの程度の画素数で利用されているか等を考慮して、軽微な利用といえるか否かが判断される。なお、軽微利用の判断において、利用目的の公共性は考慮されない点に注意が必要である（考え方23頁（問30回答））。

2 設問への回答

　以上のとおり、著作権法47条の5第1項の要件を満たせば、画像生成AIサービスのユーザが生成された画像と生成AIの学習に用いられた画像の類似性をチェックできるよう、サービス提供者が、著作権者の許諾なく、学習に用いられたデータの中で生成された画像と最も類似する画像をAIにより表示させることが可能である。

　もっとも、付随性については、情報処理の結果をどのように表示するか等具体的なサービス・機能の内容によって個別具体的に判断する必要があるところ、情報処理をした結果、生成された画像と最も類似する学習データの画像をそのままAIにより表示させるような場合には、情報処理の結果の提供行為が著作物そのものを提供するものであり、当該情報処理結果の提供行為と著作物を軽微な範囲で提供する行為が一体化しているとも考えられるため、「付随」するものとは評価できないと解される可能性もある。この点、文化審議会著作権分科会法制度小委員会「AIと著作権に関する考え方について」（令和6年3月15日）において、検索拡張生成（RAG）（**Q18**参照）等による回答の生成に際して既存の著作物を利用することについて、既存の著作物の創作的表現の提供を主たる目的とする場合は著作権法47条の5第1項に基づく権利制限の対

象となるものではないと述べられている[1]点に留意が必要である。

　また、軽微利用といえるかは、上記■(3)で説明したとおりであり、生成された画像と類似する生成AIの学習に用いられた画像を提供する際に、元のデータ画像より一定程度低い画素数で表示をするなど類似性の判別に必要最小限度の方法で表示をしていれば、軽微利用に該当すると判断される場合もあると思われる。

　なお、生成AIの学習のために用いた画像データを、生成物との類似性をチェックするために複製して蓄積しておくことについては、そのような類似性のチェックを行い、生成AIがプロンプトに対する回答の生成に際して既存の著作物の創作的表現を出力することが、上述のとおり著作権法47条の5第1項により適法となるのであれば、その準備行為として、同条2項により適法となると考えられる。

〔佐藤真澄〕

---

1)　文化審議会著作権分科会法制度小委員会「AIと著作権に関する考え方について」（令和6年3月15日）22頁。

Q33　既存著作物を含む AI 生成物の利用と著作権侵害

　対話型文章生成 AI が学習する過程で取り込んでいたオリジナルの文章や映像の字幕がそのまま回答に再現されていることにユーザが気づかないでその回答を利用した場合、そのユーザの行為は著作権侵害となりますか。

A　所在検索サービスや情報解析サービスの提供者がサービスの提供に付随して既存の著作物を軽微利用することを認める著作権法 47 条の 5 第 1 項が適用されるかが問題となりえますが、オリジナルの文章や映像の字幕がそのまま対話型文章生成 AI の回答として再現されている場合には、同条の適用はなく、当該対話型文章生成 AI サービスの提供者に著作権侵害が成立すると考えられます。また、そのことにユーザが気づかないでその回答を利用した場合であっても、生成段階において当該回答に著作権侵害が成立する以上、他人の著作権を侵害するものを利用するユーザの行為は、著作権侵害になると考えられます。

▒▒▒ **解説** ▒▒

Keyword　著作権法 47 条の 5、付随性、軽微利用、著作権侵害における故意・過失

1　生成段階における著作権侵害の成否

(1)　著作権法 47 条の 5 の適用可否

　著作権者の許諾なく、他人の著作物を利用する行為は、原則として著作権侵害となる。

　もっとも、著作権法 47 条の 5 第 1 項は、所在検索サービス（1 号）や情報解析サービス（2 号）などの提供者が、「目的上必要と認められる限度において」、情報処理の結果提供**「に付随して」**、著作物を**「いずれの方法によるかを問わず、利用**（当該公衆提供等著作物のうちその利用に供される部分の占める割合、その利用に供される部分の量、その利用に供される際の表示の精度その他の要素に照らし軽微なものに限る。……）」**（軽微利用）**することができるとして、著

作権者の許諾なくその著作物を利用することを認めている。

　情報処理結果の提供等に付随するというためには、具体的に、①情報処理の結果の提供に係る行為と、②著作物を軽微な範囲で提供する行為とをそれぞれ区分して捉えた上で、前者が主たるもの、後者が従たるものという位置づけであることが求められており¹⁾、情報処理の結果の提供に係る行為が著作物そのものを提供するものである場合には、当該情報処理結果の提供行為と著作物を軽微な範囲で提供する行為が一体化しているため、「付随」するものとは評価できないと考えられている²⁾。

　また、著作権法 47 条の 5 第 1 項で認められている利用の範囲は軽微なものに限られ、「軽微」といえるか否かは、著作物のうちその利用に供される部分の占める割合、その利用に供される部分の量、その利用に供される際の表示の精度その他の要素に照らして判断される。同項の要件（付随性・軽微利用）に関する解説は、 Q32 も参照されたい。

(2)　設問へのあてはめ

　設問の事例では、オリジナルの文章や映像の字幕がそのまま回答に再現されているため、当該回答に再現された箇所に著作物性が認められる場合には、著作権者の許諾がない限りは、原則として著作権侵害となる。

　設問の事例に著作権法 47 条の 5 第 1 項が適用されるか否かについては、そもそも当該対話型文章生成 AI サービスの提供者が、所在検索サービス（同項 1 号）や情報解析サービス（同項 2 号）の提供者に該当するかという問題があるものの、仮にこれらに該当したとしても、当該対話型文章生成 AI が学習の過程で取り込んだオリジナルの文章や映像の字幕がそのまま回答に再現されている場合には、情報処理の結果の提供に係る行為が著作物そのものを提供するものといえ、付随性の要件を満たさない可能性が高いと考えられる。また、軽微利用といえるかについても、オリジナルの文章や映像の字幕の冒頭一文などの一部にとどまらず、一定のまとまった分量がそのまま回答として再現される場合には、もはや軽微利用とはいえず、また「目的上必要と認められる限度」ともいえないと考えられる。

---

1)　文化庁著作権課「デジタル化・ネットワーク化の進展に対応した柔軟な権利制限規定に関する基本的な考え方（著作権法第 30 条の 4、第 47 条の 4 及び第 47 条の 5 関係）」（令和元年 10 月 24 日）（以下「考え方」という）22 頁（問 29 回答）。
2)　考え方 23 頁（問 29 回答）。

　したがって、設問のような場合においては、著作権法47条の5第1項は適用されず、対話型文章生成 AI が学習する過程で取り込んでいたオリジナルの文章や映像の字幕をそのまま回答に再現する行為自体に著作権侵害が成立する可能性が高い。

2　利用段階における著作権侵害

　それでは、設問のように、ユーザが、オリジナルの文章や映像の字幕がそのまま回答に再現されていることに気づかずにその回答を利用した場合、そのユーザの利用行為にも著作権侵害が成立するのだろうか。

　著作権侵害のうち特に問題となる複製権・翻案権侵害の成立要件としては、既存の著作物への依拠性及びその著作物との類似性が求められる一方で（ Q28 参照）、行為者の故意・過失の有無は問われない。すなわち、故意・過失がなくても、依拠性及び類似性が認められるのであれば著作権侵害が成立する。

　この点、上記 1 のとおり、AI 生成物の生成段階において著作権侵害が認められるものについてユーザが利用した場合には、ユーザの故意・過失にかかわらず、ユーザにも著作権侵害が成立することとなる。

　もっとも、著作権侵害に対する不法行為に基づく損害賠償責任を問うためには、民法709条に従い行為者の故意又は過失を立証する必要があるが、設問のようにユーザがオリジナルの文章や映像の字幕がそのまま対話型文章生成 AI の回答として再現されていることに気づいていない場合には、ユーザは当該回答の利用が著作権侵害を構成することを認識していないため、不法行為責任における故意又は過失が否定される可能性がある。

3　設問への回答

　上記 1 のとおり、設問のように、対話型文章生成 AI が学習の過程で取り込んだオリジナルの文章や映像の字幕がそのまま回答として再現されている場合には、少なくとも著作権法47条の5第1項に定める付随性の要件を満たさず、同項の権利制限規定の適用はないと考えられる。

　したがって、オリジナルの文章や映像の字幕がそのまま回答に再現されること自体が当該対話型文章生成 AI サービスの提供者による著作権侵害とされる可能性が高い。

　また、オリジナルの文章や映像の字幕がそのまま回答に再現されることにユーザが気づかずにこれを利用した場合であっても、生成段階で著作権侵害が認められる限りは、当該他人の著作権を侵害するものを利用するユーザの行為も著作権侵害を構成すると考えられる。

〔佐藤真澄〕

Q34 X（旧 Twitter）のポストのプロンプト入力と著作権法

　他人の X のポスト（旧 Twitter のツイート）をプロンプトとして画像生成 AI に自動的に入力し、生成された画像をインターネットで自動的に公開することは、著作権法上許されますか。

A　X のポストに著作物性が認められない場合には、これをプロンプトとして入力することに著作権法上の問題はありません。また、ポストに著作物性が認められる場合であっても、著作権法 30 条の 4 によって適法に利用できる可能性があります。

######## 解説 ########

(Keyword)　プロンプト、著作物、著作権法 30 条の 4、47 条の 5

◢1◣ X のポストの著作物該当性

　X（旧 Twitter）とは、ユーザが短文のメッセージ（ポスト）を投稿すること等を主な内容とする SNS サービスである。設問では、たとえば、X 上でその日最も注目された（いわゆる「バズった」）ポストの文章をプロンプトとして画像生成 AI に自動的に入力し、生成された画像をインターネットで自動的に公開することで、その日のトレンドをイメージ画像にして視覚化することを目的としたサービス（以下「本サービス」という）を運営する場合が想定されており、以下では著作権法上どのような問題が生じうるかを検討する。

　他人の著作物をプロンプトとして画像生成 AI に入力する行為は、著作権者の許諾がある場合又は著作権法上の権利制限規定に該当する場合を除き、当該著作物についての著作権（複製権）を侵害すると考えられる（**Q25** 参照）。そこで、まずは、X に投稿されたポストが著作物に該当するかを検討する必要がある。

　著作物とは、「思想又は感情を創作的に表現したものであって、文芸、学術、美術又は音楽の範囲に属するものをいう」とされている（著作権法 2 条 1 項 1 号）。そして、一般に、ありふれた表現やごく短い文章には創作性が認め

られにくく、創意工夫を凝らした文章や長い文章には著作物性が認められやすいとされている（**Q23** 参照）。

　Xのポストには、原則最大で全角 140 文字までという文字数制限が課されており、実際にもそのような短文の投稿が多数を占めているものと思われるから、そもそもXのポストで表現される創作性の程度には自ずから限界がある。また、実際の投稿内容も、思想又は感情を創作的に表現した文芸的・芸術的なものというよりは、より日常的・口語的なもの（Twitter 時代の名称を借りれば、まさに単なる「つぶやき」にすぎないもの）が多いといえるから、Xのポストには著作物性が認められない場合が大半であろう（もちろん、文章に加えて画像等が付されたポストについて、当該画像等に著作物性が認められうることは別論である）。しかし、多数のユーザに注目されるような「バズる」ポストには、一定の創作性が備わっている場合もありうるから、Xのポストをプロンプトとして利用する場合には注意が必要である。少なくとも、本サービスのように、Xのポストを自動的かつ大量に収集し、当該ポストが創作性を備えているかどうかを個別的に検討せずに利用する場合には、基本的に、収集したポストの中に著作物性を有するポストが含まれていることを前提に対応することが必要であろう。

2　権利制限規定の適用可能性

(1)　著作権法 30 条の 4 の適用可能性

　Xのポストに著作物性が認められる場合、投稿者がプロンプトとしての利用に対して明示的に許諾を与えている場合は想定し難いから、著作権法上の権利制限規定のいずれかに該当しない限り、当該ポストをプロンプトとして入力する行為は著作権侵害に該当することになる。本サービスに適用される可能性がある規定としては、まず、著作権法 30 条の 4 が考えられる。

　著作権法 30 条の 4 は、著作物に表現された思想又は感情を自ら享受し又は他人に享受させることを目的としない場合の著作物の利用（以下「非享受目的利用」という）を一定の条件下で認める規定であるところ（同条の詳細については **Q10** 参照）、そのような利用行為の一例として、著作物を情報解析の用に供する場合がある（同条 2 号）。そして、「情報解析」とは、「多数の著作物その他の大量の情報から、当該情報を構成する言語、音、影像その他の要素に係る

情報を抽出し、比較、分類その他の解析を行うこと」と定義されており（同号
かっこ書き）、典型例としては、人工知能の開発のための学習用データとして
著作物を利用する場合が挙げられる[1]。本サービスは、Xに日々投稿されるポ
ストという大量の情報から、当該情報を構成する言語に係る情報を抽出するも
のとはいえるであろうが、単に画像生成AIにプロンプトを入力して出力され
た画像を公開する行為が、「比較、分類その他の解析」に該当するといえるか
は定かではない。もっとも、この点について、文化審議会著作権分科会法制
度小委員会「AIと著作権に関する考え方について」（令和6年3月15日）37頁
は、「生成AIに対する入力は、生成物の生成のため、入力されたプロンプト
を情報解析するものであるため、これに伴う著作物の複製等については、法第
30条の4の適用が考えられる」との考えを示している[2]。この考え方を前提
とすれば、ポストをプロンプトとして入力する行為が「情報解析」に該当する
可能性はあるといえよう。

　また、著作権法30条の4各号はあくまでも例示列挙であるから、プロンプ
ト入力が「情報解析」等に該当しない場合であっても、非享受目的利用に該当
するといえれば権利制限の対象となりうる（同条柱書）。本サービスは、たと
えば、著作物である小説を対話型文章生成AIに入力してその要約を出力させ
るような場合とは異なり、本来プロンプト向きの形式ではないXのポストをも
とに、画像生成AIを用いて画像を生成するというものであって、どのような
画像が出力されるかには不確定な要素が多く、結果として生成された画像から
は、元の文章に表れた創作性を感得できない場合がほとんどだと考えられる。
この場合、Xのポストは、いわばトレンドを視覚化した画像を得るための資
料として用いられるにすぎず、元のポストに表現された思想又は感情を享受し
て知的・精神的欲求を満たすことを目的として利用されているわけではないか
ら、非享受目的利用に該当する可能性がある。

　なお、著作物の利用が非享受目的利用に該当するとしても、著作物の種類及

---

1)　文化庁著作権課「著作権法の一部を改正する法律（平成30年改正）について（解説）」24頁。
2)　ただし、文化審議会著作権分科会法制度小委員会「AIと著作権に関する考え方について」（令和6
　年3月15日）は、「生成AIに対する入力に用いた既存の著作物と類似する生成物を生成させる目的
　で当該著作物を入力する行為は、生成AIによる情報解析に用いる目的の他、入力した著作物に表現
　された思想又は感情を享受する目的も併存すると考えられる」として、享受目的が併存することを理
　由に著作権法30条の4の適用を否定している（37頁～38頁）。

び用途並びに当該利用の態様に照らし著作権者の利益を不当に害することとなる場合は、権利制限の対象とはならない（著作権法 30 条の 4 ただし書き）。ただし書きの該当性は、著作権者の著作物の利用市場と衝突するか、あるいは将来における著作物の潜在的販路を阻害するかという観点から個別具体的に判断されるところ[3]、本サービスは、X のポストをプロンプトとして用いるというものであり、利用市場が衝突しているとは言い難いこと、上述のとおり、生成された画像からは元の文章に表れた創作性を感得できない場合がほとんどと思われる以上、投稿者による潜在的な対価回収の可能性を阻害する程度も低いと考えられること等から、これに該当しないものと考えられる。

(2)　著作権法 47 条の 5 の適用可能性

　このほか、本サービスについては、著作権法 47 条の 5 が適用されないかも問題となりうる（同条の詳細については Q32 参照）。同条 2 項は、同条 1 項に定める行為の準備を行う者が、軽微利用の準備のために必要と認められる限度において、対象となる著作物を複製等することを認める規定であるが、本サービスの内容によっては、X のポストを自動的に収集してプロンプトに入力する行為が、軽微利用の準備のために行われるものと評価する余地がありうるからである。

　この点については、そもそも本サービスの提供が著作権法 47 条の 5 第 1 項 2 号に規定する「情報解析を行い、及びその結果を提供する」行為に当たるかという上記(1)と同様の問題や、付随性ないし軽微利用性等の要件が充足されるか等の複数の問題が想定されるものの、少なくとも本サービスにおいては、生成された画像の提供という行為に際して行われる著作物の利用行為（たとえば、収集した X のポストを提供するなど）自体が存在しないから、著作権法 47 条の 5 が適用される余地はないものと考えられる。

〔田野口　瑛〕

---

3)　文化庁著作権課・前掲 25 頁。

Q35 生成 AI 利用の明示と著作権侵害の免責

対話型文章生成 AI で生成された回答に他人の著作物と類似する内容が含まれていた場合でも、「ChatGPT 回答から引用」などと出所を表記しておけば、ユーザは免責されますか。

A 他人の著作物を利用する場合において、生成 AI を利用したことを明記すればユーザの免責を認める旨の著作権法上の規定は存在しないため、依拠性等の要件を満たす限り、著作権侵害が認められることになります。

解説

(Keyword) 著作権侵害、免責

1 著作権侵害の成否

著作権者から許諾を得ることなく他人の著作物を利用し、かつ、当該利用行為が著作権法上の権利制限規定にも該当しない場合には、当該利用行為は著作権侵害に該当する。そして、対話型文章生成 AI で生成された回答に他人の著作物と同一又は類似の内容が含まれている場合、著作権者の同意なく当該回答を生成した行為は、依拠性が認められ、かつ著作権法上の権利制限規定に該当しない限り、当該他人の著作物の複製権又は翻案権を侵害することになる（もっとも、翻案権侵害が認められるのは限定的な場合と考えられる。以上につき、Q28 〜 Q30 参照）。当該回答の内容を印刷したり、インターネットで公開したりして、さらなる利用行為を行う場合も基本的には同様である。

したがって、ここでは、回答の生成及びその後の利用行為に際して、「ChatGPT 回答から引用」などと生成 AI を用いたことを明記して出所を表記することが、著作権法上の権利制限規定のいずれかに該当するかを検討することになる。しかし、日本の著作権法においては、このような場面を想定した権利制限規定は存在しないのが現状である。

強いて検討の余地がありうるとすれば、引用による利用（著作権法 32 条）が考えられるものの、同条は、自己の創作に係る引用部分と、他者の創作に係る

被引用部分が存在することを前提に、これらが明瞭に区分でき、かつ、量的・質的にみて引用部分が主であり、被引用部分が従であるという関係が存在する利用行為を「引用」として一定の場合に権利制限の対象とする規定であるから、対話型文章生成 AI を用いて回答を生成する行為はそもそも「引用」に該当しないといえ、同条を根拠に利用行為を正当化することも難しいといえる（なお、仮に引用による利用が認められる場合には、当該利用に際して、合理的な方法及び程度によって著作物の出所を明示しなければならないところ（同法 48 条 1 項 1 号）、元の著作物の原典ではなく、対話型文章生成 AI を利用したことを表示したことをもって、出所を明示したことになるかという問題も別途生じうる）。

2　設問への回答

　上記 **1** 記載のとおり、著作物の利用に際して、「ChatGPT 回答から引用」と記載したことをもってユーザの免責を認める規定は存在しないから、対話型文章生成 AI で生成された回答に他人の著作物と類似する内容が含まれている場合には、著作権侵害が成立すると考えるべきである。生成 AI の利用にあたっては、「出所を明記しておけば免責されるだろう」などと安易に考えることなく、実際の法規制にのっとって、慎重に対応することが必要である。

　なお、利用規約との関係で生成 AI を利用したことを明示すべき場合が別途ありうることについては、Q38 を参照されたい。また、生成 AI を利用したことを明示する義務の今後の展開については、Q27 を参照されたい。

〔田野口　瑛〕

Q36 生成 AI を利用した「よくある文章」作成と著作権侵害

　商品告知や番組告知を SNS で行う際の告知文等の「よくある文章」を対話型文章生成 AI を用いて作成した場合、著作権侵害になりますか。

A 　告知文等の「よくある文章」を対話型文章生成 AI で作成したとしても、著作物性がない又は他人の著作物の複製に当たらないものとして、著作権侵害になる可能性は低いものと考えられます。

解説

(Keyword) 著作物性、複製、依拠、類似

1 問題の所存

　生成 AI で作成した告知文等が他人の著作物の著作権侵害（複製権侵害）となるためには、当該告知文等と他人の著作物に①類似性（創作的表現が同一又は類似であること）及び②依拠性（既存の著作物に依拠して複製等がされたこと）が認められる必要がある（各要件の詳細については Q28 ～ Q30 参照）。

　しかし、設問で問題となっているのは、告知文等の「よくある文章」であるから、類似性や依拠性の要件を検討する前提として、そもそもそれらの文章的表現に著作物性が認められるかが問題となる。

2 文章的表現の著作物性

　言語の著作物の場合、一般に、ありふれた表現やごく短い文章である場合には、創作性は認められにくく、一方で、創意工夫を凝らした文章や長い文章には創作性が認められやすくなる（ Q34 参照）。商品告知や番組告知を SNS で行う際の告知文は、たとえば、「○○の□□がすごい！」といった非常にシンプルなものもあれば、「芸能人の××が絶賛！△△で□□と話題沸騰中の○○が日本初上陸！」のように、もう少し長い文章となっているものもある。どのような文章であれば、ありふれた表現やごく短い文章とされて創作性が否定されるのか、あるいは創意工夫を凝らした文章や長い文章とされて創作性が認めら

れるかという判断は、常に具体的な表現に照らした判断となるため、確固たる基準を示すことはできない。

　過去の裁判例を見ると、休刊又は廃刊となった雑誌の読者宛のメッセージの著作物性が争われたラストメッセージ in 最終号事件 [1] では、以下のように著作物性の肯定・否定が分かれている。

著作物性肯定例	著作物性否定例
休刊のお知らせ 東京地方の桜の開花が待たれる、昨年の3月23日、ニューシングルの人たちが心地よく住まうことをテーマにしたライフスタイルの提案誌として、「NESPA」が誕生しました。創刊号を読んでくださった方から、“本屋さんで見て気に入ったので買ってしまいました。がんばってください”という激励のハガキから、“内容をもう少し充実させてください”というお叱りの言葉まで、いろいろなご意見をお寄せくださいました。それ以来、毎号毎号、ハガキが増え続けました。皆様の思いを込めたハガキは、今でも大切に保管してあります。いつかまた、皆様とお逢いできる日のために、貴重な資料として私たちの財産にさせていただきます。1 年と 2 か月間の短いおつきあいでしたが、「NESPA」ご愛読、本当にありがとうございました。	編集後記・お知らせ ★昭和五十七年十二月号創刊以来、三年三か月にわたって発行してまいりました小誌は、この二月号をもっていったん休刊し、近々、誌名・内容を刷新して再発行いたします。長い間ご愛読いただき、まことにありがとうございました。心から御礼申し上げますとともに、新雑誌へのご声援をよろしくお願い申し上げます。★新・健康誌は、新しい読者層の開拓と、その関り合いを深めるため、これまでの「壮健ライフ」のイメージ・内容を一新し、誌名も改題して、まったく新しい健康分野に挑戦いたします。どうぞご期待ください。

　上記の裁判例では、創作性の判断にあたって、裁判所が文章の長短や文章の性質（上記の裁判例では、休刊又は廃刊となる際の挨拶文）を考慮している。商品告知や番組告知の告知文等は、自ずと表現の幅にも制約があり、「よくある

---

1)　東京地判平成 7・12・18 知裁集 27 巻 4 号 787 頁〔ラストメッセージ in 最終号事件〕。

文章」ということであれば、その著作物性が認められる可能性は低いと考えられる。

　また、原告の交通安全スローガン（「ボク安心ママの膝よりチャイルドシート」）と被告の交通安全スローガン（「ママの胸よりチャイルドシート」）の著作権侵害が争われた交通安全スローガン事件[2][3]では、第 1 審の東京地裁も控訴審の東京高裁も、原告の上記スローガンの著作物性を認めたものの、「ママの」「より」「チャイルドシート」という語句の共通性については、「両スローガンとも、チャイルドシート着用普及というテーマで制作されたものである」として、当該語句の創作性を認めず、両スローガンには類似性が認められないとして、著作権侵害を否定した。

❸　設問への回答

　以上のとおり、裁判所は、文章の長短や、文章の性質を考慮して、既存の創作物の著作物性、及び既存の著作物と、問題となる創作物の共通部分に類似性が認められるかを判断している。この点、商品告知や番組告知を SNS で行う際の告知文は、告知を行うという文章の性質上、表現すべき内容は自ずと決まる部分があり、表現の幅に制約がある。また、その文章の長さも、多くて 2 ～ 4 文程度と思われ、上記の裁判例を見ると、著作権侵害が認められる十分な長さとは言い難い。これらに照らせば、SNS の文章と生成 AI の文章が似ていたとしても、SNS の文章の著作物性がないとされるか、又は両者の共通部分には類似性が認められず、他人の著作物の複製に当たらないものと判断されるケースが多いと思われ、著作権侵害が認められる可能性は低い。

〔松井佑樹＝上村哲史〕

---

2)　東京地判平成 13・5・30 判時 1752 号 141 頁〔交通安全スローガン事件第一審判決〕。
3)　東京高判平成 13・10・30 判時 1773 号 127 頁〔交通安全スローガン事件控訴審判決〕。

Q37　生成 AI を利用したキャッチコピーの作成と著作権の帰属

　対話型文章生成 AI に、従業員が自社の商品の概要やイメージ等をプロンプトとして入力し、その商品に関する 20 文字程度のキャッチコピーを生成させた場合、そのキャッチコピーの著作権は、誰が有することになりますか。

A　質問のキャッチコピーに著作物性が認められる可能性は低いと思われますが、仮にその著作物性が認められた場合、職務著作（著作権法 15 条）の要件を満たすときは、会社にその著作権が帰属します。

―――― 解説 ――

(Keyword)　著作物性、職務著作

1　問題の所在

　AI 生成物であっても、生成 AI のユーザが AI 生成物の作成にあたって、創作的寄与をしたといえる場合には、著作物性が認められる場合がある（**Q21** 参照）。その場合であっても、設問のように 20 文字程度のキャッチコピーであれば、当該キャッチコピーに著作物性が認められる可能性は低いものと考えられる（なお、キャッチコピーなどの短い文章表現の著作物性については、**Q36** 参照）。しかし、当該キャッチコピーに著作物性が認められた場合には、その著作権は誰に帰属するのかが問題となる。

　著作権法上、著作権は、「著作者」に帰属するのが原則である。「著作者」とは、「著作物を創作する者をいう」と定義されている（同法 2 条 1 項 2 号）。

　もっとも、著作権法は、この原則にいくつかの例外を設けており、その一つが職務著作（法人著作とも呼ぶ）を定めた 15 条である。すなわち、同条は、一定の要件の下、例外的に著作者を、著作物の創作を行った従業員ではなく、使用者（会社）とすることを定めている。

2　職務著作の意義及び要件

　職務著作を定めた著作権法 15 条は、著作物は人間の知的活動として生み出

されるものであるから、著作者は自然人というのが建前ではあるものの、現実に会社が著作物を作成し出版するという形で、社会的にもその著作物に関する責任を会社が負い、会社として対外的信頼を得ているという場合が多いことに鑑み、そのような性格の著作物については、会社を著作者とするものである[1]。職務著作の要件は、①使用者（会社等）の発意に基づき、②使用者の業務に従事する者が、③職務上作成する著作物であること、④使用者が自己の著作の名義の下に公表すること、⑤その作成の時における契約、勤務規則その他に別段の定めがないことである（同条1項）。

(1) 使用者の発意

使用者の発意（要件①）は、著作物作成の意図が直接又は間接に使用者の判断にかかっているかどうかを問題とする要件であり、使用者が自ら音頭をとって著作物を作成した場合のみならず、従業員が発案し上司が承認をした、というような場合も使用者の発意が肯定される。

(2) 使用者の業務に従事する者

使用者の業務に従事する者（要件②）については、著作物制作者がその著作行為において会社との間に支配・従属の関係にある従業者であることとされ[2]、RGB アドベンチャー事件最高裁判決[3]によれば、当該法人等と雇用関係にある者が当然に含まれ、また、雇用関係の存否が争われた場合には、(i)使用者の指揮監督下において労務を提供するという実態にあり、(ii)使用者がその者に対して支払う金銭が労務提供の対価であると評価できるかどうかを、業務態様、指揮監督の有無、対価の額及び支払方法等に関する具体的事情を総合的に考慮して、判断すべきものとされている。

(3) 職務上作成するものであること

職務上作成するものであること（要件③）について、職務とは、具体的に命令されたものだけを指すのではなく、職務として期待されているものも含まれ、当該従業者の地位、給与等も総合的に勘案して決定されるとされている[4]。

---

1) 加戸守行『著作権法逐条講義〔七訂新版〕』（著作権情報センター、2021年）152頁。
2) 同上。
3) 最判平成15・4・11集民209号469頁〔RGB アドベンチャー事件〕。
4) 中山信弘『著作権法〔第4版〕』（有斐閣、2023年）265頁、裁判例として知財高判平成18・12・26判時2019号92頁。

(4)　使用者が自己の著作の名義の下に公表すること

この要件から、職務著作と認められるためには、法人名義として、使用者の名称を表示するか、「Ⓒ ○○」といった著作者表示が必要となる。なお、実務上、本要件は忘れられがちなので注意を要する。

(5)　契約、勤務規則その他に別段の定めがないこと

職務著作と認められるためには、雇用契約や勤務規則等に作成者個人を著作者とするなどの別異の特約がないことが必要となる。

3　設問への回答

以上のとおり、AI 生成物であっても著作物性が認められる可能性はあるものの、設問のキャッチコピーは、著作物性が認められる可能性は低いと思われる。仮にその著作物性が認められた場合、職務著作の要件を満たす場合には、会社に著作権が帰属し、要件を満たさない場合には、原則どおり生成 AI を使用した従業員に著作権が帰属することとなる。

〔松井佑樹＝上村哲史〕

Q38　AI 生成物の公表とクレジット表記

　生成 AI を用いて作成した文章や画像を公表する際には、「ChatGPT 利用」や「Midjourney 利用」等の何らかのクレジット表記が必要ですか。

A　生成 AI を用いて作成した文章や画像を公表する際には、法律上はクレジット表記をすることは要請されていませんが、クラウドサービスの生成 AI を利用しているのであれば、利用規約の定めにより、一定のクレジット表記をすることが必要な場合があります。

解説

(Keyword)　クレジット表記、利用規約

1　著作物におけるクレジット表記と AI 生成物におけるクレジット表記

　クレジット表記とは、一般に、音楽や画像等の著作物において、著作者、著作権者が誰であるか等を著作物に付記するものである。クレジット表記は著作権法によって記載が義務づけられているわけではない。しかし、著作権法上、①著作物に著作者名のクレジット表記をしておくと、その者が当該著作物の著作者であると推定される（14 条）、②著作者が自然人である旨のクレジット表記をしておくと、無名の著作物として著作物の公表後 70 年で著作権が消滅するというリスクを避け、著作者の死後 70 年著作権を存続させることができる（51 条、52 条）、という意義を有する。

　生成 AI を用いて作成した文章や画像（AI 生成物）は、ほとんどの場合、著作物ではない。したがって、そのような場合には、著作物のクレジット表記について上述したところは、AI 生成物には当てはまらない。

　生成 AI は、ChatGPT、Midjourney 等のクラウドサービスを利用することが多いが、こうしたクラウドサービスの利用契約には、サービス事業者が用意した利用規約が適用される（**Q67** 参照。なお、海外のサービスの場合、準拠法に基づく合意の成立の検討等が必要となるが、ここでは立ち入らない）。利用規約に

おいては、ユーザが表示すべきクレジットについての規定が置かれていることがあり、その場合には、当該サービスを利用した生成物を公表するに際して、利用規約に沿ったクレジット表記をする必要がある。以下では、本稿執筆時点のChatGPT及びMidjourneyの規約を例として紹介する（いずれも原文は英語であるが、以下では和訳のみを示す。下訳にGPT-4を使用した）。

2　ChatGPT の利用規約

ChatGPTを提供しているOpenAIの利用規約（Terms & policies）のうち、共有と公表に関するポリシー（Sharing & publication policy）がクレジット表記について規定している。このような規定をする目的は、AI生成コンテンツの潜在的なリスクを軽減するためであるとされている。

ChatGPTによる生成物（コンテンツ）を公表する際のクレジット表記については、次の事項が求められている。

> ・コンテンツをあなたの名前又はあなたの会社に帰せしめてください。
> ・コンテンツがAIによって生成されたものであることを、利用者が見逃すことがない明瞭な方法で示してください。

この規定により、ユーザは、コンテンツを公表する際には、自らの名前又は会社名を表示するとともに、「ChatGPTを利用」、「AIにより生成」等と表記しなければならない。

また、ChatGPTのAPIを一部用いて生成した文書コンテンツを公表する際のクレジット表記については、別途次の事項が求められている。

> ・公表するコンテンツは、あなたの名前又は会社に帰せしめるものとします。
> ・コンテンツを形成する過程におけるAIの役割が、一般の読者が十分に理解しやすく、誰もが見逃すことがないよう明確に開示するものとします。

この規定により、ChatGPTのAPIを一部用いて生成した文書コンテンツの場合には、単に「ChatGPTを利用」と記載するのでは足りず、公表する文書コンテンツを形成する過程で、どのようにChatGPTを利用したかを明記する必要がある。利用規約では、そのような記載として、次のような例が示されている。「このテキストの作者は、OpenAIの大規模言語生成モデルであるGPT-3を一部使用して作成しました。草稿を生成した後、著者は、草稿を自分の好みに合わせてレビュー、編集、修正しており、この公表物の内容に対し

て最終的な責任を負います。」

❸ Midjourney の利用規約

Midjourney の利用規約では、有料ユーザには、クレジット表記に関する義務は課されていないが、無料ユーザについては、次のとおり規定している。

> もしあなたが有料会員でない場合、あなたが作成したアセットを所有することはできません。代わりに、Midjourney はあなたに、クリエイティブ・コモンズ非営利 4.0 表示国際ライセンスの下でアセットのライセンスを与えます。全文は、効力発生日にここでアクセス可能です：https://creativecommons.org/licenses/by-nc/4.0/legalcode。

「アセット」とは Midjourney による AI 生成物のことである。Midjourney は、無料ユーザに対しては、アセットに著作権法上の何らかの権利が生じているとの前提の下にクリエイティブ・コモンズ・ライセンスによりライセンスすることとしている（クリエイティブ・コモンズ・ライセンスについては Q39 参照）。

これにより、無料ユーザの場合には、クリエイティブ・コモンズ・ライセンス（CC BY-NC 4.0）に基づき、「Midjourney 利用」のようなクレジット表記をする必要がある。

〔齋藤浩貴〕

Q39　クリエイティブ・コモンズ画像を利用した AI 生成物と著作権侵害

クリエイティブ・コモンズとして営利利用や改変が認められている画像のみをもとに画像を生成するよう、プロンプトに入力した場合であれば、出力された AI 生成物に著作権侵害のおそれはないと考えてよいですか。

A　現在一般的な画像生成 AI サービスでは、プロンプトでクリエイティブ・コモンズとして営利利用や改変が認められている画像のみをもとに画像を生成するよう指示しても、学習対象をそのような画像に限定することのできるアルゴリズムにはなっていませんので、そのような指示によって著作権侵害のおそれを減じることはできません。また、クリエイティブ・コモンズとして営利利用や改変が認められている画像のみを学習している画像生成 AI サービスが提供されたとしても、生成物の利用時にクリエイティブ・コモンズの許諾条件を満たすことは困難であるため、当該 AI サービスにおいて、許諾条件を満たすことができるような特別な手当てを講じていない限り、著作権侵害のおそれがなくなるわけではありません。

―――― **解説** ――――――――――――――――――――――――――――――――――――

(Keyword)　クリエイティブ・コモンズ

1　一般的な画像生成 AI の場合

現在 text-to-image の画像生成 AI として一般的に利用に供されている Stable Diffusion、Midjourney、DALL-E 等は、基本的な仕組みとして、「テキストエンコーダ」と「画像生成器」という 2 つの部分から成り、テキストエンコーダは入力されたテキストを低次元ベクトル（元のテキストデータの特徴を抽出し、より簡単に扱える形にした数値）に変換し、画像生成器はこのベクトルデータを画像に変換するという役割をそれぞれ担っている。

画像生成器は、インターネット上で入手可能な膨大な量の画像データを学習したモデルであるが、学習時には、クリエイティブ・コモンズ（以下「CC」という）として公開されているかどうかを区別せずに学習している。そして、

CC であることは、画像の表現自体には何ら影響しないから、画像生成器は、
「クリエイティブ・コモンズ」との言語がベクトル化された成分は、有意な指示として受け付けることはないと考えられる。

　要するに、学習時に、CC として公開している画像かどうかを区別せずに学習している一般的な画像生成 AI では、プロンプトで CC として営利利用や改変が認められている画像のみをもとに画像を生成するよう指示しても、CC として公開されている画像のみに基づいて学習した結果のみを反映した出力をすることは期待できない、ということである。よって、そのような指示をしたとしても、そのような指示をしない場合に比して著作権侵害のおそれを減じることはできないと考えられる。

2　クリエイティブ・コモンズ画像のみを学習した画像生成 AI の場合

　それでは、CC として公開されている画像のみを学習した生成 AI の場合はどうだろうか。そのようなサービスは本稿執筆時点では見当たらないが、そのようなサービスがあったと仮定して検討してみよう。

(1)　クリエイティブ・コモンズ・ライセンスとは

　CC ライセンスは、作品を公開する作者が「この条件を守れば私の作品を自由に使って構いません」という意思表示をするためのツールである。CC ライセンスを利用することで、著作物の権利者は著作権を保持したまま作品を自由に流通させることができ、受け手はライセンス条件の範囲内で再配布やリミックスなどができるようにすることを目的としている。CC ライセンスは、国際的非営利組織であるクリエイティブ・コモンズによって運用されている。

　CC ライセンスの利用方法としては、著作物の権利者が CC ライセンスを付して作品を公開する。権利者が、クリエイティブ・コモンズの発行するライセンスの「コード」をコピーして作品に貼り付けることにより、CC ライセンスを付与していることが表示される。

　CC ライセンスは、下図の 4 つの条件の組み合わせによって構成される。

〔図〕CC ライセンスの条件

 表示（BY）

作品のクレジットを表示すること

 非営利（NC）

営利目的での利用をしないこと

 改変禁止（ND）

元の作品を改変しないこと

 継承（SA）

元の作品と同じ組み合わせのCCライセ ンスで公開すること

　これらの条件を組み合わせて選択できるライセンスは、「表示（BY）」「表示―継承（BY-SA）」「表示―改変禁止（BY-ND）」「表示―非営利（BY-NC）」「表示―非営利―継承（BY-NC-SA）」「表示―非営利―改変禁止（BY-NC-ND）」の 6 種類である。

　このうち、改変が許容され、営利目的での二次利用も許可される最も自由度の高い「表示（BY）」のライセンスであっても、原作者のクレジット（氏名、作品タイトルなど）を表示することが条件とされている。また、「表示―継承（BY-SA）」のライセンスでも、改変が許容され、営利目的での二次利用も許可されるが、原作者のクレジットを表示するほか、改変した場合には元の作品と同じ CC ライセンスで公開することが条件とされている。これら以外の CC ライセンスでは、改変利用又は営利目的での利用は許諾されない。

(2)　クリエイティブ・コモンズ画像のみを学習した画像生成 AI における著作権侵害リスク

　以上の説明から明らかであるとおり、クリエイティブ・コモンズとして営利利用や改変が認められている画像、すなわち「表示（BY）」又は「表示―継承（BY-SA）」の条件で公開されている画像のみを学習した画像生成 AI が出力した画像が、学習対象となった画像と類似していて、許諾がなければ著作権侵害となってしまうおそれのある場合に、CC ライセンスによって著作権侵害とならないようにするためには、少なくとも、当該出力画像を利用するにあたって、これと類似している学習対象となった画像に付されていた原作者のクレジットを、当該出力画像にも付する必要がある。また、当該学習対象となった

画像が「表示―継承（BY-SA）」条件で公開されていた場合には、これに加えて、当該出力画像も「表示―継承（BY-SA）」の条件で公開しなければならない。

画像生成 AI が「表示（BY）」又は「表示―継承（BY-SA）」の条件で公開されている画像のみを学習していたとしても、当該画像生成 AI が、上記**1**で説明したような一般的な text-to-image の画像生成 AI と同様のアルゴリズムによっているならば、生成された画像が、どの学習対象画像と類似しているかはユーザにはわからないし、学習対象画像に付されている CC ライセンスの種類や、学習対象画像に付されているクレジットもわからない。よって、そのような画像生成 AI では、CC ライセンスの許諾条件を満たすことができないため、「表示（BY）」又は「表示―継承（BY-SA）」の条件で公開されている画像のみを学習していたとしても、著作権侵害のおそれが減じられることはない。

以上要するに、「表示（BY）」又は「表示―継承（BY-SA）」の条件で公開されている画像のみを学習することにより、著作権侵害リスクが払拭されるような画像生成 AI のサービスを提供しようとするならば、生成された画像と類似している学習対象画像があるならばこれを判定し、そのように判定された学習対象に付されていたクレジット、及び当該学習対象画像に付されていた許諾条件が「表示―継承（BY-SA）」であるならばその旨を表示するような、特別の手当てを講じる必要があることになる。

(3) クリエイティブ・コモンズ・ライセンスでは真の権利者によるライセンスであることが保証されるわけではないこと

CC ライセンスは、作品とともにライセンス条件が流通する仕組みとなっているため、ライセンスに関する表示さえ確認すれば、条件に従って利用することができるという利点がある。しかし、作品に CC ライセンスを付した者が真の権利者であるかどうかについては、確認する仕組みがない。したがって、権利者でない者が CC ライセンスを付して作品を公開してしまっている可能性のリスクがある。権利者でない者が CC ライセンスを付している場合、CC ライセンスに従って利用しても、それは権利者の許諾のない利用となり、著作権侵害になってしまう。CC ライセンス表示が付されていることを信頼したということを主張しても、著作権者による差止請求の対象となることは避けられないし、そのように信頼したことに過失があるとされれば、損害賠償責任を負う

可能性もある。したがって、上記(2)で説明したような特別の手当てがなされ、CC ライセンスの条件に従ったとしても、この点のリスクがなくなるわけではないことに留意が必要である。

〔齋藤浩貴〕

Q40　AI生成物の著作物性の立証

　生成AIを利用して生成したAI生成物に創作性のある加工をしたイラストを第三者に無断利用された場合において、当該第三者に対して著作権侵害を主張するに際して、そのイラストが著作物であることやその著作者であることを、どのように立証したらよいですか。

A　著作権侵害訴訟においては、外見上創作性のある表現物であれば、著作物性は事実上推定されることが期待できますが、人間が創作した表現であることを証拠により立証することが必要になった場合には、制作過程を記録し、当該記録により立証することが考えられます。著作者であることは、作品の提示の際に作品にクレジットを入れていれば、著作者であることが推定されますが、積極的な立証が必要となった場合には、制作・公表過程の記録等により立証することになります。

解説

(Keyword)　著作者、著作物性の立証

1　著作物であることの証明

(1)　人間がその思想又は感情を表現したものであることの事実上の推定

　著作物とは、①思想又は感情を、②創作的に、③表現したものであって、④文芸、学術、美術又は音楽の範囲に属するもの、である（著作権法2条1項1号）。AI生成物は、ほとんどの場合、このうち①又は②の要件を満たさず、著作物に該当しないと考えられている（**Q21**参照）。

　外見上創作性のある表現物を生成するAIの登場以前は、外見上創作性のある表現物は、人間しか創出できなかったため、そのような表現物がある場合（すなわち、外見上②及び③の要件を満たすと認められる場合）、当該表現物が、人間がその思想又は感情を表現したもの（すなわち①の要件を満たす）であり、したがって、著作物であることは、特に立証を要せず当然に認められてきた。つまり、①の要件を満たすことは、②及び③の要件を充足する場合、事実上推定

されていたといえる（④の要件については、応用美術など、限られた場合に問題となる要件なので、ここでの検討では捨象して考えて差し支えない）。

　しかし、外見上創作性のある表現物を生成するAIの登場により、外見上創作性のある表現物であっても、AIが生成したものであって、人間が創作したものではない可能性が生じるようになった。このため、②及び③の要件を充足する場合、①の要件を満たすことを事実上推定することの前提状況に変化が生じているといえる。

　しかし、少なくとも当面においては、著作権侵害訴訟においては、権利者側が、著作物として主張している表現物（以下「権利主張表現物」という）が外見上創作性のある表現物であることを示せば、当該表現物は、人間がその思想又は感情を表現したものであることを事実上推定する実務を継続すべきであろう（この点について現在のところ異論は見当たらない）。権利者側において、逐一、AIではなく人間が創作したものであることを制作過程等に基づいて立証しなければならないとすることは、権利者側に過度の負担を強いるものであり、公平ではないと考えられるからである。

(2)　AI生成物であることの一応の反証

　ただし、権利主張表現物が著作物であることは、本来的には、権利者側に立証責任のある事項である。したがって、被疑侵害者側において、権利主張表現物が、AI生成物であることが疑われる一定の事情を提示し、そのような一応の疑いを生じさせれば、権利者側は、権利主張表現物が人間の創作したものであることを、積極的に立証する必要が生じると考えられる。

　権利主張表現物が、AI生成物であることが疑われる事情としては、次のようなものが考えられる。

　・AI特有の不自然な表現が混入していること
　・権利者側の過去の制作履歴と、権利主張表現物が整合しないこと
　・AIサービスによるすかし等が入っていること
　・権利者側の内部者による告発
　・AI生成物であることを判定するAIツールによる判定

(3)　人間がその思想又は感情を表現したものであることの立証方法

　こうした事情が被疑侵害者から提示される等して、人間が創作したものであることの具体的立証が必要になった場合には、権利主張表現物の制作過程を立

証することになる。

　そのような立証をするために制作過程を記録しておくことが有用であると考えられるが、たとえば、生成 AI を利用して生成した AI 生成物に創作性のある加工をしたイラストであるならば、まず、どのようなプロンプトを入力してどのような画像が得られたのかを記録しておくことになる。オンラインの AI サービスを利用してサービス上に履歴が残っているならば、立証は容易になると期待することができる。AI の出力画像をどのように加工したかの記録がより重要となるが、制作時に、制作担当者に加工の方法と態様に関する報告書を作成させ、保管しておくことが考えられる。報告書のような記録がない場合には、制作担当者による証言や、制作過程中途での制作過程のコミュニケーション（メールやプロジェクト管理ツール等）により立証するほかないと考えられる。

❷　著作者であることの証明

　著作物の公衆への提供若しくは提示の際に、氏名、名称、又は変名として周知のものを著作者名として通常の方法により表示していれば、その者が著作者であると推定される（著作権法 14 条）。よって、そのようなクレジットを作品に付していれば、クレジットがあることを立証することにより、著作者であることの推定を受けることができる。

　クレジットがない場合には、著作者であることは、制作過程や、最初に公表した者であることを示す事実（取引先の証言や、公開に使用した SNS の履歴等）によって立証することになる。

〔齋藤浩貴〕

Q41　生成 AI の利用によって著作権侵害をしないための対策

　生成 AI の利用によって、知らないうちに、他人の著作権を侵害することがないようにするためには、どのような対策が考えられますか。

A　著作権侵害となる生成物が出力されることにつながるようなプロンプトを入力しないことや、出力された生成物が既存の著作物と類似していないかを、そのための AI ツール等を用いてチェックすることが考えられます。許諾をとった著作物のみを学習対象とした生成 AI のサービスが利用できる場合には、そのようなサービスを利用することも考えられます。著作権侵害にならないようにする方策ではありませんが、生成物が著作権侵害となった場合に、サービス事業者が一定の責任を負ってくれるようなサービスを利用すると、著作権侵害が生じてしまった場合の責任を軽減できる可能性があります。

―――― 解説 ――――

(Keyword)　リスク低減策

1　オンプレミス型の運用とクラウド型の利用の違い

　生成 AI の利用によって、他人の著作物を侵害しないようにすることを考えるにあたっては、まず、どのような方法で生成 AI を利用するのか、ということを踏まえる必要がある（オンプレミス型とクラウド型について Q5 参照）。

　オープンソースとして提供されている、Llama や Stable Diffusion 等をもとに自社で運用するオンプレミス型で生成 AI を利用するということであれば、著作権侵害を回避する方策は、すべて自社にて講じなければならないし、著作権侵害が生じた場合の責任もすべて自社が負わなければならない。

　他方、他社がクラウド上で提供しているオンラインサービスであれば、サービス提供事業者において、著作権侵害が生じないような方策を講じている場合が多い。また、万一著作権侵害となるような生成物が出力されたとしても、当該生成物の利用について、ユーザが著作者から著作権侵害であるとの主張を受

けた場合、サービス事業者が一定の責任を負う旨サービス規約等で約している場合もある。

❷ プロンプト

生成 AI を利用するにあたり、利用者がことさら既存の著作物に類似する生成物が出力されることにつながるようなプロンプト（たとえば、既存の著作物の題号、キャラクター名等を含むプロンプトや、特定の著作者の名称及び当該著作者の特定の作品の特徴を含むプロンプト等）を入力すると、著作権侵害となるような生成物が出力される可能性が高くなる。

したがって、著作権侵害を避けるためには、そのようなプロンプトを入力することを避ける必要がある。

生成 AI を利用する企業においては、そのようなプロンプトを入力することがないよう、AI 利用指針等を定めて、従業員に周知すべきであるといえる。

なお、ChatGPT、DALL-E 等のクラウドサービスでは、そのようなプロンプトは受け付けない仕様となっており、著作権侵害が生じにくいようにしている。

❸ 生成物のチェック

AI 生成物を利用する企業において、生成物の利用が他人の著作権を侵害しないかをチェックすることも有効である。特に、ホームページやプレゼン資料に掲載するなどして対外的に利用するのであれば、そのようなチェックをすることがリスク回避として有用であると考えられる。

AI 生成物が既存の著作物を侵害するのは、当該生成 AI が学習に用いた学習データ中に当該既存の著作物が含まれている場合に限られると考えられているから、生成物の利用が他人の著作権を侵害しないかをチェックするためには、当該生成 AI の学習対象と著作権侵害となるほどの類似性がないかをチェックすることが効率的である。

クラウドサービスを利用する場合には、そのようなチェックは、サービス提供事業者がそのようなチェックのためのツールを用意していないと難しいが、今後サービス側がそのようなツールを提供する可能性もあるであろう。たとえば、国立研究開発法人情報通信研究機構が、対話型文章生成 AI についてその

ような著作権侵害チェック支援ツールを開発しており、その成果を 2023 年 10 月の文化審議会著作権分科会法制度小委員会で報告している[1]。このようなツールの生成 AI クラウドサービスによる実装が今後想定されるところである。

　自ら学習（追加学習を含む）させた生成 AI を利用する場合には、自ら学習させたデータ中の著作物について、そのようなツールを導入するなどして、チェックすることが考えられる。

　学習対象となった著作物との類似性のチェックが難しい場合は、インターネット上で閲覧可能な著作物と比較するチェックをすることも考えられる。たとえば画像生成 AI の場合、生成された画像を google の画像検索にプロンプト入力すると、インターネット上の類似画像が検索表示されるので、これを使って、インターネット上の既存の画像に、著作権侵害となるほどの類似性が懸念される画像がないかを検討すれば、一定の侵害避止効果はあると思われる。ただし、google 検索の目的はあくまでも類似画像の検索であって、著作権侵害の探索ではないから、生成物の一部に他人の著作物と類似するものが含まれてしまっているような場合に対応しきれず、網羅的なチェックとはならないと考えられることに注意する必要がある。

❹　許諾をとった著作物のみを学習対象とした生成 AI サービスの利用

　許諾をとった著作物のみを学習対象とした生成 AI のサービスが利用できる場合には、そのようなサービスを利用することも考えられる。

　たとえば、Adobe は、2023 年 6 月 8 日に、独自の生成 AI を企業など法人向けに提供する「Adobe Firefly エンタープライズ版」を発表した。Firefly は、Adobe が権利を保有する画像やパブリックドメインの画像など著作権的にクリアな画像のみでトレーニングされており、Adobe は「Firefly で画像を作った企業が権利侵害で訴訟を起こされた場合には法的に補償を受けることができる」としている。

　自ら学習（追加学習を含む）させた生成 AI を利用する場合にも、学習対象とする著作物を、権利者から許諾を受けたものに限定することも考えられる。

---

[1]　文化審議会著作権分科会法制度小委員会令和 5 年度第 3 回（令和 5 年 10 月 16 日）資料 2「大規模言語モデルと著作権に関する一考察」参照。

学習について権利制限規定である著作権法 30 条の 4 が適用されるか（ Q10 参照）はさておいて、自社が開発する生成 AI サービスのために学習に用いることの許諾と、自社が開発した生成 AI による生成物が、学習対象となった著作物に類似した場合であっても、当該生成物をユーザが利用することができるという許諾を得ることになると考えられる。

5 サービス事業者が一定の責任を負うことを約しているサービスの利用

著作権侵害にならないようにする方策ではないが、生成物が著作権侵害となった場合に、サービス事業者が一定の責任を負ってくれるようなサービスを利用することにより、著作権侵害が生じてしまった場合の責任を軽減できる可能性がある。

上述の Adobe のサービスにはそのような側面があるほか、Microsoft は 2023 年 9 月 7 日に、法人向け AI サービス Copilot を使用したときの著作権問題について、ユーザではなく Microsoft が責任を負う旨の約束を発表している。

そのようなサービスを利用することによりリスク回避をすることを目論む場合には、利用しようとするサービスの事業者が責任を負う旨約している範囲について、利用規約等の定めを確認し、正確に把握しておくべきことになる。

〔齋藤浩貴〕

Q42　生成 AI 利用過程の記録と著作権侵害

　AI 生成物の生成過程で他人の著作権を侵害していないことを証明する観点から、生成 AI の利用過程を記録する場合、どのような内容をどの程度記録すればよいですか。

A　AI 生成物の生成過程を記録することが、AI 生成物が著作権侵害をしていないことの証明につながることはほとんどないと考えられます。ただし、どのようなプロンプトを入力した結果として生成されたのか、及び AI 生成物が出力された段階で既存の著作物と類似していないかをチェックした結果を記録しておくことは、AI 生成物が他人の著作権を侵害するものと判断された場合に、過失がないことを証明することに役立つ可能性があります。

━━━ 解説 ━━━

(Keyword)　リスク低減策

1　著作権の非侵害の立証と AI による生成過程の関係

　設問は、AI 生成物の生成過程ということなので、すでに学習済みの生成 AI が利用可能な状態にあることを前提に、プロンプトを入力して生成物を出力させ、これを利用することが、著作権侵害でないことを証明するための、プロンプト入力以降の過程の記録について検討する。

　生成 AI により出力された AI 生成物が他人の著作物の著作権侵害となるのは、①依拠性の要件及び類似性の要件を満たす複製等を行ったものと認められ、かつ②権利制限規定（著作権法 30 条以下）に該当しない場合である（詳しくは Q28 参照）。よって、著作権侵害をしていないことを立証するためには、①依拠性の要件又は類似性の要件が充足されないことを立証するか [1]、②権利制限規定に該当することを立証することになる。

1）　正確には、①については著作権侵害であることを主張する権利者側に立証責任があるが、被疑侵害物が AI 生成物であることが明らかとなっていることを前提とすると、特に依拠性については、生成 AI の利用者側が依拠性のないことを積極的に立証する必要が生じる可能性がある。Q26 も参照。

　AI 生成物が他人の著作権を侵害する可能性が生じる利用行為には、2つの段階がある。第1段階は、(i)利用者が生成 AI を利用して AI 生成物を生成した時点の複製行為、第2段階は、(ii) AI 生成物を利用者がさらに対外的に使用する場合（プレゼン資料への収載、ホームページへの掲載等）における、二次的な複製、公衆送信等の行為である。

　いずれの段階の利用行為についても、利用行為が上記②の権利制限規定に該当するかどうかは、AI 生成物の生成過程によっては左右されないと考えられる。また、上記(i)の生成時点の複製行為の段階で、上記①すなわち、類似性又は依拠性が否定されれば、(i)の段階はもちろん、(ii)の段階も著作権侵害にはならないことになる。しかし、上記①のうち、類似性については、AI 生成物と他人の著作物の客観的比較の問題であるから、この点も AI 生成物の生成過程によっては左右されない。

　では、依拠性についてはどうか。AI 生成物における依拠性の考え方については、いくつかの考え方が提唱され、まだ定まった考え方は存在しない状況にある（**Q29** 参照）。しかし、いずれの考え方でも、依拠が認められるためには、生成 AI が AI 生成物と類似している既存の著作物を学習に用いていることを前提としており、AI モデルの構造が、学習対象となった著作物がモデル内に創作的な表現の形でデータとしてそのまま保持されていないことによって依拠性が否定されるかどうかについて見解が分かれているという状況である。

　そうすると、依拠性が否定されるためには、(i) AI 生成物と類似している著作物が学習対象に含まれていないことを立証する、又は(ii) AI 生成物と類似している著作物が学習対象に含まれているとしても、学習対象となった著作物が学習済みモデル内に創作的な表現の形でデータとしてそのまま保持されていないような AI の構造であることによって依拠性が否定されるとの説（依拠性を限定的に考える説）をとり、そのような AI の構造になっていることを立証する、のいずれかの立証が必要になる。これらはいずれも、AI 生成物を利用者が生成する過程を利用者が記録することによって立証できることではない。生成 AI の開発者又はサービス事業者に依頼して立証してもらわなければならないような性質の立証である。

　ただし、依拠性を限定的に考える説によることができたとしても、利用者がことさら既存の著作物に類似する生成物が出力されることを期待するようなプ

ロンプト（たとえば、既存の著作物の題号を含むプロンプトや、著名な著作者の名
称及び当該著作者の特定の作品の特徴を含むプロンプト等）を入力していた場合に
は、実務上依拠が認められる可能性が高まると考えられるため、そのようなプ
ロンプトではなかったことを立証できるようにしておくことが、依拠性を否定
することに役立つ可能性がないとはいえない。

　以上見てきたとおり、AI 生成物の生成過程を記録することが、AI 生成物が
著作権侵害をしていないことの証明につながることはほとんどないと考えられ
るが、AI 生成に用いたプロンプトを記録しておくことは、利用者がことさら
既存の著作物に類似する生成物が出力されることを期待するようなプロンプト
を入力していなかったことの立証につながり、依拠性を否定することに役立つ
可能性はあるといえる。

❷　著作権侵害の過失がないことの立証と AI による生成過程の関係

　利用者としては、生成 AI に出力させた AI 生成物が、著作権侵害とされて
しまったとしても、著作権侵害をしたことに過失が認められなければ、差止
請求は認容されても、損害賠償責任は負わないことになる。AI 生成物につい
て著作権侵害が認められる場合における過失については、今後の事案における
ケースバイケースの判断になると考えられるが、利用者がことさら既存の著作
物に類似する生成物が出力されることにつながるようなプロンプトを入力して
おらず、利用者が、学習対象となっている著作物と類似する生成物が出力され
ることを予期することが難しいとみられる場合には、過失が否定される可能性
があると考えられる。

　また、AI 生成物の利用により著作権侵害が生じるリスクを軽減する方策と
して、出力された生成物が既存の著作物と類似していないかを、そのための
AI ツール等を用いてチェックすることが考えられるところ（**Q32** 参照）、その
ようなチェックを行ったにもかかわらず、著作権侵害が生じてしまった場合に
は、チェック方法が一定の効果が見込めるような適正なものであるならば、
チェックを行ったにもかかわらず著作権侵害となる可能性を発見できなかった
ことが立証できれば、過失が否定される可能性があると考えられる。

　したがって、万一 AI 生成物の利用によって著作権侵害が生じてしまった場

合に、過失がないと認められる可能性を高める観点（レピュテーションリスクの軽減にもつながると考えられる）からは、①生成 AI に生成をさせた際のプロンプトがどのようなものであったかの記録と、②出力された生成物が既存の著作物と類似していないかを AI ツール等を用いてチェックした場合には、当該チェックの方法及び結果の記録を、それぞれ残しておくことが考えられる。

　記録の方法としては、①については、生成 AI の生成経過の画面のスクリーンショット、②については、AI ツール等のチェック指示及びチェック結果画面のスクリーンショット等を、それぞれ記録しておくことが考えられる。

〔齋藤浩貴〕

Q43　AI 生成物の著作権侵害と生成 AI サービス提供者の責任

　生成 AI サービスで出力された AI 生成物が他人の著作権を侵害した場合、その生成 AI サービスの提供者がその責任を負うことはありますか。

A　生成 AI サービスの提供者が著作権侵害行為の主体と評価される場合や著作権侵害行為を幇助していると評価される場合には、その責任を負うことがあります。

解説

(Keyword)　サービス提供者の責任

1　サービス提供者が責任を負う場合

　生成 AI サービスの提供者が著作権侵害の責任を負う場合としては、ユーザとの間の契約で非侵害の保証又は侵害の場合の免責を約束している場合を除くと、以下の 2 つのパターンが考えられる。

(1)　生成 AI サービスの提供者が侵害主体として著作権侵害の責任を負う場合

　まず、生成 AI サービスで出力された AI 生成物が他人の著作権を侵害していたとき、生成 AI サービスの提供者がその行為態様等からして著作権侵害行為の主体と評価される場合には、当該サービス提供者が著作権侵害の責任を負うことが考えられる。

　この点、生成 AI サービスで出力された AI 生成物が他人の著作権を侵害していた場合、それはユーザによる侵害なのか、サービス提供者による侵害なのかが問題となる。

　著作権侵害行為の主体が誰かは、行為の態様、方法、行為への関与の内容、程度等の諸般の事情を総合的に考慮して判断される。たとえば、日本のテレビ番組を海外等の遠隔地に転送するサービスについて、著作権（複製権）侵害の成否が争われたロクラクⅡ事件[1]では、複製の主体の判断にあたっては、「複製の対象、方法、複製への関与の内容、程度等の諸要素を考慮して、誰が当該

著作物の複製をしているといえるかを判断するのが相当である」と判示している。

　クラウド型の生成AIサービスの場合、著作権侵害となるAI生成物（他人の著作物の複製物）は、まず当該サービス提供者のシステム上に作成され、それがユーザに送信され、ユーザの使用するデバイス（端末）に複製されることとなる（すなわち、当該AI生成物は複製⇒送信⇒複製という流れで出力されることになる）[2]。

　生成AIサービスにおいて、ユーザがプロンプトによってAI生成物を具体的にコントロールしていない（又はできない）場合には、ユーザによるプロンプトの入力はAI生成物の作成の端緒にすぎず、生成AIサービスが被侵害の著作物を含む情報の学習によって得られた学習済みモデルに基づいてユーザの入力したプロンプトから推論した結果をAI生成物として出力させているとして、生成時点の複製物の作成については、生成AIサービスの提供者がその複製の主体であると評価される可能性が高いものと考えられる。その場合には、その後の侵害物の送信とユーザのデバイス（端末）に生じる複製の主体も、サービス提供者であると評価されることになろう。

　しかし、たとえば、ユーザが「ピカチュウ」などの特定のキャラクターのデザインをプロンプトとして入力し、それと創作的表現が共通するAI生成物を生成させた場合には、AI生成物の生成以前のプロンプト入力時点ですでに複製を行い、AI生成物をコントロールしているものとして、ユーザがその複製等の主体であると考えられる。

　また、そのような場合以外でも、たとえば、ユーザが既存の著作物のタイトルと著作者名をプロンプトとして入力している場合など、既存の著作物に類似する結果が出力されることが予見されるプロンプトをユーザが入力しているような場合には、AI生成物をコントロールしているものとして、ユーザがその複製等の主体と判断される可能性があるものと考えられる。ただし、その場合でも、生成AIサービスの提供者が複製等の主体でなくなるわけではなく、ユーザと共同して侵害主体になる可能性もありうる。

---

1) 最判平成23・1・20民集65巻1号399頁〔ロクラクⅡ事件〕。
2) ただし、生成物をユーザの使用するデバイス（端末）にダウンロードしない場合には、最後の複製はなされない。

　上記のような著作権侵害行為の主体が誰かという点は、結局のところ、個々の生成 AI サービスの内容やサービス提供者又はユーザの関与の内容・程度に応じて個別具体的に判断せざるをえないため、この点の裁判例の集積が待たれるところである[3][4]。

　なお、上記の議論は、生成 AI サービスにおける AI 生成物の出力時における複製等の主体は誰かということであって、ユーザが当該サービスによって出力された AI 生成物を自社のウェブサイトに掲載するなど、ユーザが出力された AI 生成物を当該サービス外で複製等する場合には、ユーザが当該複製等の主体になるので、その点には留意が必要である。ただし、生成 AI サービス提供者は、個別の事情によっては、後述のような幇助的な立場で著作権侵害の責任を負う可能性もありえる。

　次に、上記の議論とは別に、生成 AI サービスの提供者が著作権侵害の発生を認識しながら合理的な期間内に侵害の防止等の措置をとらなかった場合には、当該サービス提供者がその後に発生する著作権侵害の責任を負うことも考えられる。

　たとえば、掲示板サイトの運営者が投稿者による著作権侵害の責任を負うかが争われた 2 ちゃんねる vs 小学館事件[5]やインターネットショッピングモールの運営者が出店者による商標権侵害の責任を負うかが争われたチュッパチャプス事件[6]では、インターネットサービス提供者がユーザによる侵害行為を

---

3)　文化審議会著作権分科会法制度小委員会「AI と著作権に関する考え方について」（令和 6 年 3 月 15 日）（以下「文化審考え方」という）36 頁～37 頁では、AI 生成物の生成・利用の主体に関し、ユーザを物理的な行為主体と捉えた上で、「生成 AI の開発や、生成 AI を用いたサービス提供を行う事業者が、著作権侵害の行為主体として責任を負う場合があると考えられる」として、侵害物が高頻度で生成される場合や類似物の生成を抑止する技術的な手段を施していない場合等の事情によって事業者が侵害主体と評価される可能性を議論している（37 頁①～④）。これに対し、文化審考え方 36 頁注 49 では、「特に AI 特生成物の生成については、事業者が物理的な行為主体だと評価できる場合もあるため、事案に応じて検討する必要がある」との意見があった旨が記載されている。

4)　文化審考え方 27 頁～29 頁では、海賊版等の権利侵害複製物を掲載するウェブサイトからの学習データの収集を行う場合が著作権法 30 条の 4 ただし書きの「著作権者の利益を不当に害することになる場合」に該当するかを検討しているが、その中で、「AI 開発事業者やサービス提供事業者が、ウェブサイトが海賊版等の権利侵害複製物を掲載していることを知りながら、当該ウェブサイトから学習データの AI 収集を行ったという事実は、これにより開発された生成 AI により生じる著作権侵害についての規範的な行為主体の認定に当たり、その総合的な考慮の一要素として、当該事業者が規範的な行為主体として侵害の責任を問われる可能性を高めるものと考えられる」（28 頁）との考え方を示している。

5)　東京高判平成 17・3・3 判時 1893 号 126 頁〔2 ちゃんねる vs 小学館事件〕。

6)　知財高判平成 24・2・14 判時 2161 号 86 頁〔チュッパチャプス事件〕。

認識しえたにもかかわらず、合理的期間内に削除等の措置を講じない場合には、当該侵害の責任を負うことを認めている。もっとも、一般的な生成 AI の場合、生成 AI のサービス提供者は、掲示版・動画投稿サイトやインターネットショッピングモール等の運営者のような「場」を提供するプラットフォーマーとは異なり、ユーザによる AI 生成物の公表等の「場」を提供しているわけではないため、著作権侵害行為の存在を認識しながらそれを放置している場面というのはあまり想定しにくいが、たとえば、ユーザからの通知等により、ある特定のプロンプトを入力すると、著作権侵害の AI 生成物が生成されることがわかっていながら、それを放置している場合には、当該サービス提供者が著作権侵害の責任を負うことはありうる。

(2)　生成 AI サービスの提供者が幇助的な立場で著作権侵害の責任を負う場合

　生成 AI サービスの提供者が著作権侵害行為の主体と評価されない場合であっても、生成 AI サービスのユーザが他人の著作権を侵害するために生成 AI サービスを利用しているのを知りうる状態にありながら、生成 AI サービスの提供者がそれを援助・助長している場合には、当該サービス提供者はユーザによる著作権侵害の幇助を行っていると評価される場合がありうる[7]。たとえば、刑事事件ではあるが、P2P ソフト（Winny）の開発者に同ソフトのユーザによる著作権侵害の幇助罪（故意犯）が成立するかが争われた Winny 事件[8]において、最高裁は、結論として、当該開発者の幇助罪を否定したものの、幇助罪が成立するためには、「一般的可能性を超える具体的な侵害利用状況が必要であり、また、そのことを提供者においても認識、認容していることを要する」と判示しており、生成 AI サービスの提供者がこのような認識・認容をもって具体的な著作権侵害を行っているユーザにサービスを提供した場合には、故意による著作権侵害の幇助が成立する可能性がある。

　また、上記のような認識・認容がなくても、他人の著作物が利用されるであろうことが予測されるようなサービスの場合、あらかじめ侵害を防止するための適切な措置を講ずべき義務があり、その義務を怠ったとして幇助責任を負う

---

7)　文化審考え方 37 頁注 50 でも、「事業者が著作権侵害の行為主体と評価されない場合でも、AI 利用者による著作権侵害の幇助者として、民法上の共同不法行為責任を負う場合が考えられる」との意見があった旨が記載されている。

8)　最判平成 23・12・19 刑集 65 巻 9 号 1380 頁〔Winny 事件〕。

ことも考えられる。たとえば、カラオケ装置のリース業者がカラオケ装置のリース契約の相手方による著作権侵害に責任を負うかが争われたカラオケリース事件[9]では、「カラオケ装置のリース業者は、カラオケ装置のリース契約を締結した場合において、当該装置が専ら音楽著作物を上映し又は演奏して公衆に直接見せ又は聞かせるために使用されるものであるときは、リース契約の相手方に対し、当該音楽著作物の著作権者との間で著作物使用許諾契約を締結すべきことを告知するだけでなく、上記相手方が当該著作権者との間で著作物使用許諾契約を締結し又は申込みをしたことを確認した上でカラオケ装置を引き渡すべき条理上の注意義務を負うものと解するのが相当である」と判示し、共同不法行為責任を認めている。

２　リスク低減のための方策

　生成 AI サービスの提供者が著作権侵害の責任を負うリスクを低減するための方策としては、以下のようなものが考えられる。

(1)　著作権侵害の発生そのものを回避しようとする方策

・生成 AI に学習させるデータのうち著作物性があるものについては、著作権者から許諾を得る。

・既存の著作物又は既存の著作物と類似性のあるものを出力できないような仕様とする。

・プロンプトの入力や出力のモニタリングを行い、著作権侵害のおそれのあるものが出力された場合には削除や利用制限等されるような仕様とする。

(2)　著作権侵害の発生や損害賠償のリスクを軽減しようとする方策

・プロンプトの入力の仕方等によっては、著作権侵害のおそれがあることをユーザに注意喚起する。

・AI を用いて一定程度似ていると判断される画像を検索してくれるようなツールや機能を用意し、ユーザにおいて出力された AI 生成物が他人の著作物に類似していないかをチェックできるようにする[10]。

・ユーザからの通報制度などを設け、著作権侵害のおそれがあるものが出力

---

9)　最判平成 13・3・2 民集 55 巻 2 号 185 頁〔カラオケリース事件〕。

10)　一例として、国立研究開発法人情報通信研究機構が、対話型文章生成 AI についてそのような著作権侵害チェック支援ツールを開発している。文化審議会著作権分科会法制度小委員会令和 5 年度第 3 回（令和 5 年 10 月 16 日）資料 2「大規模言語モデルと著作権に関する一考察」12 頁以下参照。

された場合には通報してもらうようにする。そして、サービス提供者に通報があった場合には、合理的期間内に、同様の出力がなされないような措置を講ずる。

・（そのような保険商品があるかは不明であるが）AI生成物の著作権侵害を保険事故事由とする損害保険に加入する。

これら以外にも、たとえば、単にサービス提供者の責任を軽くするという観点だけを考えれば、利用規約において、著作権侵害が発生した場合には、ユーザをしてサービス提供者を免責させたり、サービス提供者に生じた損害を賠償させたりするなど、ユーザに著作権侵害の責任を負わせることも考えられる。しかし、そのようなサービスは、ユーザも利用しにくくなるので、サービス提供者としても、そのような方策はとりにくいであろう。サービスの普及の観点からは、ユーザに責任を負わせるよりも、サービス提供者が責任を負うほうが望ましい。最近では、Microsoft社が、AIサービスによる生成物の利用が権利を侵害していた場合には、ユーザを免責したり、賠償金を支払うことになったら補償したりすることを宣言して話題となっている[11]。また、ChatGPTを提供するOpenAIも、2023年11月に利用規約を改定し、企業利用者向けの利用規約であるBusiness Termsにおいて、第三者の知的財産権を侵害していることを理由とする請求につき、利用者を補償するとしている（詳細については Q67 参照）。

〔上村哲史〕

11）　"Microsoft announces new Copilot Copyright Commitment for customers"（https://blogs.microsoft.com/on-the-issues/2023/09/07/copilot-copyright-commitment-ai-legal-concerns/）.

第2　生成 AI と著作権以外の知的財産権
1　生成 AI と特許権

Q44　AI 生成物の特許登録

　生成 AI で出力された AI 生成物（技術）を特許として登録することはできますか。AI 生成物を特許として登録することについてどのような法的問題がありますか。

A　生成 AI で出力された AI 生成物（技術）については、自然人が「発明」したといえるかが問題となります。この点、従来から発明の創作過程における①課題設定、②解決手段候補選択、③実効性評価のいずれかに自然人が関与していればよいものとされていました。もっとも、近時の AI 技術の進展を踏まえ、どの程度自然人が関与していればよいか疑問が生じています。また、「進歩性」等の特許性要件にどのような影響が生じるか等について検討の必要性も指摘されています。そして、AI が生成したものではなく、自然人が創作したものとして出願されるいわゆる僭称（せんしょう）も問題となります。

░░░░░░ 解説 ░░░

(Keyword)　特許、発明

1　自然人発明主義と生成 AI との関係

　特許法は、「発明の保護及び利用を図ることにより、発明を奨励し、もって産業の発達に寄与すること」（1 条）を目的としており、保護対象となる「発明」は、「自然法則を利用した技術的思想の創作のうち高度のもの」と定義されている（2 条 1 項）。ここで「技術的思想の創作」とは、自然人による精神活動により、「技術」すなわち「一定の目的を達成する具体的手段」を創作することを意味する（自然人発明主義）。この点、AI が発明者となりうるか判断した初めての裁判例である東京地判令和 6 年 5 月 16 日（裁判所ホームページ）

は、知的財産基本法2条1項の「知的財産」とは「人間の創造的活動により生み出されるもの」との規定、及び特許法 36 条1項1号及び2号、同法 29 条1項の規定との整合性に加え、「AI 発明に係る制度設計は、AI がもたらす社会経済構造等の変化を踏まえ、国民的議論による民主主義的なプロセスに委ねることとし、その他の AI 関連制度との調和にも照らし、体系的かつ合理的な仕組みの在り方を立法論として幅広く検討して決めることが、相応しい解決の在り方とみるのが相当である。グローバルな観点からみても、発明概念に係る各国の法制度及び具体的規定の相違はあるものの、各国の特許法にいう『発明者』に直ちに AI が含まれると解するに慎重な国が多いことは、当審提出に係る証拠及び弁論の全趣旨によれば、明らかである」と指摘した上で、「これらの事情を総合考慮すれば、特許法に規定する『発明者』は、自然人に限られるものと解するのが相当である」と判断した。

　AI 生成物は、AI が生成したものであり、「自然人による」創作でないため、そのままでは「発明」に該当しない場合が多いと考えられるが、AI が生成したというだけで発明性が否定されるわけではない。従来から発明の創作過程における①課題設定、②解決手段候補選択、③実効性評価のいずれかに自然人が関与していれば、自然人による発明として特許権の付与対象となるものと理解されており[1]、生成 AI で出力された AI 生成物（技術）であっても、これらの要件を満たせば自然人の発明として認められ、特許として登録することができる。

2　生成 AI と新規性・進歩性との関係

　次に、特許権として登録をされるためには、発明が新規性（特許法 29 条1項）及び進歩性（同条2項）を有している必要がある。既存の知識を利用している生成 AI が新たな技術を創作することができるのか、すなわち、新規性や進歩性を満たす発明を創造できるのか疑問がある。ただし、近時ではディープラーニングによって AI が自発的に新たな技術を開発することも現実的になっており、AI 生成物であるから一律に新規性・進歩性が欠けることはない。内

---

[1]　知的財産研究教育財団 知的財産研究所「AI を活用した創作や 3D プリンティング用データの産業財産権法上の保護の在り方に関する調査研究報告書（平成 28 年度特許庁産業財産権制度問題調査研究報告書）」（平成 29 年2月）等。

閣府知的財産戦略本部「知財推進計画 2023」でも、AI 技術の進展により、特許審査における「進歩性」の判断をはじめ、発明の特許性の判断にどのような影響が生じるか検討する必要性が指摘されており（32 頁）、今後議論が進むものと思われる（この問題は Q45 、 Q46 でも詳しく論じる）。

3　特許審査実務と僭称問題

そして、AI 生成物について特許の取得を制限したり、審査の方法や基準を変える場合、AI が生成したものではなく、自然人が創作したものとして出願されるいわゆる僭称問題が生じ、これを見抜くことができるのかについても問題となる。現状の特許庁の審査においては、出願された発明が自然人によるものであるか AI 生成物であるか否かは審査されないため、この理由で出願が拒絶されることは原則としてない。ただし、特許庁は、発明者欄に自然人の名称が記載されているか否かについては形式的に審査しており、「自然人ではないと認められる記載、たとえば人工知能（AI）等を含む機械を発明者として記載することは認めていません」[2] としており、当該出願は拒絶されることになる。また、仮に AI 生成物について自然人が発明したと偽って（僭称して）、特許権として登録された場合、現行法上、これを無効とすることは困難である（ Q48 参照）。

4　設問への回答

AI 生成物を利用した発明であっても、自然人の発明として認められ、新規性・進歩性を有するなど特許法上の特許要件を満たせば特許として登録することができる。ただし、上記のようなさまざまな問題があり、現状では、どのような場合には特許が認められ、どのような場合に認められないのかはっきりしない面が多い。今後、AI 生成物を利用した発明を一定の要件の下で許容する方向で議論が進むものと考えられる。

〔鑓野目真由＝小野寺良文〕

---

2)　特許庁「発明者等の表示について」（令和 3 年 7 月 30 日）（https://www.jpo.go.jp/system/process/shutugan/hatsumei.html）。

Q45　生成 AI で出力したアイデアを参考にした発明の発明者

　生成 AI で出力したいくつかのアイデアを参考に完成した発明は、自分の発明として認められますか。

A　AI が出力したアイデアを利用した場合であっても、発明の創作過程における①課題設定、②解決手段候補選択、③実効性評価のいずれかに自然人が関与していれば、自然人による発明として特許権の付与対象となるものと理解されています。問題は、どの程度自然人が関与していれば自然人の発明と認められるかですが、「知財推進計画 2023」でも改めて検討する必要があるとされており、今後の議論が待たれます。

::::: 解説 :::

(Keyword)　発明者、発明の完成

1　生成 AI を利用した場合の発明者

　発明者は、自然人でなければならず、技術的思想を当業者（発明の属する技術の分野における通常の知識を有する者）が実施できる程度にまで具体的・客観的なものとして構成するための創作活動に関与した者でなければならない（Q44参照）。そもそも発明が完成したといえるためには、技術内容が「当該の技術分野における通常の知識を有する者が反復実施して目的とする技術効果を挙げることができる程度にまで具体的・客観的なものとして構成されていなければならない」[1]。そして、発明が完成に至る創作過程には、①課題設定、②解決手段候補選択、③実効性評価の三段階が存在するとされており、発明者と認められるためには、かかる創作過程のうちのいずれかにおいて創作的に寄与したことが必要である。

　問題は、どの程度自然人が関与していれば自然人の発明と認められるかである。

---

1)　最判昭和 52・10・13 民集 31 巻 6 号 805 頁。

　この点は、内閣府知的財産戦略本部による「知的財産推進計画 2023」でも詳しく論じられており（32 頁以下）、今後、内閣府及び経済産業省における短期の施策として、創作過程における AI の利活用の拡大を見据え、進歩性等の特許審査実務上の課題や AI による自律的な発明の取扱いに関する課題について諸外国の状況も踏まえて整理・検討することとされている。

　上述の知財推進計画では、従来の AI は人間の創作を補助するものにすぎず、AI を利用した場合であっても、上記三段階の創作過程のうちのいずれかに人間が関与していれば、その人間の創作であると評価するとの考え方が示されていたが、近年の ChatGPT 等の出現により、AI による自律的創作が実現しつつあるとの指摘がされている点を踏まえ、上記の整理が必要と結論づけている。

　現状では、生成 AI にプロンプトとして解決したい技術的課題を入力すればたちどころに発明が完成して、出願に必要な発明の詳細な説明や図面が自動的に生成できることは多くないと思われる。そもそも発明を完成させるためには、創作した解決手段が実際に課題を解決できるものであるのか、実際に試作機を製造してみたり、実験を行って確かめたりする必要があり、このような製造や実験は物理的な実験施設を伴わない生成 AI のみではなしえない場合も多いと思われる。すなわち、多くの場合において、AI による生成行為によって直ちに発明が完成されることは稀であり、何らかの形で自然人の創造行為が介在しなければ発明は完成しないと考えてよい。生成 AI で出力したいくつかのアイデアを参考に、自然人が発明を完成させた場合には、もちろん AI の生成物も利用しつつ自然人が発明したものとして特許法上の保護を受けることができると考えられる。

　ただし、近時ではディープラーニングによって AI が自発的に新たな技術を開発することも現実的になっており、技術分野、たとえばソフトウェアに関する発明やビジネスモデル特許などの分野では、生成 AI の技術の進展により十分に自然人と同様の発明行為が可能となりつつあると考えられており、上記のような整理が必要な状況とされているわけである。

2　設問への回答

　以上のとおり、発明者とは、技術的思想を当業者が実施できる程度にまで具

体的・客観的なものとして構成するための創作活動に関与した者をいう。

　設問の場合、生成 AI が利用されているものの、生成 AI は単なるアイデアを提供したにとどまり、生成 AI のユーザは、当該アイデアを利用しつつ、技術的思想を当業者が実施できる程度にまで具体的・客観的なものとして構成して発明を完成させたと考えられる。そうであれば、設問において発明者は当該ユーザと認められることとなる。ただし、創作過程にどの程度関与していれば自然人の発明と認められるかは、上記のとおり、今後の議論が待たれるところである。

〔鑓野目真由＝小野寺良文〕

Q46　生成 AI が自律的に具体的解決手段を創出した発明の発明者

　生成 AI が自然人の手を経ることなく自律的に従来技術の技術的課題及び実際に当該課題が解決できる具体的解決手段を創出した場合、生成 AI のユーザである自然人は発明者として認められますか。

A　発明の創作過程における①課題設定、②解決手段候補選択、③実効性評価のいずれかに自然人が関与していれば、自然人による発明として特許権の付与対象となるものと理解されています。質問の場合には、③に自然人が関与したことが一定程度うかがわれるものの、生成 AI のユーザである自然人は解決手段の創作に主体的に寄与したと認められず、発明者とは認められないと考えられます。

━━ 解説 ━━

(Keyword)　発明者、発明の完成

1　生成 AI で出力したアイデアを参考にしてユーザが発明を完成させた場合との違い

　生成 AI のユーザが発明者となるためには、発明の完成に至る三段階の創作過程のいずれかにおいて、創作的に関与していなければならないところ（**Q45** 参照）、近時ではディープラーニングによって AI が自発的に新たな技術を開発することも現実的になっている。

　設問の場合、生成 AI が自然人の手を経ることなく自律的に従来技術の技術的課題及び実際に当該課題が解決できる具体的解決手段を創出したというのであり、生成 AI のユーザたる自然人は、発明の完成に至る過程に創作的に関与したとはいえないと思われる。

2　化学分野等の特殊性

　なお、化学等の分野に属する発明については、ある具体的な構成が望ましい効果を奏するかどうかが、実験を経なければ明らかにならないことから、ある

具体的な構成が望ましい効果を奏することを確認した者も、発明の完成に現実的に関与した者として、発明者とされる傾向にある。ただし、この場合であっても、発明者の補助者にすぎないと評価される場合には、発明者とは認められない。実際に、判例においても、「創作行為に関与し、発明者のために実験を行い、データの収集・分析を行ったとしても、その役割や行為が発明者の補助をしたにすぎない場合には、創作行為に現実に加担したということはできない」[1]とされており、技術的思想の具体化に寄与する場合でも、単なる補助者ではなく、実質的、創作的、重要又は自明でない寄与が必要と考えられる。そもそも、このような技術分野については、生成 AI が自立的に発明を創造できるようになるのはまだまだ時間を要すると思われ、いずれにしても自然人が発明者と認められる場合が多いと思われる。

3　設問への回答

以上のとおり、発明の完成に至る過程に創作的に関与しておらず、生成 AI が自然人の手を経ることなく自律的に具体的解決手段を創出した場合、生成 AI のユーザたる自然人は発明者には当たらない。ただし、化学の分野に属する発明等、実験によらなければ具体的な解決手段が効果を奏するか否かが明らかでない発明については、単なる補助者にとどまらず、実質的、創作的、重要又は自明でない寄与をしたと評価できる者も発明者と認めることができる場合もあると考えられる。

〔鑓野目真由＝小野寺良文〕

---

1) 知財高判平成 19・3・15 判時 1989 号 105 頁。

Q47　生成AIの学習とプロンプトの工夫で完成した発明の発明者

生成AIの学習用データとプロンプト入力の創意工夫によって、その生成AIで作成されたAI生成物が自分の特許の発明になることはありますか。

A　発明の完成に至る創作過程のすべてに生成AIのユーザの創作的関与があるとして、当該ユーザの発明とされる余地は十分に考えられます。

━━━━━━ 解説 ━━━━━━

(Keyword)　発明者

1　すでに学習用データが入力・処理学習された生成AIを利用する場合との違い

生成AIを利用した発明についての議論が行われる場合、大規模言語モデル（ Q1 参照）のような、すでに学習用データが入力・処理学習された生成AIを利用する場面（下図1）を前提とすることが多い（ Q45 、 Q46 参照）。一方、設問では、生成AIのユーザが学習用データの入力及びプロンプト入力のいずれにも関与する場面（下図2）を前提としており、この場合、すでに学習用データが入力・処理学習された生成AIを利用する場面と比べて、よりユーザが発明の完成に至る創作過程の入口と出口の両方に関与することとなる。

〔図1〕学習用データが入力・処理学習された生成AIを利用する場面

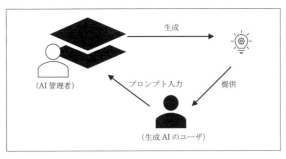

〔図2〕生成 AI のユーザが学習用データの入力及びプロンプト入力のいずれに
も関与する場面

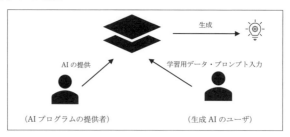

2 設問への回答

　生成 AI のユーザが AI 生成物の発明者となるか否かについて検討すべき点
は、すでに学習用データが入力・処理学習された生成 AI を利用する場面と変
わりない。すなわち、生成 AI のユーザが発明者となるためには、発明の完成
に至る三段階の創作過程のいずれかにおいて、創作的に関与していなければな
らない（Q45、Q46 参照）。

　そして、上記のとおり、設問の場面では、発明の完成に至る創作過程の入口
と出口を生成 AI のユーザが創意工夫により設定しており、生成 AI の寄与は
当該入口と出口の関連付け、すなわち、ユーザが設定した創作指示が可能かと
いう点の判断のみである。そうであれば、発明の完成に至る創作過程のすべて
に生成 AI のユーザの創作的関与があると認められる可能性は高く、当該ユー
ザが発明者となる余地はより大きいと考えられる。

　以上のとおり、現行法において保護されるのは、自然人が発明者である発
明、すなわち発明の完成に至る創作過程において自然人が創作的に関与した発
明のみである。しかし、AI 技術の進展により、今後 AI は自然人の創作を補
助するにとどまらず、自律的に創作することも可能になると考えられる。この
ような状況を踏まえ、必ずしも自然人の関与のないあるいは薄い AI 生成物の
特許法による保護を否定するべきではないが、一方でどのような場合に独占を
認める価値のある発明として進歩性を認めることにするのかは難しい問題であ
り、今後政策的な検討が必要とされている。

〔鑓野目真由＝小野寺良文〕

Q48　特許庁審査における AI 生成物と人間の発明の区別

特許庁の審査では、登録出願された発明について、AI 生成物か人間による発明かをどのように審査しますか。また、特許権として設定登録された後、生成 AI で出力された AI 生成物であることが判明した場合、特許権は無効となりますか。

A　現状の特許庁の審査では、願書に記載された者が真に発明者か否か（生成 AI ではないか）、発明者が僭称（せんしょう）されていないかの審査は行われていません。また、現行法上、いったん特許として登録された後にこれを無効にすることも難しいものと考えられます。

解説

Keyword　出願審査

1　現状での発明者に関する審査

現状の特許庁の審査においては、登録出願された発明が AI 生成物であるか自然人によるものであるかは審査されないため、このような理由で登録出願が拒絶されることは原則としてない。

ただし、特許庁は、発明者欄に自然人の名称が記載されているか否かについては形式的に審査しており、「自然人ではないと認められる記載、例えば人工知能（AI）等を含む機械を発明者として記載することは認めていません」[1]としていることから、生成 AI を発明者とする登録出願は拒絶されることになる。

2　発明が僭称された場合の帰趨

また、仮に AI 生成物について自然人が発明したと偽って（僭称して）、特許権として登録されたとしても、審査、審判段階や訴訟においてその特許発明を実施したいライバル企業などの第三者が、自然人が発明したものではないこと

---

1)　特許庁「発明者等の表示について」（令和 3 年 7 月 30 日）（https://www.jpo.go.jp/system/process/shutugan/hatsumei.html）。

を理由として特許要件を争う事例が出現することは十分に考えられる。

　特許を受ける権利は発明者に帰属するとされているところ、特許がその発明について特許を受ける権利を有しない者の特許出願に対してなされたことは、無効事由に該当する（特許法123条1項6号。以下「冒認出願」という）。設問において、生成 AI を用いた発明について生成 AI のユーザがその発明者と認められない場合、当該ユーザは特許を受ける権利を有しないため、無効事由が存在することとなる。

　もっとも、特許無効審判は、利害関係人に限り請求が可能であり（特許法123条2項）、冒認出願を理由とする場合は、利害関係人は特許を受ける権利を有する者に限られる（同項かっこ書き）。

　AI 生成物を発明とする特許について、生成 AI のユーザがその発明者と認められない場合、現行法上は、自然人ではない生成 AI 自体を発明者とすることはできない（**Q44**参照）。したがって、他に発明者と認められる自然人が存在しない場合、そもそも無効審判を請求できる利害関係人が存在しないことになる。そうだとすれば、生成 AI のユーザがその発明者と認められなかったとしても、冒認出願を理由に無効審判が請求される可能性は、事実上、存在しないと思われる。

　また、特許権の有効性について第三者が異議申立てを行うための手続には、特許無効審判のほかに特許異議の申立ても存在する。特許異議の申立てにおいては、何人も特許掲載公報の発行の日から6か月以内に限り、特許庁長官に対して特許異議申立てを行うことができるとされている（特許法113条）。しかし、冒認出願は特許法113条各号に掲げる事由のいずれにも該当しないため、設問の場合、異議申立てにより特許の有効性を争うことはできない。

　現行法上は上記整理とならざるをえない。AI 生成物を利用した発明の特許性に係る議論が進展し、立法や解釈により解決されることが期待される。

3　設問への回答

　上述のとおり、現状の特許庁の審査では、願書に記載された者が真に発明者か否か（生成 AI ではないか）、発明者が僭称されていないかについての審査は行われていない。現行法上、いったん特許として登録された後にこれを無効にすることも難しいものと考えられる。　　　　　　〔位田陽平＝梛良拡＝小野寺良文〕

2　生成 AI と意匠権

Q49　AI 生成物の意匠登録

　生成 AI で出力された AI 生成物（工業デザイン）を意匠登録することはできますか。

A　AI 生成物そのままでは、自然人の創作といえるかという点に疑義があり、原則として意匠登録できません。

━━━ **解説** ━━

(Keyword)　意匠、意匠の創作、新規性、進歩性

1　意匠の概要

(1)　意匠とは

　意匠制度は、新しく創作された意匠を創作者の財産と位置づけ、その保護と利用のルールについて定めることにより、意匠の創作を奨励し、産業の発達に寄与することを目的とする。同制度が保護の対象とする意匠とは、物品や建築物の形状、模様若しくは色彩若しくはこれらの結合、又は画像であって、視覚を通じて美感を起こさせるもの（要するにデザイン）である。

　意匠法改正により 2020 年 4 月からは、物品に記録・表示されていない画像や、建築物、内装のデザインについても保護対象に加えられている。

(2)　意匠登録

　特許と同様に、意匠権による保護を受けるためには、特許庁に意匠登録出願をし、意匠登録を受ける必要があり、意匠権が得られれば、登録意匠及びこれに類似する意匠の実施をする権利を専有することができることになる。

　意匠登録出願がなされると、特許庁では下表のような観点から、登録の可否を審査することになる。

〔表〕登録審査の観点

(1)	工業上利用できる意匠であるか（意匠法3条1項柱書）
(2)	今までにない新しい意匠であるか（新規性。同法3条1項各号）
(3)	容易に創作をすることができたものでないか（進歩性。同法3条2項）
(4)	先に出願された意匠の一部と同一又は類似でないか（同法3条の2）
(5)	意匠登録を受けることができない意匠ではないか（不登録事由。同法5条各号）
(6)	意匠ごとに出願しているか（一意匠一出願。同法7条）
(7)	他人よりも早く出願したか（先願。同法9条）

2 設問への回答

　意匠制度は新しく「創作」された意匠を保護の対象とするものであり、意匠法上の「意匠の創作をした者」としては自然人が想定されていると解釈しうる（例として、同法3条1項柱書では「工業上利用することができる意匠の創作をした者」という表現が用いられ、同法6条1項2号は意匠登録出願にあたり、創作者の氏名の明示を要請している）。そのため、特許の場合と同様に、意匠についても、自然人が創作したものでなければならず（自然人創作主義）、生成AI で出力された AI 生成物については、原則として意匠登録できない。

　現実には AI 生成物と自然人の創作を明確に区別することは容易でないため、特許出願におけるものと同様に、AI 生成物を自然人の創作であると偽られる問題（いわゆる僭称（せんしょう）問題）が生じうる。この点、立法による解決が待たれるところである。

　また、当該 AI 生成物が学習用データとして用いられた既存の意匠をそのまま出力してしまうなどし、AI 生成物が既存の意匠と同一であるような場合には上記**1**(2)の新規性が問題となる。また、既存の意匠と同一であるとはいえないとしても、生成 AI で出力された AI 生成物をそのまま登録出願する場合、既存の意匠に基づき容易に創作をすることができると判断され、進歩性が問題となる可能性も相応に高いと考えられる。

〔位田陽平〕

Q50 AI 生成物を加工して作成したデザインの意匠登録

AI 生成物を加工して作成したデザインを意匠登録することはできますか。

A AI 生成物を加工して作成したデザインについては、自然人が創作したと解され、新規性や進歩性が認められる可能性もあり、そのような場合には意匠登録が可能です。

解説

(Keyword) 意匠、意匠の創作、新規性、進歩性

1 生成 AI で出力された AI 生成物（工業デザイン）をそのまま登録出願する場合との相違点

AI 生成物を加工して作成したデザインを登録出願する場合、生成 AI で出力された AI 生成物（工業デザイン）をそのまま登録出願する場合（**Q49** 参照）とは異なり、自然人が自らベースとなるデザインを加工するプロセスが生じる。

2 設問への回答

AI 生成物を加工して作成したデザインについては、AI 生成物をそのまま登録出願する場合とは異なり、自然人が創作したといえる可能性がある。

また新規性や進歩性が認められる可能性も AI 生成物をそのまま登録出願する場合よりも高いと考えられる。

これらの要件が認められれば、AI 生成物を加工したものであっても意匠登録が認められる。

問題は特許の場合と同様（**Q45** 参照）、どの程度の加工があれば自然人が創作したと認められるかであるが、現状、AI による創作であるか、自然人による創作であるかを見分ける有効な手段もなく、引き続き議論を要する。

〔位田陽平〕

Q51　生成 AI の学習とプロンプトの工夫で作成された AI 生成物の意匠登録

　生成 AI の学習用データとプロンプト入力の創意工夫によって、その生成 AI で作成された AI 生成物が自分の意匠の創作になることはありますか。

A　学習用データとプロンプト入力に創意工夫をこらして生成された AI 生成物については、その過程において生成 AI のユーザの創作的関与が認められれば当該ユーザが創作したものと認められる余地があり、新規性及び進歩性等他の要件を満たせば、AI 生成物そのままでも意匠として登録される可能性があります。

━━━ 解説 ━━━

(Keyword)　意匠、意匠の創作、進歩性

1　生成 AI で出力された AI 生成物（工業デザイン）をそのまま登録出願する場合との相違点

　学習用データとプロンプト入力に創意工夫をこらして生成された AI 生成物を登録出願する場合、生成 AI で出力された AI 生成物（工業デザイン）をそのまま登録出願する場合（ Q49 参照）とは異なり、当該創意工夫の程度により、入力者のより強い創作的関与が認められうるものと考えられる。

2　設問への回答

　生成された AI 生成物が既存の意匠と同一である場合には新規性が問題となり、既存の意匠に基づき容易に創作をすることができると判断される場合に進歩性が問題となることは、生成 AI で出力された AI 生成物（工業デザイン）をそのまま登録出願する場合と異ならない。もっとも、学習用データとプロンプト入力に創意工夫がこらされている場合、他者が当該生成過程をたどることの容易性はそれだけ低減され、進歩性が認められる可能性が高まるものと考えられる。

　また、生成 AI による出力を「創作」と認めうるのか、また、その主体は自

然人でなくともよいのかといった問題についても、やはり程度問題ではあるが、学習用データとプロンプト入力の創意工夫が、それ自体「創作」といいうるような程度に達している場合には、入力者の手による「創作」が生じているとして、入力者が「意匠の創作をした者」と認められる余地は大きくなるものと考えられる。

〔位田陽平〕

3　生成 AI と商標権

Q52　AI 生成物の商標登録

生成 AI で出力された AI 生成物を商標登録することはできますか。

A　AI 生成物をそのまま商標登録出願する場合、商標出願に係る一般的な要件を充足する必要はありますが、特許や意匠の場合とは異なり、人の創作によらない AI 生成物であることそのものにより商標登録が妨げられることは考えにくいものといえます。

解説

(Keyword)　商標

1　商標の概要

(1)　商標とは

商標制度は、商品やサービスに付す「マーク」や「ネーミング」を事業者の財産と位置づけ、その保護と利用のルールについて定めることにより、産業の発達や需要者の利益の保護に寄与することを目的とする。同制度が保護の対象とする商標には、文字や記号等のみならず、三次元的な立体等により構成されるものも含まれる。

商標法改正により 2015 年 4 月からは、動き商標、ホログラム商標、色彩のみからなる商標、音商標及び位置商標についても保護対象に加えられている。

(2)　商標登録

商標権による保護を受けるためには、自分が商標を用いようとする商品又はサービス（指定商品・指定役務）を指定して特許庁に商標登録出願をし、商標登録を受ける必要がある。指定商品・指定役務の記載に際しては、「食品、調味料」や「アルコール飲料」など、商品・役務を一定の基準によってカテゴリー分けした「区分」も併せて記載する必要がある。

商標登録出願がなされると、特許庁では下表のような観点から、登録の可否を審査することになる。

〔表〕登録審査の観点

(1)	出願者が自己の業務に係る商品・役務について使用をする商標であるか（商標法 3 条 1 項柱書）
(2)	自己と他人の商品・役務とを区別することができないものでないか（同法 3 条 1 項各号）
(3)	公共の機関の標章と紛らわしい等公益性に反するものでないか（同法 4 条 1 項 1 号〜7 号・9 号・16 号・18 号）
(4)	他人の登録商標や周知・著名商標等と紛らわしいものでないか（同法 4 条 1 項 8 号・10 号〜15 号・17 号・19 号）

❷　設問への回答

　商標法においては特許法や意匠法とは異なり（**Q44**、**Q49** 参照）、自然人による創作は必ずしも前提とされていない。したがって、商標登録に係る要件が充足される限りにおいて、生成 AI で出力された AI 生成物であっても登録可能である。

　ただし、生成 AI で出力された AI 生成物についても、生成 AI によらず作成された商標が登録出願される場合と同様に登録可否が審査される。たとえば学習用データやプロンプト入力に由来し、自己と他人の商品・役務とを区別することができないもの、公共の機関の標章と紛らわしい等公益性に反するもの、他人の登録商標や周知・著名商標等と紛らわしいもの等であると判断された場合には、商標登録を受けられないこととなる。

〔位田陽平〕

4 生成 AI と営業秘密（秘密保持義務）

Q53 秘密情報をプロンプト入力する場合の留意点

　自社又は他社の秘密情報をプロンプトに入力する場合、どのような点に注意する必要がありますか。

A 　自社の秘密情報をプロンプトに入力した場合、不正競争防止法上の「営業秘密」や「限定提供データ」としての保護を受けられなくなる可能性があります。また、特許出願前の発明に関する情報を入力すると、特許の要件である新規性を喪失して、特許を受けられなくなる可能性もあります。また、秘密保持義務を負って他社から提供を受けた秘密情報を入力する場合には、秘密保持義務違反として、損害賠償請求や差止請求を受けるリスクがあります。

解説

(Keyword) 営業秘密の秘密管理性喪失、限定提供データ該当性喪失、特許出願前の発明の新規性喪失、秘密保持義務違反

1 自社の秘密情報

　企業等においては、外部に開示すべきではない自社の営業秘密や特許出願前の発明に関する情報等のさまざまな秘密情報を扱っている。こうした自社の秘密情報について、たとえば、営業秘密を含む社内議事録の作成や社内資料の要約を行う目的で生成 AI を利用する場合のように、生成 AI にプロンプトとして入力することが想定される。

　しかし、自社の秘密情報を生成 AI にプロンプトとして入力してしまうと、不正競争防止法上の「営業秘密」や「限定提供データ」の要件に該当しなくなり、同法上の保護の対象から外れたり、特許の要件である新規性を喪失して、特許を受けられなくなったりするリスクがある。

(1) 営業秘密の秘密管理性の喪失

　不正競争防止法は、一定の行為を「不正競争」と定め、規制の対象として

いる。不正競争には、営業秘密を不正に取得する行為や第三者に開示する行為等が含まれるところ、「営業秘密」とは、①秘密として管理されていること（秘密管理性）、②事業活動に有用な技術上又は営業上の情報であること（有用性）、③公然と知られていないこと（非公知性）という要件を充足する情報をいうと定義されている（同法2条6項）。

　営業秘密の不正取得等の不正競争に該当する行為は、差止めや損害賠償等の民事上の請求の対象になるほか、一定の類型については刑事罰も規定されている（不正競争防止法2条1項4号〜10号、3条、4条、21条）。

　クラウド型（　Q5　参照）の生成AIサービスの場合、生成AIに自社の営業秘密をプロンプトとして入力すると、第三者である生成AIサービス提供事業者に、当該営業秘密を開示したものと解され、上記①の秘密管理性を喪失し、営業秘密に該当しなくなる可能性がある。ただし、利用する生成AIサービスを提供する事業者との間で契約を締結し、秘密保持義務や目的外利用禁止を明確に定める等により、生成AIサービス提供事業者が、入力された情報を秘密として保持し、情報を入力した企業等に対して生成AIサービスを提供する目的以外の目的に利用しないことを義務づけられる場合には、秘密管理性が維持される余地もある。

(2)　限定提供データの限定提供性の喪失

　不正競争防止法は、企業が営業秘密として扱っていない情報でも、一定の要件を満たしたものについては、「限定提供データ」として保護の対象としている。

　「限定提供データ」とは、①業として特定の者に提供するものであること（限定提供性）、②電磁的方法により相当量蓄積されていること（相当蓄積性）、③電磁的方法により管理されていること（電磁的管理性）、④技術上又は営業上の情報（営業秘密を除く）であることという要件を満たすものをいうとされている（不正競争防止法2条7項）。商品として広く提供されるデータや、コンソーシアム内で共有されるデータなど、事業者等が取引等を通じて第三者に提供する情報を、限定提供データとして保護の対象とすることが想定されている。限定提供データを不正に取得する行為等は、不正競争として差止めや損害賠償等の民事上の請求の対象になるとされている（同条1項11号〜16号）。ただし、事業者に対する過度の委縮効果を生じさせないよう、現時点では刑事罰

の対象とはされていない。

上記の要件のうち、①限定提供性は、一定の条件の下で相手方を特定して提供されるデータを保護対象とする趣旨である。「特定の者に提供する情報」としては、たとえば、会費を支払って提供を受けたデータや、資格を満たした者のみが参加するコンソーシアムで共有されるデータがこれに該当する。生成AIに限定提供データをプロンプトとして入力する場合、当該生成AIサービス提供事業者が、そのデータに関して設けられた一定の条件を満たしていないときは、限定提供データに該当しなくなるおそれがある。そのため、当該データがどのような条件で提供されているか、生成AIサービス提供事業者の利用規約においてどのような規定があるか、生成AIサービス提供事業者がどのようなアクセス権限を有するか等を確認する必要がある。

(3) 特許出願前の発明の新規性喪失

特許法上、ある発明が特許を受けるためには、その発明が新規性を有することが要件とされている（29条1項）。その発明が「公然知られた」（以下「公知」という。同項1号）、すなわち、第三者が発明の内容を知り、秘密状態を脱した場合には、新規性を喪失する。ただし、発明の内容を知った者がいたとしても、その者が契約等により秘密保持義務を負う場合には、公知であるとはいえない。

生成AIに特許出願前の自社の発明の内容をプロンプトとして入力する場合、当該発明の内容を生成AIサービス提供事業者が知るところとなる場合があり、発明の内容が公知となり、新規性を喪失する可能性がある。ただし、生成AIサービス提供事業者が秘密保持義務を負う場合には、未だ公知であるとはいえず、新規性は失われない。

2 他社の秘密情報

企業等や企業等に勤める役員、従業員等は、取引先や勤務先から、秘密情報を受領することがあるが、当該秘密情報の利用については、秘密保持契約等の契約や法令等により、秘密保持義務を負うことが一般的である。たとえば、企業が他社から受領した営業秘密を含む資料の要約を行う目的で生成AIを利用する場合のように、秘密保持義務を負って取得した他社（他人）の秘密情報について、生成AIにプロンプトとして入力する場合、秘密保持義務違反となる

可能性があることに注意する必要がある。

(1) 秘密保持義務

　秘密保持義務とは、企業間の取引や労働者の職務などにおいて知りえた一定の情報を秘密として保持し、外部に開示・漏洩等しない義務をいう。

　秘密保持義務は、契約や法令等に基づいて発生する。たとえば、企業が取引先との間で、秘密保持契約（Non-Disclosure Agreement を略して「NDA」とも呼ばれる）を締結して、秘密情報の提供を受けた場合、当該秘密情報について、承諾なく第三者に開示、提供等を行うことが禁じられる。企業に雇用される労働者は、労働契約の存続期間中は労働契約に基づく付随的義務として、使用者の業務上の秘密について漏洩等しない義務を負う。また、企業等においては、就業規則等によって秘密保持を明示的に義務づけている例も多い。取締役は、善管注意義務（会社法 330 条、民法 644 条）・忠実義務（会社法 355 条）の一内容として、職務上知った秘密情報について秘密保持義務を負うとされている。公務員、弁護士、司法書士、医師、歯科医師、薬剤師、電気通信事業者等の一定の職業に従事する者は、法律上、職務上知ることのできた秘密の漏洩等を行わない義務を負うことが規定されている（たとえば、国家公務員については、国家公務員法 100 条 1 項で、「職員は、職務上知ることのできた秘密を漏らしてはならない。その職を退いた後といえども同様とする」と定められている）。

(2) 秘密保持義務を負う情報を生成 AI に入力する行為

　秘密保持義務を負う秘密情報を生成 AI にプロンプトとして入力する行為は、秘密保持義務を定めた契約の規定の内容等の個別具体的な状況にもよるものの、秘密保持義務違反であると評価される可能性がある。秘密保持義務違反が認められると、差止めや損害賠償といった民事上の請求を受けるほか、法令の規定によっては、刑事罰を受ける可能性がある。

〔梛良拡＝小野寺良文〕

Q54 他社の秘密情報を学習用データとして利用する場合の留意点

　生成AIを開発するにあたって、営業秘密が含まれる又は秘密保持契約で取扱いが制限されている他社の資料（データ）を学習用データとして利用する場合、どのような点に注意する必要がありますか。

A データ提供契約を締結した上で取得したデータの利用等に関して、当該データ提供契約に違反した場合には、差止めや損害賠償等の民事上の請求を受ける可能性があります。また、提供を受けたデータが、データ提供者の営業秘密又は限定提供データに該当する場合、データを使用する行為やそのデータに基づいて開発された学習済みモデルを利用する行為が、不正競争防止法上の「不正競争行為」として、民事上、刑事上の責任を追及される可能性もあります。

‖‖‖‖‖‖ **解説** ‖‖‖

(Keyword) データ提供契約による利用制限、不正競争行為（営業秘密、限定提供データの不正使用等）

1 データ提供契約による利用制限

　企業等が生成AIの開発のための学習用データとして、資料（データ）の提供を他社から受けることがあるが、その提供の際には、データ提供契約を締結することが一般的である。

　データ提供契約とは、データ提供者から他方当事者に対してデータを提供する際に、当該データに関する他方当事者の利用権限その他データ提供条件等を取り決めるための契約であり、契約目的、目的外利用の禁止、提供データの利用に基づいて生じた知的財産権の帰属等、当該データの利用に関する規定が設けられることがある。

　データ提供契約を締結した上でデータを取得し、学習用データとして利用する際に、当該データ提供契約に違反した場合には、差止めや損害賠償等の民事上の請求を受ける可能性がある。

2　不正競争行為（営業秘密、限定提供データの不正使用等）

　不正競争防止法は、一定の情報について営業秘密や限定提供データとして、保護の対象としている（要件等については Q53 を参照）。データ提供契約を締結して提供を受けたデータが、データ提供者の営業秘密又は限定提供データに該当する場合、データ提供契約に違反する行為は、上記 **1** の請求を受けるのみならず、不正競争防止法上の「不正競争行為」として、民事上、刑事上の責任を追及される可能性もある。

(1)　営業秘密の不正使用等による不正競争行為

　営業秘密に関する不正競争行為には、営業秘密を保有する者（以下「営業秘密保有者」という）からその営業秘密を示された者が、不正の利益を得る目的又は営業秘密保有者に損害を加える目的（以下「図利加害目的」という）で、その営業秘密を使用し、又は開示する行為が含まれる（不正競争防止法2条1項7号）。データ提供契約を締結して提供を受けたデータが、データ提供者の営業秘密に該当する場合、当該データ提供契約のデータ利用制限規定に違反して、当該データを使用又は開示する行為は、図利加害目的が認められ、不正競争行為に該当すると評価される可能性がある。

　また、不正開示行為（不正競争防止法2条1項7号の不正開示行為又は守秘義務違反行為）であること若しくは不正開示行為が介在したことを知って、若しくは重大な過失により知らないで営業秘密を取得し、又はその取得した営業秘密を使用若しくは開示する行為（同項8号）、営業秘密を取得した後に、不正開示行為があったこと若しくは不正開示行為が介在したことを知って、又は重大な過失により知らないで取得した営業秘密を使用若しくは開示する行為（同項9号）がそれぞれ、不正競争行為に該当するとされている。データ利用制限規定に違反する行為により当該データの開示を受けた者は、当該開示が同項7号の不正競争行為に該当し、かつ、上記の要件を充足する場合には、その使用等が不正競争行為として制約されることとなる。

　さらに、「技術上の秘密」に関しては、不正競争防止法2条1項4号～9号の行為により生じた物（以下「営業秘密侵害品」という）であることを知って、又は重大な過失により知らないで譲り受けた者が当該営業秘密侵害品を譲渡等する行為が、不正競争行為とされている（同項10号）。なお、ここでいう「技

術上の秘密」とは、営業秘密のうち技術上の情報をいい、顧客名簿等の営業上の秘密は含まれない。不正競争防止法の「物」にはプログラムが含まれるため（同条11項）、他社の技術上の秘密を含む学習用データセットを利用して開発された学習済みモデルが、営業秘密侵害品に該当する場合もある。そのため、上記の不正競争行為に該当する行為によって開発された学習モデルを譲渡等する行為が制約される可能性もある。

(2) 限定提供データの不正取得等による不正競争行為

限定提供データの不正取得等に関しても、営業秘密の不正取得等と類似の規定が設けられている。

限定提供データを保有する者（以下「限定提供データ保有者」という）からその限定提供データを示された者が、不正の利益を得る目的又は限定提供データ保有者に損害を加える目的（以下「図利加害目的」という）で、その営業秘密を使用し、又は開示する行為（ただし、限定提供データの場合は、その限定提供データの管理に係る任務に違反して行うものに限るとされている）は不正競争行為に該当する（不正競争防止法2条1項14号）

また、データ利用制限規定に違反する行為により当該データの開示を受けた者についても、営業秘密の場合と同様に不正競争行為となる場合が規定されている（不正競争防止法2条1項15号・16号）。

なお、限定提供データに関する不正競争行為は、刑事罰の対象とはされていない（ Q53 参照）。

〔梛良拡＝小野寺良文〕

第3章

生成 AI と
個人情報・
プライバシー・
肖像権等

第1　生成AIと個人情報

Q55　生成AI開発と個人情報の利用目的規制・要配慮個人情報

　生成AIの開発で学習用データセットとして用いる個人情報の一部にインターネット上で公開されている個人に関する逮捕歴や健康情報等が含まれる可能性がある場合、生成AI開発者[1]は、個人情報保護法の観点からどのような点に留意すべきですか。

A　生成AIの開発で学習用データセットに個人情報が含まれる場合、利用目的規制の適用を受けることになります。ただし、学習用データセットを、非個人情報を得るために利用する場合には、利用目的規制の対象外となります。また、生成AIの開発で学習用データセットに、単なる個人情報ではなく要配慮個人情報が含まれることになる場合には、本人の同意を取得するか、そうでなければ個人情報保護委員会の注意喚起に従った措置を講ずる必要があります。

━━━ 解説 ━━━━━━━━━━━━━━━━━━━━━━━━━━━━━━━━━━━━━

(Keyword)　利用目的規制、要配慮個人情報

１　公開されている個人情報を収集してデータセットに用いる場合の一般的な問題──利用目的規制

(1)　利用目的規制の概要

　個人情報取扱事業者が個人情報を取り扱うにあたっては、①個人情報の利用目的をできる限り特定し（個人情報保護法17条1項）、②本人の同意を得ずに利用目的の達成に必要な範囲を超えて個人情報を取り扱ってはならず（同法18条1項）、③個人情報の取扱いに際し利用目的を本人に通知又は公表する必要がある（同法21条1項）。

---

1)　設問における「生成AI開発者」とは、機械学習のために情報を収集し、学習させる主体をいう。

この利用目的の特定は「個人情報」が対象であり、個人情報に該当しない統計データは対象とはならず、個人情報を統計データに加工すること自体を利用目的とする必要はないと解されている（『『個人情報の保護に関する法律についてのガイドライン』に関する Q&A」（以下「Q&A」という）Q 2 - 5）。また、複数人の個人情報を機械学習の学習用データセットとして用いて生成した学習済みパラメータ（重み係数）は、学習済みモデルにおいて、特定の出力を行うために調整された処理・計算用の係数であり、当該パラメータと特定の個人との対応関係が排斥されている限りにおいては「個人に関する情報」に該当するものではないため、「個人情報」にも該当しないと考えられている（「Q&A」Q 1 - 8）[2]。したがって、出力に至るまでの全過程において特定の個人との対応関係が排斥された学習済みパラメータ（非個人情報）を得るために、学習用データを活用するのであれば、利用目的規制の対象外と解される。

(2)　設問の場合

生成 AI の開発で学習用データセットとして個人情報を利用する場合、利用目的として AI の開発や機械学習を特定し、通知又は公表することが必要かが問題となるが、出力に至るまでの全過程において特定の個人との対応関係が排斥された学習済みパラメータ（非個人情報）を得るために、学習用データを活用するのであれば、利用目的規制の対象外となる。

一方で、生成 AI の開発において得られる成果物が、必ずしも特定の個人との対応関係が排斥されていない部分があり、個人情報に該当するものが存在しているといった事情があれば、AI の開発や機械学習をすることを利用目的として特定し、通知又は公表することが必要となる。なお、実務上は、個人情報保護法の解釈にかかわらず、従前から統計情報の作成を利用目的として特定し、通知又は公表した例がみられたところであり、透明性を確保する観点からは、AI の開発に関しても、同様の対応をすることが望ましい。

２　要配慮個人情報が含まれている場合

インターネット上で公開されている個人情報の中には、個人に関する逮捕歴や健康情報等の要配慮個人情報が含まれる可能性がある。

---

2)　生成 AI（学習済みモデル）は、学習用データセットを学習用プログラム（モデル）に入力し、モデル内のパラメータという係数を調整することで開発される（**Q2** 参照）。

(1)　要配慮個人情報に関する規制の概要

　要配慮個人情報とは、不当な差別や偏見その他の不利益が生じないようにその取扱いに特に配慮を要するものとして政令で定められている個人情報（本人の人種、信条、社会的身分、病歴、前科・前歴、犯罪被害情報等）をいう。要配慮個人情報を取得するためには、個人情報保護法 20 条 2 項各号の例外に該当する場合を除き、原則として本人の同意が必要になる（同項柱書）。たとえば、本人、国の機関、地方公共団体、学術研究機関等、報道機関、著述を業として行う者、宗教団体、政治団体、外国政府等により要配慮個人情報が公開されている場合には、本人の同意は不要である（同項 7 号）。

(2)　設問の場合

　本人が SNS やブログ等で公開した情報や報道機関が公開した情報であれば、個人情報保護法 20 条 2 項 7 号に該当するため、例外として本人の同意を得ることなく学習用データセットに用いることが可能だが、インターネット上で公開されている要配慮個人情報の中にはそうではないものもありうる。

　要配慮個人情報の取得に関しては、個人情報保護委員会が 2023 年 6 月 1 日付で OpenAI に対して行った以下の注意喚起がある。

> 1　要配慮個人情報の取得
> 　あらかじめ本人の同意を得ないで、ChatGPT の利用者（以下「利用者」という。）及び利用者以外の者を本人とする要配慮個人情報を取得しないこと（法第 20 条第 2 項各号に該当する場合を除く。）。
> 　特に、以下の事項を遵守すること。
> (1)　機械学習のために情報を収集することに関して、以下の 4 点を実施すること。
> ①　収集する情報に要配慮個人情報が含まれないよう必要な取組を行うこと。
> ②　情報の収集後できる限り即時に、収集した情報に含まれ得る要配慮個人情報をできる限り減少させるための措置を講ずること。
> ③　上記①及び②の措置を講じてもなお収集した情報に要配慮個人情報が含まれていることが発覚した場合には、できる限り即時に、かつ、学習用データセットに加工する前に、当該要配慮個人情報を削除する又は特定の個人を識別できないようにするための措置を講ずること。
> ④　本人又は個人情報保護委員会等が、特定のサイト又は第三者から要配慮個人情報を収集しないよう要請又は指示した場合には、拒否する正当な理由がない限り、当該要請又は指示に従うこと。

> (2)　利用者が機械学習に利用されないことを選択してプロンプトに入力した要配慮個人情報について、正当な理由がない限り、取り扱わないこと。

　個人情報保護法 20 条 2 項の文言に照らせば、インターネット上で公開されている情報から学習用データセットを作成するにあたって、学習用データセットの中に要配慮個人情報が含まれてしまう場合、要配慮個人情報の取得があったものとして、本人の同意が必要となる。もっとも、クローリング等により網羅的に情報を取得する場合、学習用データセットの中に要配慮個人情報が含まれてしまうことを完全に防ぐことが難しいということもありうる。そのような事情を踏まえると、上記注意喚起は、法文と実務とのバランスをとり、一定の限度で許容したものと評価できる。従来より、郵便物の誤配など、事業者が求めていない要配慮個人情報を手にすることとなった場合でも、当該要配慮個人情報を直ちに廃棄したりするなど、提供を「受ける」行為がないといえる場合には、要配慮個人情報を取得していないと整理されてきたところであり（「Q&A」Q 4 - 8）、事後的な対応（③）を含む上記遵守事項は、この解釈を踏まえたものと評価できる。

　生成 AI 開発者としては、上記注意喚起に従って生成 AI を開発していくことにはなるが、将来的には、このように公開情報を利用する際、不可避的に要配慮個人情報の取得が生じてしまう場面について、立法的解決を図ることも検討されるべきと思われる。

〔舘　貴也〕

Q56　AI 生成物が要配慮個人情報を含む場合の生成 AI 開発者・ユーザの留意点

　生成 AI で入力されたプロンプトに対する応答結果として、生成物に個人の氏名や経歴等の個人情報だけでなく、逮捕歴や健康情報等も含まれる場合、生成 AI 開発者[1] 及びユーザは、個人情報保護法の観点からどのような点に留意すべきですか。

A　生成 AI 開発者は、学習用データセットに要配慮個人情報が含まれているか確認し、本人の同意が得られていない場合には、当該要配慮個人情報を削除等する必要があります。また、第三者提供規制は適用されない可能性があるものの、名誉毀損・プライバシー権侵害や不適正利用の禁止に違反する可能性があることに留意が必要です。生成 AI のユーザは、要配慮個人情報に該当する情報が推知情報にとどまるものでなければ本人の同意を得る必要があり、同意を得ていないならば、原則として転記等を行わない等の対応が必要となります。また、不正確な情報等を利用する場合がありうることを踏まえると、生成 AI のユーザ側においても、名誉毀損・プライバシー権侵害の問題や不適正利用の禁止に違反する可能性に留意する必要があります。

‖‖‖‖‖ 解説 ‖‖‖

(Keyword)　第三者提供規制、要配慮個人情報

1　生成 AI 開発者が留意すべき事項

(1)　出力結果に要配慮個人情報が含まれる場合の対応

　逮捕歴や健康情報は、個人情報保護法上の要配慮個人情報に該当するところ、生成 AI で入力されたプロンプトに対する応答結果に、これらの要配慮個人情報が含まれていた場合、その学習用データに要配慮個人情報が含まれていた可能性がある。要配慮個人情報については、その取得に本人の同意が必要であり（**Q55** 参照）、本人の同意が得られてない場合には、個人情報保護法上の

――――――――――――――――――――――――――

1)　設問における「生成 AI 開発者」とは、機械学習のために情報を収集し、学習させる主体をいう。

例外に該当しない限り、取得しないようにしなければならない。この場合、生成 AI 開発者は、個人情報保護委員会が 2023 年 6 月 1 日付で OpenAI に対して行った注意喚起（以下「注意喚起」という。**Q55** 参照）に照らして対応する必要がある。

　設問の事象が生じた場合には、生成 AI 開発者としては、注意喚起に照らした対応ができているかの確認が必要となろう。たとえば、学習用データセットに要配慮個人情報が含まれているか確認し、その事実が発覚した場合には、「できる限り即時に、かつ、学習用データセットに加工する前に、当該要配慮個人情報を削除する又は特定の個人を識別できないようにするための措置を講ずる」（注意喚起(1)③）といった対応が必要である。

(2)　出力結果に個人情報が含まれる場合の一般的な問題──第三者提供規制

ア　出力行為が第三者提供の対象となるか

(ア)　第三者提供規制の概要

　個人情報保護法上、個人データを第三者に提供する場合、原則として本人の同意を得ることが必要となる（27 条 1 項）ほか、法定の事項を記録し、保存しておくことが必要となる（29 条 1 項・2 項）等の規制に服することとなる。第三者提供規制の対象は「個人データ」であり、「個人データ」とは、「個人情報データベース等」を構成する個人情報を意味する（同法 16 条 3 項）。生成 AI の出力行為に含まれる個人情報が個人データに該当すれば、生成 AI 開発者は、当該出力行為について原則として本人の同意を得る必要があるが、通常は本人の同意が得られていないものと思われる。第三者提供規制には、「法令に基づく場合」や「人の生命、身体又は財産の保護のために必要がある場合であって、本人の同意を得ることが困難であるとき」など本人の同意が不要となる例外あるが、通常はこれらの例外事由にも該当しないものと思われる。そのため、オプトアウト手続（同法 27 条 2 項）に依拠しなければ提供できなくなる。

　なお、「個人データ」ではなく「個人情報」にすぎない場合には、第三者提供規制の対象外となるが、個人情報を対象とする利用目的規制の対象にはなる。そのため、このような生成 AI のサービスにおいては、プロンプトへの応答として個人情報を出力することを利用目的として特定し、通知又は公表する必要がある（**Q55** も参照）。

(イ) 論点──個人情報データベース等該当性

「個人情報データベース等」とは、特定の個人情報をコンピュータを用いて検索することができるように体系的に構成した、個人情報を含む情報の集合物をいう。また、コンピュータを用いていない場合であっても、紙面で処理した個人情報を一定の規則（たとえば、五十音順等）に従って整理・分類し、特定の個人情報を容易に検索することができるよう、目次、索引、符号等を付し、他人によっても容易に検索可能な状態に置いているものも該当する。個人情報保護法は、対象となる個人情報がデータベース化されているか否かで規律のレベルを変えており、データベース化されておらず、散在情報の場合には、体系的に構成され、検索が可能となっていないから、「個人情報データベース等」に該当せず、それらは個人情報にすぎないため、第三者提供規制の対象外となる。

対話型文章生成 AI の場合、もともと個人に着目した索引付けをした上で、入力内容に応じてその索引を利用して情報を引き出しているのではなく、入力された内容に応じてその都度確率的にもっともらしい出力を生成しているにすぎない（ Q1 参照）。そうだとすると、生成 AI 開発者側においては、個人情報データベース等を保有しているわけではなく、単に散在情報を保有しているにすぎないことから、出力行為は第三者提供規制の対象とならないという整理が可能と思われる。この点、AI とは直接関係があるわけではないが、ウェブサイトの検索エンジンに関しても、政府及び通説は、個人情報としての索引が付されていないことを理由に「個人情報データベース等」該当性を否定しており、このような解釈は同様に妥当するものと思われる。もっとも、検索エンジンが個人情報としての索引を付してデータベース化されているような場合（個人情報に該当する情報だけを選別して検索できる場合）には、例外的に検索可能性・体系的構成の要件を満たし「個人情報データベース等」に該当すると解釈されている点には留意する必要がある。

(3) 名誉毀損・プライバシー・不適正利用

以上のとおり、生成 AI で入力されたプロンプトに対する応答結果に要配慮個人情報に当たらない個人情報が含まれるにとどまる場合には、生成 AI 開発者としては、個人情報保護法上の問題として直ちに問題が生じる可能性はそこまで大きくないともいえる。ただし、虚偽の逮捕歴等が出力された場合等、名

誉毀損やプライバシーの問題が生じる場合もあり、不適正利用（同法19条）と評価される場合もある。

　名誉毀損・プライバシーの問題は Q64 を、不適正利用の禁止については Q61 を参照されたい。

2　生成 AI のユーザが留意すべき事項

(1)　要配慮個人情報との関係

ア　生成 AI のユーザによる利用が「取得」に該当するかどうか

　まず、要配慮個人情報に含まれるべき情報を推知させるにすぎない情報（いわゆる推知情報）は要配慮個人情報に該当しないと解釈されているため（「『個人情報の保護に関する法律についてのガイドライン』に関する Q&A」Q 1 -27）、出力された情報が推知情報にとどまるものであれば、要配慮個人情報の取扱いにかかる規制の対象とはならない。

　また、要配慮個人情報に該当する場合には、生成 AI のユーザがこれを「取得」する場合、原則として本人から同意を得なくてはならない。

　ただし、「個人情報の保護に関する法律についてのガイドライン（通則編）」3 - 3 - 1 では、「個人情報を含む情報がインターネット等により公にされている場合であって、単にこれを閲覧するにすぎず、転記等を行わない場合は、個人情報を取得しているとは解されない」とされており、意図せず生成 AI から出力されたデータを閲覧しただけでは取得規制は受けない。他方で、生成 AI から出力されたテキストをコピーして別途保存する場合等、単に閲覧することを超えて取り扱う場合には、「取得」に該当する。

イ　要配慮個人情報の取得規制の適用を受けるか

　単に閲覧するにとどまらず、転記等を行うことを予定する場合に、要配慮個人情報の「取得」に該当するとすれば、本人、行政機関、報道機関等により公開されている要配慮個人情報である等、本人の同意なく取得できる例外に該当すれば取得可能だが（個人情報保護法20条2項7号等）そのような事由に該当しない場合や、その判断ができない場合には少なくとも、本人の同意なく取得すべきではないということになる。

　なお、学習用データセットに含まれていなかった要配慮個人情報がプロファイリング（本人に関する行動・関心等の情報を分析する処理）を通じて生成され

た場合に関しては、個人情報保護法 20 条 2 項が適用されるかについて、肯定説と否定説があるところであり、個人情報の取得と生成は区別しうることから、要配慮個人情報の生成は「取得」には該当しないと解するべきであるとの主張もありうるだろう。

(2) 出力された情報の利用についての責任

　要配慮個人情報が推知情報にとどまる場合や、本人の同意を得ることなく例外的に取得できる場合であるとしても、これは事業者が無制限に利用してよいことを意味しない。個別の事実関係に応じて、プライバシー侵害となる可能性もあるし、このような取扱いが不適正利用と評価される可能性もある。

　ユーザが、たとえば生成された虚偽の情報（例：虚偽の逮捕歴等）や他人のプライバシーを自社のコンテンツとして、公表等してしまったような場合には、生成 AI のユーザ自身が、第三者に対する名誉毀損やプライバシー権侵害、個人情報保護法上の不適正利用（19 条）等に係る責任を負うことになる。少なくとも、実務的には、要配慮個人情報やそれを推知させる情報を生成することによりユーザ個人に重大な不利益を与える可能性のあるプロファイリングについては、当該分析・予測を実施する事実や、それに含まれるロジック、個人への影響・リスクについて明示し、本人の同意を得るよう努めるべきである。また、生成 AI により出力された情報がそのまま利用して問題のない情報かを、生成 AI のユーザが自ら適切に判断できるよう、役職員への十分な教育・研修が重要といえる。

〔舘　貴也〕

Q57　AI 生成物が不正確な個人情報を含む場合の本人からの訂正請求

　生成 AI に入力されたプロンプトに対する応答結果として出力された個人情報の内容が不正確であったとき、その個人情報に関する本人から正しい応答結果となるよう訂正を請求することができますか。

A　各サービス利用規約において、不正確な情報の訂正・削除等を要請することが可能な場合があるものの、個人情報保護法上の本人の請求（33 条〜39 条）は、学習用データの「個人データ」該当性が認め難く、困難です。なお、学習用データに要配慮個人情報が含まれている場合には、個人情報保護委員会の注意喚起を踏まえると、その情報が不正確であるか否かにかかわらず削除を求めることができ、生成 AI サービス提供者は削除の求めに応ずべき場合があると考えられます。

■ **解説** ■

(Keyword)　保有個人データ、開示等の請求

1　保有個人データに関する個人情報保護法上の規制

　個人情報保護法は、一定の要件の下で、本人が個人情報取扱事業者に対して、保有個人データに係る開示、訂正等（訂正、追加又は削除）、及び利用停止等（利用の停止、消去、第三者提供の停止）を請求できる権利を認めている（33 条〜39 条）。「保有個人データ」とは「個人情報取扱事業者が、開示、内容の訂正、追加又は削除、利用の停止、消去及び第三者への提供の停止を行うことのできる権限を有する個人データであって、その存否が明らかになることにより公益その他の利益が害されるものとして政令で定めるもの以外のもの」（同法 16 条 4 項）をいう。この定義から明らかなとおり、保有個人データに該当するためには、「個人データ」である必要がある。しかし、一般的には、生成 AI サービスを提供する事業者が保有しているのは、散在情報にすぎず、個人データではないと考えられる（**Q56** 参照）。したがって、本人が生成 AI サービスを提供する事業者に対して、個人情報保護法に基づく保有個人データに関する

請求権を行使することは難しいと考えられる。

　なお、個人情報保護委員会が 2023 年 6 月 2 日に公表した「生成 AI サービスの利用に関する注意喚起等」[1] においても、一般のユーザにおける留意点として、不正確な回答内容が含まれうる点については、「生成 AI サービスでは、入力されたプロンプトに対する応答結果に不正確な内容が含まれることがある。たとえば、生成 AI サービスの中には、応答結果として自然な文章を出力することができるものもあるが、当該文章は確率的な相関関係に基づいて生成されるため、その応答結果には不正確な内容の個人情報が含まれるリスクがある。そのため、生成 AI サービスを利用して個人情報を取り扱う際には、このようなリスクを踏まえた上で適切に判断すること」と記載されるにとどまり、本人からの請求権について明示的に言及されていない。

2　要配慮個人情報についての個人情報保護委員会の注意喚起

　個人情報保護委員会の OpenAI に対する 2023 年 6 月 1 日付の注意喚起（**Q55** 参照）によれば、「本人又は個人情報保護委員会等が、特定のサイト又は第三者から要配慮個人情報を収集しないよう要請又は指示した場合には、拒否する正当な理由がない限り、当該要請又は指示に従うこと」とされている。要配慮個人情報が本人の同意なく取得されている場合においては、保有個人データの利用停止等の請求が認められていないとしても、このような請求に応じないことについては行政指導等の対象となりうる。

3　利用規約の確認

　個人情報保護法に基づく請求の可否にかかわらず、各生成 AI サービスの利用規約において個別に開示等の手続・権利が定められている場合があるため、利用規約は確認する必要がある。

　ChatGPT の場合、その「Privacy policy」において、個人情報に関する本人の請求権について規定し、不正確と考えられる情報の消去をデータ主体が求めることのできる仕組みを導入している。また、ChatGPT の場合、イタリアのデータ保護機関からの命令に対応して（**Q63** 参照）、出力内容が不正確である

---

1)　https://www.ppc.go.jp/news/press/2023/230602kouhou/

か否かを問わず、非ユーザを含む欧州のすべての個人に対し、アルゴリズムの
トレーニングのためのデータ処理からオンラインフォーム経由でオプトアウト
する権利が付与されている。

〔舘　貴也〕

> **Q58**　個人情報のプロンプト入力と利用目的規制
>
> 　クレームがあった顧客の氏名、クレーム内容（日時、概要）をデータベース化している場合、謝罪文を作成するために、仮名化した氏名とクレーム内容を生成AIにプロンプト入力することは、個人情報保護法の観点から何か問題がありますか。

A　プロンプト入力する情報を加工しても個人情報に該当する場合があり、その場合には、利用目的規制の対象となるほか、第三者提供規制の対象となるかを検討する必要があります。プロンプト入力したものが生成AIサービス提供者において機械学習に利用される場合には、本人の同意を得る必要があると考えられます。

━━ **解説** ━━

（**Keyword**）　個人情報、利用目的規制

1　個人情報該当性

　生成AIにプロンプト入力する情報が個人情報でなければ、個人情報に対する規制の対象外となる。設問では、氏名を仮名化することで、個人情報には該当しないという整理が可能かが問題となる。

　個人情報とは、生存する「個人に関する情報」であって、「当該情報に含まれる氏名、生年月日その他の記述等により特定の個人を識別することができるもの（他の情報と容易に照合することができ、それにより特定の個人を識別することができるものを含む。）」（個人情報保護法2条1項1号）、又は「個人識別符号が含まれるもの」（同項2号）をいう。この定義にある「他の情報と容易に照合することができ」るとは、事業者の実態に即して個々の事例ごとに判断されるべきであるが、通常の業務における一般的な方法で、他の情報と容易に照合することができる状態をいい、たとえば、他の事業者への照会を要する場合等であって照合が困難な状態は、一般に、容易に照合することができない状態であると解される。設問のように仮名化しただけでは、加工前の情報を保有して

いる限り、加工前の情報と容易に照合することよって、クレームがあった個客を特定することが可能であるから、個人情報に該当する。

　なお、仮名化を含め、一定の加工をすることで「仮名加工情報」に該当する場合がある。仮名加工情報とは、個人情報保護法が定める個人情報の区分に応じて一定の措置を講じて他の情報と照合しない限り特定の個人を識別することができないように個人情報を加工して得られる個人に関する情報をいう。仮名加工情報は、目的外利用が可能となる等、情報の利活用の観点から利点があるが、当該仮名加工情報の作成の元となった個人情報の本人を識別する目的で、当該仮名加工情報を他の情報と照合してはならない（同法 41 条 7 項）。そのため、設問のように、クレームがあった顧客に対する文書を作成する目的で、仮名加工情報を利用することはできない。

2　利用目的規制との関係

　個人情報取扱事業者が個人情報を取り扱うにあたっては、個人情報保護法上の利用目的規制が課される（ Q55 参照）。そのため、生成 AI ユーザにはあらかじめ特定して本人に通知・公表された利用目的の達成に必要な範囲での個人情報の利用であることが求められる。設問にあてはめると、プライバシーポリシー等に記載されている利用目的と照らして、クレームがあった顧客の氏名、クレーム内容（日時、概要）を生成 AI に入力して、謝罪文を作成することが、利用目的の達成に必要なものかを検討する必要がある。

　なお、いったん特定した利用目的を変更する必要がある場合には、「変更前の利用目的と関連性を有すると合理的に認められる範囲」でのみ利用目的の変更が許容され、変更した場合には、変更後の利用目的を本人に通知又は公表しなければならない。

3　第三者提供規制への対応

　個人データを第三者に提供する場合には、第三者提供規制がかかり、原則として本人の同意が必要であるほか、法定の事項を記録し、保存しておくことが必要となる（個人情報保護法 29 条 1 項・2 項）等の規制に服することとなる（ Q56 、 Q59 参照）。

　この点、個人データのプロンプト入力が、生成 AI 提供事業者に対する個人

データの「提供」に該当するか否かは個人情報保護法の解釈上問題となる。結論としては、個人データが入力された場合でも、当該個人データが当該プロンプトに対する応答結果の出力以外の目的で取り扱われなければ「提供」には該当しないと考えられる（解釈の詳細は Q59 参照）。他方で生成AI提供事業者がプロンプトを機械学習に利用するケースにおいては「提供」に該当すると考えることになると思われる。

4　「委託」該当性

(1)　委託に関する規律

　仮に「提供」に該当する場合であっても、「委託」に該当する場合には、第三者提供の際の同意は不要である。「委託」とは契約の形態・種類を問わず、個人情報取扱事業者が他の者に個人データの取扱いを行わせることをいう。個人データを第三者に提供するときに、それが「委託」に該当する場合には、提供する事業者には委託先の監督義務が課される一方で、第三者提供の際の本人の同意を取得することは不要となる。なお、当該提供先は、委託された業務の範囲内でのみ、本人との関係において提供主体である個人情報取扱事業者と一体のものとして取り扱われることに合理性があるため、委託された業務以外に当該個人データを取り扱うことはできないものとされ（「個人情報の保護に関する法律についてのガイドライン（通則編）」3-6-3）、たとえば、個人情報取扱事業者から個人データの取扱いの委託を受けている者が、提供された個人データを委託の内容と関係のない自社の営業活動等のために利用することは認められていない（「『個人情報の保護に関する法律についてのガイドライン』に関するQ&A」Q7-37事例1）。そのように利用する場合には、別途第三者提供の同意を取得する必要がある。

(2)　生成AIへのプロンプト入力を「委託」と評価できるか

　委託先である生成AI提供事業者が入力されたプロンプトを学習用データとして利用しない場合には、生成AI提供事業者における入力データの処理は、委託元の利用目的の達成に必要な範囲内での処理と考えることができ、生成AI提供事業者における独自利用の問題は発生しないため、委託と整理できる余地がある（ Q59 も参照）。

〔舘　貴也〕

Q59　個人データのプロンプト入力と第三者提供規制

　顧客からの質問内容を顧客ごとにデータベース化し、その質問内容に対する回答を得るために生成 AI サービスを利用する際、入力した質問内容が不正利用監視の目的でベンダー側に一定期間保存される場合、顧客から同意を得ておく必要がありますか。

A　生成 AI サービスに質問内容を入力する行為が、個人データの第三者提供規制の対象となるかを検討し、対象となる場合には、個人情報保護法に従い、原則どおり本人の同意を得る必要があるか、又は、委託その他の個人情報保護法上の例外に該当する余地がないかを検討する必要があります。

解説

(Keyword)　個人データ、第三者提供規制

1　個人情報保護法上の第三者提供規制

(1)　第三者提供規制とは

　個人情報保護法上、個人情報取扱事業者が、個人データを第三者に対して提供する場合には原則として本人の同意を得る必要がある（27 条 1 項。第三者提供規制）。生成 AI サービスを利用する事業者が生成 AI サービスに情報を入力する行為がこの第三者提供規制の対象となるかは、第三者提供規制に関する論点を正確に理解する必要がある。

(2)　第三者提供規制の対象となる情報

　個人情報保護法上の第三者提供規制の対象は「個人データ」である。個人データとは、個人情報データベース等を構成する個人情報をいう（同法 16 条 3 項）。個人情報データベース等とは、特定の個人情報をコンピュータを用いて検索することができるように体系的に構成した、個人情報を含む情報の集合物をいう（同条 1 項）。また、コンピュータを用いていない場合であっても、紙面で処理した個人情報を一定の規則（たとえば、五十音順等）に従って整理・分類し、特定の個人情報を容易に検索することができるよう、目次、索引、符

号等を付し、他人によっても容易に検索可能な状態に置いているものも該当する（個人情報保護法施行令4条）。たとえば、1枚の名刺に記載された個人に関する情報は個人情報だが、それを体系的に Excel 等で整理した場合、そこに含まれる情報は個人データとなる。また、個人情報データベース等から紙面に出力された帳票等に印字された個人情報（「個人情報の保護に関する法律についてのガイドライン（通則編）」（以下「ガイドライン通則編」という）2-6）のように、個人情報データベース等を構成していたものから出力した個人情報は個人データである。

(3)　「提供」とは

「提供」とは、自己以外の者が利用可能な状態に置くことを意味する（ガイドライン通則編 2-17）。生成 AI サービスへの個人データの入力行為が個人データの「提供」に該当するかが問題となるが、従来、「クラウド例外」と呼ばれる解釈により、「提供」に該当しないとされる場合がある。これは、クラウドサービス提供事業者の設置するサーバに個人データを保存するとしても、クラウドサービス提供事業者が「当該個人データを取り扱わないこととなっている場合」、すなわち「契約条項によって当該外部事業者がサーバに保存された個人データを取り扱わない旨が定められており、適切にアクセス制御を行っている場合等」には、クラウドサービス提供事業者に対して個人データを提供したことにはならないという解釈である（「『個人情報の保護に関する法律についてのガイドライン』に関する Q&A」（以下「Q&A」という）Q 7-53）。この解釈を生成 AI サービスにも適用できれば、生成 AI サービスへの個人データの入力は、「提供」に該当せず、第三者提供規制の対象とはならない。ただし、「提供」に該当しないとしても、当該個人情報取扱事業者における個人データの取扱いとして、安全管理措置を講じる必要がある（個人情報保護法 23 条）。

この点、2023 年 6 月 2 日、個人情報保護委員会が「生成 AI サービスの利用に関する注意喚起等」[1]（以下「利用注意喚起」という）を公表し、利用注意喚起では、以下のとおり言及している。

---

1)　https://www.ppc.go.jp/files/pdf/230602_alert_generative_AI_service.pdf

> 個人情報取扱事業者が、あらかじめ本人の同意を得ることなく生成 AI サービスに個人データを含むプロンプトを入力し、当該個人データが当該プロンプトに対する応答結果の出力以外の目的で取り扱われる場合、当該個人情報取扱事業者は個人情報保護法の規定に違反することとなる可能性がある。そのため、このようなプロンプトの入力を行う場合には、当該生成 AI サービスを提供する事業者が、当該個人データを機械学習に利用しないこと等を十分に確認すること。

　問題となる「個人情報保護法の規定」が具体的に摘示されていないため、趣旨が必ずしも明らかではないが、機械学習に利用しないことが担保されていれば、「提供」に該当せず、第三者提供規制の対象とはならないとも読める。これはクラウド例外を従来よりも拡張解釈しているように思われ、その射程は今後の検討課題となるが、少なくとも生成 AI サービスの利用の場面においては、入力した個人データを機械学習に利用させないことで、第三者提供規制の対象とはならないと整理可能と思われる。

(4)　第三者提供規制の例外

　生成 AI サービスに個人データを入力した場合において、当該個人データが当該プロンプトに対する応答結果の出力以外の目的で取り扱われる場合には、「提供」に該当する。したがって、原則として、本人の同意を得る必要があるが、第三者提供規制には、主に、以下のような例外がある。

①　「第三者」に該当しない場合（委託など）

　個人情報保護法上、(i)委託に伴う場合、(ii)事業の承継に伴う場合、(iii)共同利用の場合については、個人データの提供先は個人情報取扱事業者とは別の主体として形式的には第三者に該当するものの、本人との関係において提供主体である個人情報取扱事業者と一体のものとして取り扱うことに合理性があるため、「第三者」に該当しないとされている（27 条 5 項 1 号～3 号）。

　そのため、入力した個人データが当該プロンプトに対する応答結果の出力以外の目的で取り扱われる場合でも、それが、たとえば、「委託」（個人情報保護法 27 条 5 項 1 号）に該当すれば、本人の同意は不要である。個人データの取扱いの「委託」とは、契約の形態・種類を問わず、個人情報取扱事業者が他の者に個人データの取扱いを行わせることをいう（ガイドライン通則編 3-4-4）。そのため、生成 AI サービス提供事業者での取扱い（委託元の指示に従った個人データの取扱いをするのか等）を確認する必要がある。また、「委託」と

構成する場合、委託先が委託に伴って取得した個人データを独自の目的で、自らのために（又は第三者のために）利用することはできないと解釈されていることにも注意が必要である（「Q&A」Q7-37）。委託元のための取扱いと委託先独自の目的での取扱いの線引きは難しいが、委託先が委託元の利用目的の達成に必要な範囲内で自社の分析技術の改善のために利用することは認められる（「Q&A」Q7-39）。そのため、同様に委託先が機械学習をする場合であっても委託と構成する余地はあるが、機械学習が無限定に認められるわけではなく、少なくとも委託先での学習が委託元にとって直接又は間接に利益になることが必要と考えられる。また、委託と整理する場合には、委託先への監督も必要となり、利用規約の条項やその遵守状況を確認する必要がある。

　なお、提供先が外国にある第三者である場合には、それが委託先であったとしても、さらに義務が加重される点に留意が必要である（**Q60**参照）。

　② 　個人情報保護法27条1項各号に該当する事由

　個人情報保護法上、「法令に基づく場合」や「人の生命、身体又は財産の保護のために必要がある場合であって、本人の同意を得ることが困難であるとき」等の一定の場合には、本人の同意を得ることなく、第三者に個人データを提供することが可能である（27条1項各号）。「人の生命、身体又は財産の保護のために必要がある場合であって、本人の同意を得ることが困難であるとき」（同項2号）に該当するか否かは個別具体的な事例に即して総合的な利益衡量により判断される。

２　設問への回答

　顧客からの質問内容を顧客ごとにデータベース化している場合、当該データベースは個人情報データベース等に該当し、その質問内容は個人データに該当する。これを生成AIサービスに入力し、応答結果を出力するために利用するのであれば、第三者提供規制の対象ではない。しかし、入力した質問内容が不正利用監視の目的でベンダー側に一定期間保存される場合、個人データが当該ベンダーの利用可能な状態に置かれていると評価せざるをえない。この場合、不正利用監視の目的での個人データの取扱いが、ベンダー独自の目的ではなく、当該AIサービスユーザのみのためであれば、「委託」と整理し、本人の同意は不要である。また、不正利用監視の目的が、平時はデータへのアクセス

をせず、きわめて例外的な有事のみにアクセスするような例外的な取扱いであれば、「人の生命、身体又は財産の保護のために必要がある場合であって、本人の同意を得ることが困難であるとき」に該当するとして、本人の同意は不要との整理がありうる。

〔北山　昇〕

> **Q60**　海外ベンダー提供の生成 AI と個人データのプロンプト入力
>
> 　海外ベンダーが提供しサーバも海外に置く生成 AI サービスを、顧客の個人データをプロンプト入力して利用する際、入力した個人情報を学習に利用することがベンダー側で予定されている場合、個人情報保護法の観点からどのような点に留意すべきですか。

A　生成 AI サービスへの個人データの入力が個人情報保護法上の「提供」に該当するか否かで対応が異なります。「提供」に該当しなければ安全管理措置の問題となりますが、「提供」に該当する場合には、第三者提供規制だけでなく越境移転規制への対応が必要です。

━━ 解説 ━━

(Keyword)　第三者提供規制、委託、越境移転規制、安全管理措置

1　外国において個人データを取り扱う場合の規制の類型

　生成 AI サービスを利用する場合、その生成 AI サービスのベンダーが外国にある第三者であり、また、そのサーバも外国に存在することがある。その場合、生成 AI サービスに個人データを入力すれば、その個人データは外国において取り扱われることになるが、個人情報保護法上、第三者提供規制（27条）及び越境移転規制（28条）の対象となるかは、当該入力行為が第三者への「提供」に該当するか否かによる（「提供」に該当するか否かは、 **Q59** 参照）。

2　「提供」に該当しない場合（安全管理措置）

　生成 AI サービスに入力する個人データがプロンプトに対する応答結果の出力目的でのみ取り扱われる場合には、「提供」に該当しないと解される（ **Q59** 参照）。この場合、「提供」行為がない以上、第三者提供規制（ **Q59** 参照）の対象にも、越境移転規制の対象にもならない。この場合、当該個人データの取扱いは安全管理措置の対象となる（個人情報保護法23条）。外国において個人データを取り扱うものであるから、外的環境を把握する必要があり、個人情報

取扱事業者は、当該外国の個人情報の保護に関する制度等を把握した上で、個人データの安全管理のために必要かつ適切な措置を講じなければならない（「個人情報の保護に関する法律についてのガイドライン（通則編）」10）。

❸　「提供」に該当する場合（第三者提供規制及び越境移転規制）

(1)　第三者提供規制

個人データの「提供」に該当する場合、第三者提供規制の対象となる（Q59参照）。

(2)　越境移転規制

ア　越境移転における提供の根拠

個人データを外国にある第三者に対して提供する場合には、越境移転規制の対象となる。

個人情報取扱事業者は、外国にある第三者に対して、個人データを提供する場合には、下表１①～③のいずれかに該当する場合を除き、「外国にある第三者への個人データの提供を認める旨の本人の同意」を得る必要がある（個人情報保護法28条1項）。

〔表1〕個人情報保護法28条に定める本人の同意を得る必要がない場合

①　当該第三者が、日本と同等の水準の個人情報保護制度を有している国として、個人情報保護委員会による指定をされている場合（EU及び英国）	個人情報保護法28条1項における「外国」に該当しない
②　当該第三者が、個人情報取扱事業者が講ずべき措置に相当する措置（相当措置）を継続的に講ずるために必要な体制として個人情報保護法施行規則16条で定める基準（(i)又は(ii)）に適合する体制（基準適合体制）を整備している場合。 (i)　当該第三者との間で、当該個人データの取扱いについて、適切かつ合理的な方法により、個人情報保護法第4章第2節の規定の趣旨に沿った措置の実施が確保されていること (ii)　当該第三者が、個人情報の取扱いに係る国際的な枠組みに基づく認定を受けていること（例：CBPR（越境プライバシールールシステム）の認証）	個人情報保護法28条1項における「第三者」に該当しない
③　個人情報保護法27条1項各号のいずれかに該当する場合	―

(※) ①②の場合は、第三者提供規制（個人情報保護法27条）への対応が必要である。具体的には、(a)本人の同意に基づく提供、(b)同条1項各号に掲げる場合、(c)オプトアウトによる提供、(d)委託、事業承継又は共同利用に伴って提供する方法のいずれかによる必要がある。

　上記②の基準適合体制における「適切かつ合理的な方法」の例としては、委託の場合には、提供元及び提供先間の契約、確認書、覚書等が挙げられ、同一企業グループ内では、当該グループに適用される内規、プライバシーポリシーが挙げられる（「個人情報の保護に関する法律についてのガイドライン（外国にある第三者への提供編）」（以下「ガイドライン外国提供編」という）4-1）。いずれも、関連する事業者に対して拘束力のある方法であることを要求する趣旨である。
　また、「個人情報保護法第4章第2節の規定の趣旨に沿った措置」とは下表2のとおりである。具体的内容は、ガイドライン外国提供編4-2-1～4-2-20において例を交え説明されている。当該措置の実施を確保するためには、契約等にガイドライン外国提供編4-2-1～4-2-20に記述するすべての事項を規定する必要があるわけではない。「個人情報保護法第4章第2節の規定の趣旨」に鑑みて、実質的に適切かつ合理的な方法により、本人の権利利益の保護に必要な範囲で、「措置」の実施が確保されていれば足りる（ガイドライン外国提供編4-2）。

〔表2〕個人情報保護法第4章第2節の規定の趣旨に沿った措置

17条	利用目的の特定	27条	第三者提供の制限
18条	利用目的による制限	28条	外国にある第三者への提供の制限
19条	不適正な利用の禁止	32条	保有個人データに関する事項の公表
20条	適正な取得	33条	開示
21条	取得に際しての利用目的の通知等	34条	訂正等
22条	データ内容の正確性の確保等	35条	利用停止等
23条	安全管理措置	36条	理由の説明
24条	従業者の監督	37条	開示等の請求等に応じる手続

| 25 条 | 委託先の監督 | 38 条 | 手数料 |
| 26 条 | 漏えい等の報告等 | 40 条 | 個人情報取扱事業者による苦情の処理 |

イ　情報提供義務

　個人情報保護法 28 条の本人の同意を得る場合は事前の情報提供義務がある。具体的には、外国の名称、当該外国における個人情報の保護に関する制度及び外国にある第三者が講ずる個人情報の保護のための措置に関する事項を提供する必要がある（同法 28 条 2 項、同法施行規則 17 条 2 項）。

　上記ア②の基準適合体制の整備を根拠として、本人の同意を得ることなく、外国にある第三者へ個人データを提供した場合には、下表 3 のとおり、提供元の事業者は、当該第三者による相当措置の継続的な実施を確保するために必要な措置を講ずるとともに、本人の求めに応じて当該必要な措置に関する情報を提供しなければならない（個人情報保護法 28 条 3 項、同法施行規則 18 条 1 項）。

　なお、上記ア①又は③に依拠する場合には、情報提供義務はない。

〔表 3〕基準適合体制を整備することを根拠とする場合の義務

| 移転先による個人データの適正な取扱いの継続的な確保のための必要な措置 | 【必要な措置の内容】
(i)　移転先における相当措置の実施状況及びそれに影響を及ぼしうる外国の制度の有無・内容の定期的な確認
(ii)　適正な取扱いに問題が生じた場合の対応 |
| 本人の求めに応じた情報提供 | 【提供すべき情報の内容】
①移転先による体制整備の方法
②移転先が実施する相当措置の概要
③上記(i)の確認の頻度・方法
④外国の名称
⑤移転先での相当措置の実施に影響を及ぼしうる外国の制度の有無・概要
⑥移転先での相当措置の実施に関する支障の有無・概要
⑦上記(ii)の対応措置の概要 |

4　設問への回答

　海外ベンダーが提供しサーバも海外に置く生成 AI サービスを、顧客の個人情報をプロンプト入力して利用する際、入力した個人情報の学習への利用がベンダー側で予定されている場合、個人データの提供に該当するため、第三者提供規制及び越境移転規制の対象となる。顧客から同意を得ることも検討対象となるが、それが現実的ではない場合には、委託の範囲で利用させることを前提に、海外ベンダーとの間でデータ処理契約を締結するなどして、基準適合体制を整備する必要がある。

　なお、本人の同意を得ることが可能であれば、情報提供義務に基づく情報を提供した上、本人の同意を得ることになる。

〔北山　昇〕

Q61　生成 AI を利用した顧客の個人的嗜好等の分析・予測

　生成 AI サービスに入力したプロンプトに対する応答結果として出力された個人情報を利用し、顧客の個人的嗜好、興味、信頼性等を分析・予測するにあたり、個人情報保護法の観点から留意すべき点はありますか。

A　「プロファイリング」といった、本人に関する行動・関心等の情報を分析する処理を行う場合、その過程も利用目的として特定する必要があります。また、生成 AI による応答結果には不正確な内容の個人情報が含まれるリスクがあり、不適正利用に該当する可能性を含め、このようなリスクを踏まえた上で適切に判断する必要があります。

解説

(Keyword)　利用目的の特定、不適正利用

1　個人情報の利用目的規制

　個人情報保護法上、個人情報の利用に関する規律として、以下の利用目的規制がある。

> ①　個人情報の利用目的をできるだけ特定する必要がある（利用目的の特定。17 条 1 項）。
> ②　本人の同意を得ることなく、特定された利用目的の達成に必要な範囲を超えて個人情報を取り扱えない（利用目的による制限。18 条 1 項）。
> ③　個人情報の取得に際して利用目的を本人に通知又は公表等する必要がある（利用目的の通知、公表等。21 条 1 項）。

　そのため、生成 AI サービスを利用する事業者が、AI サービスを利用するに際して個人情報を入力する場合には、これらの利用目的規制が問題となる。これに関し、個人情報保護委員会が 2023 年 6 月 2 日に公表した「生成 AI サービスの利用に関する注意喚起等」[1]（以下「利用注意喚起」という）では、「個人情報取扱事業者が生成 AI サービスに個人情報を含むプロンプトを入力

---

1)　https://www.ppc.go.jp/files/pdf/230602_alert_generative_AI_service.pdf

する場合には、特定された当該個人情報の利用目的を達成するために必要な範囲内であることを十分に確認すること」と言及されている。

　利用目的による制限があることから、個人情報を AI サービスに入力するに際しては、個人情報の取得時に特定した利用目的の範囲内であるかを確認する必要がある。この際、特定すべき利用目的は、個人情報の利用によって最終的に達成しようとする目的を特定すれば足り、それを達成するための手段としての「処理方法」まで特定する必要はない。一般に、事業者が、プライバシーポリシー等で公表している個人情報の利用目的には、AI を利用して個人情報を取り扱うことまでは記載されていないと思われるが、AI の利用は個人情報の利用の一過程であって、通常はそれ自体が最終的な目的ではないため、必ずしも記載する必要はない。ただし、近年、いわゆるプロファイリングを念頭に利用目的規制を厳格化する流れがあり、いわゆる「プロファイリング」といった、本人に関する行動・関心等の情報を分析する処理を行う場合には、分析結果をどのような目的で利用するかのみならず、前提として、このような分析処理を行うことを含めて、利用目的を特定する必要がある（「個人情報の保護に関する法律についてのガイドライン（通則編）」3-1-1）。

　生成 AI サービスを利用する事業者は、顧客の個人情報を入力して、その評価を求めたり、傾向を推測させる場合には、従前特定した利用目的の記載で足りるかを慎重に検討する必要がある。

❷　個人情報の不適正利用の禁止

　個人情報取扱事業者は、違法又は不当な行為を助長し、又は誘発するおそれがある方法により個人情報を利用してはならない（不適正な利用の禁止。個人情報保護法 19 条）。個人情報保護法上は直ちに違法とまではいえなくても、個人の権利利益の保護という法の目的に鑑み、看過できないような方法で個人情報が利用されることがあれば、不適正利用として違反となる。たとえば、生成 AI サービスにおいて出力される情報に不正確な情報が含まれることで、本人に対して不利益な結果が生じる場合には、このような個人情報を利用する事業者における不適正利用違反が問題となりうる。利用注意喚起では一般の利用者（ユーザ）における留意点として、以下の言及がされている。

① 生成 AI サービスでは、入力された個人情報が、生成 AI の機械学習に利用されることがあり、他の情報と統計的に結びついた上で、また、正確又は不正確な内容で、生成 AI サービスから出力されるリスクがある。そのため、生成 AI サービスに個人情報を入力等する際には、このようなリスクを踏まえた上で適切に判断すること。

② 生成 AI サービスでは、入力されたプロンプトに対する応答結果に不正確な内容が含まれることがある。例えば、生成 AI サービスの中には、応答結果として自然な文章を出力することができるものもあるが、当該文章は確率的な相関関係に基づいて生成されるため、その応答結果には不正確な内容の個人情報が含まれるリスクがある。そのため、生成 AI サービスを利用して個人情報を取り扱う際には、このようなリスクを踏まえた上で適切に判断すること。

③ 生成 AI サービスの利用者においては、生成 AI サービスを提供する事業者の利用規約やプライバシーポリシー等を十分に確認し、入力する情報の内容等を踏まえ、生成 AI サービスの利用について適切に判断すること。

　生成 AI によって出力される内容には不正確な内容が含まれる可能性があり、その内容次第では、民事上は、不法行為としての名誉毀損の問題になりうる。また、それが正確な内容であるとしても、内容次第ではプライバシー権侵害として評価される可能性もある。こうしたプライバシー侵害等の不法行為の成否を評価するにあたり考慮されるべき要素は不適正利用の禁止に違反するかの検討に際しても考慮されうるとされている。そのため、要配慮個人情報やそれを推知させる情報を生成することが要配慮個人情報の取得規制には違反しないとしても、これによりユーザ個人に重大な不利益を与える可能性のあるプロファイリングは不適正利用と評価される場合も否定できない。そのため、事業者は、当該分析・予測を実施する事実や、それに含まれるロジック、個人への影響・リスクについて明示し、本人の同意を得ることが望ましい。

3　設問への回答

　生成 AI サービスに入力したプロンプトに対する応答結果として出力された個人情報を利用し、顧客の個人的嗜好、興味、信頼性等を分析・予測する場合は、いわゆるプロファイリングとして、そのような分析処理をすることを含め、利用目的として特定する必要がある。また、そもそも、当該応答結果には不正確な内容が含まれる可能性があることから、不適正利用とならないように、本人への説明や同意を得ることで、慎重に利用することが望まれる。

〔北山　昇〕

Q62 個人情報をプロンプト入力する場合の海外データ保護法上の留意点

　生成AIを業務上利用する際、従業員に海外に在住する顧客の個人情報をプロンプト入力することを認める場合、海外のデータ保護法（特にGDPR）の観点から留意すべき点はありますか。

A 　海外のデータ保護規制の適用があるのかどうかを検討し、仮に適用があれば、当該規制に従って個人情報を処理する必要があります。たとえば、GDPRの適用がある場合には、①個人情報の処理の法的根拠の検討、②自らの立場の整理、③DPIA（データ保護影響評価）の実施、④透明性の確保、⑤セキュリティ、⑥目的達成のために不必要な個人情報の処理の制限、⑦一般的な権利行使への対応、⑧完全に自動化された意思決定への利用の場合のGDPR22条の権利への対応等について検討する必要があります。

───── 解説 ──────────────────────────────

(Keyword) 海外データ保護法、GDPR

1　海外データ保護法の適用

(1)　海外データ保護法の適用に関する一般的な考え方

　海外データ保護法の適用については、それぞれの法律の条文等を参照する必要があるが、以下に一般的な傾向を述べる。

　一般に、各国拠点による、各国所在／居住の各国国民の個人データの処理であれば当然に各国法が適用される。また、各国拠点による、各国居住者や所在者（国籍・市民権を問わない）の個人データの処理にまでは、各国法が適用されることがほとんどである。さらに、各国拠点による個人データの処理である以上、所在地や国籍・市民権を問わないデータ主体に適用されることも多い。

　また、国外での処理についての適用（域外適用）については、少なくとも当該法域に向けた商品・サービスを提供していれば、基本的に域外適用があると考えられる法域が多い。

(2)　GDPR の適用について

EU の統一的な個人情報保護規則である GDPR（General Data Protection Regulation：GDPR についての一般的な説明は、**Q63** を参照）は、EEA（欧州経済領域）域内の管理者又は処理者（下記**2**(2)参照）の拠点の活動の局面における個人データの処理に適用される（処理が域内で行われるか域外で行われるかを問わない）（GDPR 3 条 1 項）。

また、処理行為が以下と関連する場合、GDPR は、EEA 域内に拠点のない管理者又は処理者による EEA 域内のデータ主体の個人データの処理に域外適用される（GDPR 3 条 2 項）。

(a)　EEA 域内のデータ主体に対し、商品又はサービスを提供する場合

(b)　EEA 域内のデータ主体の行動を監視する場合

GDPR の地理的適用範囲に関するガイドライン[1]が公表されており、GDPR の適用範囲を検討するにあたっては、重要である。

2　GDPR の適用がある場合の検討のポイント

上記**1**により、GDPR を含む海外データ保護法の適用があるとされた場合は、各海外データ保護法を遵守する必要があるが、紙幅の関係から以下では、GDPR についてのみ解説する。GDPR の適用がある場合には、生成 AI の利用にあたり、主に以下の点に留意する必要がある[2]。

(1)　個人情報の処理の法的根拠

日本法と異なり、GDPR 上は、すべての個人情報の処理に法的根拠が必要である（6 条）。処理の法的根拠には、たとえば、本人（データ主体）の同意（同条 1 項(a)）や正当な利益（同項(f)）等があり、生成 AI の利用の目的に応じて適切な法的根拠を選択する必要がある。

GDPR 上、同意は、「自由に与えられ、特定され、事前に説明を受けた上での、不明瞭ではない、データ主体の意思の表示を意味し、それによって、デー

---

1)　「Guidelines 3/2018 on the territorial scope of the GDPR（Article 3）- Version 2.1」。日英対訳は、個人情報保護委員会のウェブサイト（https://www.ppc.go.jp/files/pdf/chiritekitekiyouhanni_guideline2.1.pdf）で公表されている。

2)　英国データ保護当局 ICO の 2023 年 4 月 3 日付のブログ「Generative AI: eight questions that developers and users need to ask」（https://ico.org.uk/about-the-ico/media-centre/news-and-blogs/2023/04/generative-ai-eight-questions-that-developers-and-users-need-to-ask/）を参照。

タ主体が、その陳述又は明確な積極的行為により、自身に関連する個人データの処理の同意を表明するもの」を意味するが（4条11号）、その要件は厳格であり、EDPB（欧州データ保護会議）の「同意に関するガイドライン」[3] に従う必要があるため、実務上注意が必要となる。

(2)　自らの立場の整理

GDPR上、生成AIで個人情報を処理する場合の自らの立場（管理者・共同管理者・処理者）を整理しておくことが必要である。立場によって、従うべきGDPR上の条文も変わってくることになる。

「管理者」とは、単独で又は他の者と共同で、個人情報の処理の目的及び方法を決定する者を意味する（GDPR4条7号）。「処理者」とは、管理者の代わりに個人情報を処理する者を意味する（同条8号）。

通常、自社の顧客情報や役職員情報は管理者として処理していることになる。他方、委託先として委託元から処理を受託されている個人情報は、処理者として処理していることになる。

二者以上の管理者が共同して処理の目的及び方法を決定する場合、それらの者は、「共同管理者」となり（GDPR26条1項）、GDPR上の共同管理者に関する26条を遵守する必要がある。

(3)　DPIA（データ保護影響評価）の実施

GDPR上は、処理の性質、範囲、過程及び目的を考慮に入れた上で、特に新たな技術を用いるような種類の処理が、自然人の権利及び自由に対する高いリスクを発生させるおそれがある場合、管理者は、その処理の開始前に、予定している処理の個人情報の保護に対する影響についての評価（DPIA：Data Protection Impact Assessment）を行わなければならないとされている（35条1項）。

EDPBのDPIAに関するガイドライン[4] では、9つの要素のうち2つ以上を充足すると原則としてDPIAが必要となると定めており、その要素の一つ

---

3)　「Guidelines 05/2020 on consent under Regulation 2016/679 - Version1.1」。日英対訳は、個人情報保護委員会のウェブサイト（https://www.ppc.go.jp/files/pdf/doui_guideline_v1.1_koushin.pdf）で公表されている。

4)　「Guidelines on Data Protection Impact Assessment（DPIA）and determining whether processing is "likely to result in a high risk" for the purposes of Regulation 2016/679」。日英対訳は、個人情報保護委員会のウェブサイト（https://www.ppc.go.jp/files/pdf/dpia_guideline.pdf）で公表されている。

に「技術的若しくは組織的な解決策の革新的な利用又は適用」が挙げられているところ、生成 AI はこれに該当すると考えられるため、ほかの1つ以上の要素に該当すれば、原則として DPIA 実施が必要となる。

(4)　透明性の確保

GDPR 上は、個人情報は、本人との関係において、透明性のある態様で処理されなければならない（透明性の原則。5条1項(a)）。そして、管理者は、本人に対し、簡潔で、透明性があり、理解しやすく、容易にアクセスできる方式により、明確かつ平易な文言を用いて、処理に関する GDPR13 条及び 14 条に定める情報等を提供する必要がある（同 12 条1項）。

具体的には、GDPR に対応したプライバシーノーティス（プライバシーポリシー等）により、同 13 条、14 条等で求められる項目の本人に対する情報提供が必要になる。

(5)　セキュリティ

GDPR32 条では、最新技術、実装費用、処理の性質、範囲、過程及び目的並びに自然人の権利及び自由に対するさまざまな蓋然性と深刻度のリスクを考慮に入れた上で、管理者及び処理者は、リスクに適切に対応する一定のレベルのセキュリティを確保するために、適切な技術上及び組織上の措置を実装しなければならないとされている。

個人情報の漏洩リスクに加え、出力されるデータの内容に影響する攻撃等へのセキュリティ対策が含まれることになる。

(6)　目的達成のために不必要な個人情報の処理の制限

GDPR 上は、個人情報は、処理される目的との関係において、十分であり、関連性があり、かつ、必要のあるものに限定されなければならない（データの最小化の原則。5条1項(c)）。生成 AI の利用にあたっても、目的達成のために不必要な個人情報の処理が行われないようにする必要がある。

(7)　一般的な権利行使への対応

GDPR 上、本人には、情報通知を受ける権利（13 条、14 条）、アクセス権（15 条）、訂正権（16 条）、削除権（17 条）、制限権（18 条）、データポータビリティの権利（20 条）、異議権（21 条）等が認められており、生成 AI の利用において個人情報を処理するにあたってもこれらの権利を尊重する必要がある。

⑻　完全に自動化された意思決定への利用の場合の GDPR22 条の権利
　　への対応

　GDPR 上、本人は、当該本人に関する法的効果を発生させる、又は、当該
本人に対して同様の重大な影響を及ぼすプロファイリングを含む完全に自動化
された処理に基づいた決定の対象とされない権利を有する（22 条 1 項）。たと
えば、人間の判断が入らず、AI のみの判断により住宅ローンを借りることが
できるかや借入条件、企業の採用の合否や採用条件等が決められる場合が典型
例である。

　したがって、生成 AI を利用して、完全に自動化された意思決定を行うにあ
たっては、明示的同意を得る（GDPR22 条 2 項(c)）等の対応が必要となる。

〔田中浩之〕

> **Q63**　イタリアのデータ保護当局による生成 AI サービスの利用停止と解除
>
> 　イタリアのデータ保護当局が、GDPR に基づいて、ChatGPT の利用停止を命じたものの、その後解除したという話を聞きました。何が問題でなぜ解除されたのですか。

A　イタリアのデータ保護当局（Garante）は、2023 年 3 月 31 日に ChatGPT の使用の一時禁止命令を出しましたが、4 月 28 日に解除しました。ポイントは、①透明性の観点からの情報通知義務、②大量の個人情報を学習することの法的根拠、③不正確なデータが出力されるという問題、④個人情報の処理における子どもの保護の 4 つです。

解説

(Keyword)　GDPR、イタリアの執行事例

1　GDPR について

　GDPR（General Data Protection Regulation）は、EEA（欧州経済領域）域内に適用される統一的な個人情報保護法である。

　違反時の制裁金は、最大で、2,000 万ユーロ、又は、事業者の場合には前会計年度の全世界年間売上高の 4％のいずれか高いほうである（GDPR83 条 5 項）。ほかにも、違反時には、当局から処理の禁止や所定の作為・不作為の命令等がある（同 58 条）。GDPR 違反は、データ主体本人からの民事訴訟の対象にもなる（同 79 条）。

2　イタリア当局の ChatGPT についての GDPR に基づく執行事例

　イタリアのデータ保護当局（Garante）は、2023 年 3 月 31 日 [1] に ChatGPT の使用の一時禁止命令（GDPR58 条 2 項(f)を根拠としたもの）を出したが、4 月

---

1)　https://www.garanteprivacy.it/web/guest/home/docweb/-/docweb-display/docweb/9870847

28日[2]に解除した。ポイントは以下の4つである[3]。

(1) 透明性の観点からの情報通知義務

　GDPR上は、個人情報は、本人との関係において、透明性のある態様で処理されなければならない（透明性の原則。5条1項(a)）。そして、管理者（**Q62**参照）は、本人に対し、簡潔で、透明性があり、理解しやすく、容易にアクセスできる方式により、明確かつ平易な文言を用いて、処理に関するGDPR13条及び14条に定める情報等を提供する必要があるが（同12条1項）、OpenAIは、この義務に違反しているとされた。

　OpenAIは、これに対応するため、ウェブサイト上でプライバシーポリシーを公開し、イタリアでの使用が再開された時にウェルカムバックページで通知を行うことでこの義務に対応した。

(2) 大量の個人情報を学習することの法的根拠

　日本法と異なり、GDPRは個人情報の処理全般に法的根拠を要求している（6条）。処理の法的根拠には、たとえば、本人（データ主体）の同意（同条1項(a)）や正当な利益（同項(f)）等がある。OpenAIが大量の個人情報を学習することの法的根拠が明らかではなく、OpenAIは、上記義務に違反しているとされた。

　OpenAIは、個人データの処理を希望しない者は、オプトアウトができるという仕組みを入れた上で、オプトアウトされない場合は「正当な利益」を根拠に、同意をとらないやり方で学習に利用するということをプライバシーポリシーの中で明記することで、この義務に対応した。

(3) 不正確なデータが出力されるという問題

　GDPR上、個人情報は、正確であり、かつ、それが必要な場合、最新の状態に維持されなければならず、その個人情報が処理される目的を考慮した上で、遅滞なく、不正確な個人情報が消去又は訂正されることを確保するためのすべての手立てが講じられなければならない（「正確性」の原則。5条1項(d)）。また、本人には、不正確な個人情報についての訂正権が与えられている（16条）。ChatGPTでは不正確な個人情報が出力されるから、上記義務に違反するとさ

---

2)　https://www.garanteprivacy.it/web/guest/home/docweb/-/docweb-display/docweb/9881490#english
3)　なお、イタリアによる一時使用禁止命令の解除で、ヨーロッパ中すべてで、GDPR上の問題がクリアになったわけではない。欧州データ保護会議（EDPB）も2023年4月13日にタスクフォースを作り、他の当局にも動きがあるため、引き続き注意が必要である。

れた。

　OpenAI は、ChatGPT は、確率論に基づいて次に来る確率が高い単語を予測して示すという仕組み上、完全な正確性は担保できない仕組みであることは前提とした上で、ただし不正確なものが出てきたのならば、削除請求ができるようなフォームを作るという形で対応した。

(4)　個人情報の処理における子どもの保護

　GDPR では、子どもに対する直接的な情報社会サービス（通常は対価を得て、遠隔で、電子的手段により、かつサービスの受領者の個別の要求に応じて提供されるあらゆるサービス）の提供との関係において、同意を個人情報処理の法的根拠とする場合、その子どもが 16 歳（加盟国は、その年齢が 13 歳を下回らない限り、法律によって、それらの目的のためのより低い年齢を定めることができる）以上であるときは、その子どもの個人情報の処理は適法であり、その子どもが 16 歳未満の場合、そのような処理は、その子どもの親権上の責任のある者によって同意が与えられた場合、又は、その者によってそれが承認された場合に限り、かつ、その範囲内に限り、適法であるとされている（8 条 1 項）。また、管理者は、利用可能な技術を考慮に入れた上で、その子どもについて親権上の責任のある者によって同意が与えられたこと、又は、その者によってそれが承認されたことを確認するための合理的な努力をするものとするとされている（同条 2 項）。

　OpenAI の利用規約では ChatGPT を使用できるのは 13 歳以上と書いていたが、実際は年齢確認をしていなかったので、13 歳未満の子どもが判断能力のないまま出力結果を信じ込む可能性があるなどの問題があった。

　OpenAI は、以下の方法で、個人情報の処理における子どもの保護の問題に対応した。

・イタリアでの使用が再開された時にウェルカムバックページに、サービスにアクセスする前に 18 歳以上であること、又は 13 歳以上で保護者の同意を得ていることを確認するためのボタンを追加した。

・13 歳未満の利用者のアクセスをブロックし、13 歳〜18 歳の利用者については保護者の同意の確認を求めるため、サービスのサインアップページで生年月日を指定するよう要求した。

〔田中浩之〕

第2　生成 AI と肖像権・パブリシティ権

Q64　生成 AI の利用と人格権侵害

生成 AI の利用に際して人格権を侵害することはありますか。

A　人格権とは個人の人格的価値にかかわる権利をいうところ、生成 AI の利用方法によっては、プライバシー権、肖像権、パブリシティ権等の人格権の侵害となる可能性があります。

━━━ 解説 ━━━━━━━━━━━━━━━━━━━━━━━━━━━━━━━

(Keyword)　人格権、プライバシー権、肖像権、パブリシティ権

1　人格権とは

　人格権とは、個人の人格的価値にかかわる権利の総称である。人格権は、歴史的には、自然権と結びついた人間の根源的権利であると説明されるが、今日では氏名権、肖像権、名誉権のように、個別具体的権利そのものを指す用語としても用いられている。日本において、人格権は法律上明記されておらず、これを直接に保護する規定は存在しない。もっとも、通説によれば、人格権は幸福追求権について規定をする憲法 13 条を根拠に導かれるとされており、名誉権に関する判例においても「名誉は生命、身体とともに極めて重大な保護法益であり、人格権としての名誉権は、物権の場合と同様に排他性を有する権利というべき」と排他的な性質を有する人格権概念が正面から認められている[1]。

　これまで判例・裁判例において承認又は言及された個別の人格権には、上記の名誉権のほか、プライバシー権[2]、肖像権[3]、氏名権[4]、パブリシティ権[5]等がある。

---

1)　最大判昭和 61・6・11 民集 40 巻 4 号 872 頁〔北方ジャーナル事件〕。
2)　東京地判昭和 39・9・28 下民集 15 巻 9 号 2317 頁〔「宴のあと」事件〕。
3)　最大判昭和 44・12・24 刑集 23 巻 12 号 1625 頁〔京都府学連事件〕。
4)　最判昭和 63・2・16 民集 42 巻 2 号 27 頁。
5)　最判平成 24・2・2 民集 66 巻 2 号 89 頁〔ピンク・レディー事件〕。

2 生成 AI の利用と人格権侵害

生成 AI の利用に際して抵触しうる個別の人格権としては、プライバシー権、肖像権、パブリシティ権が考えられる。

まず、プライバシー権は、「みだりに私生活（私的生活領域）へ侵入されたり、他人に知られたくない私生活上の事実、情報を公開されたりしない権利」などと定義される[6]。たとえば、個人の日記や手紙や、前科などの犯罪情報にはプライバシー性が認められ、これをみだりに公開することはプライバシー権侵害に当たるとされている。この点、生成 AI の利用の場面においても、個人の私生活上の事実を生成 AI の学習に用いて当該事実を含む表現を出力する場合にはプライバシー権侵害が認められる可能性がある。なお、氏名、年齢、電話番号等、それ自体は直ちに個人のプライバシーに属するものと判断されないいわゆる個人情報については、個人情報保護法による保護の対象となる。生成 AI の利用と個人情報についての詳細は Q55 以降を参照されたい。

次に、肖像権とは、みだりにその容ぼうを撮影されたり、撮影された写真を公表されない権利をいう。生成 AI の利用との関係では、実在する個人の肖像を学習に用いることや、生成 AI によって実在する個人の肖像が出力されることが、肖像権侵害に該当するか問題となる。生成 AI と肖像権についての詳細は、Q65 を参照されたい。

最後に、パブリシティ権とは、個人の氏名や肖像が経済的価値を有する場合に、当該氏名又は肖像の持つ顧客誘引力を承諾なく利用されない権利をいう。たとえば、俳優や歌手、スポーツ選手等の著名人の氏名や肖像には顧客吸引力が含まれるところ、同人らにはその経済的価値をコントロールする利益が認められている。生成 AI の利用時において、著名人の氏名や肖像を学習に用いたり、生成 AI によって出力された当該氏名や肖像を商品等の広告宣伝に用いて顧客吸引力を利用する場合には、パブリシティ権侵害とならないか十分に検討をする必要がある。生成 AI とパブリシティ権についての詳細は、Q66 を参照されたい。

---

6) 竹田稔『プライバシー侵害と民事責任〔増補改訂版〕』（判例時報社、1998 年）169 頁。

3 人格権侵害の救済手段

　人格権侵害に対し被害者がとりうる救済手段としては、不法行為に基づく損害賠償請求（民法 710 条、709 条）が存在するほか、人格権侵害行為の差止請求が判例上認められている。不法行為に基づく損害賠償請求は、被害者が受けた財産的損害及び精神的損害を事後的に金銭で補填するものであり、行為者の故意又は過失がある場合にしか認められない点に留意が必要である。他方、差止請求は人格権侵害行為を未然に防止するために提起され、故意や過失がなくとも認められる点が特徴である。

〔瀧山侑莉花〕

Q65　一般人の肖像を用いた生成 AI 開発・AI 生成物と肖像権侵害

　一般人の肖像を用いて画像生成 AI を開発する場合に当該一般人の肖像権を侵害することになりますか。また、画像生成 AI を用いて、実在する人物の画像を生成させた場合、その AI 生成物を本人の許可なく利用することはできますか。

A　生成 AI 開発時に他人の肖像を無断で学習データに用いることは、自己の容ぼうを、本人の承諾なくみだりに撮影・公表することに当たらないため、原則として肖像権侵害に該当しないと考えられます。他方、実在の人物と実質的に同一かつ関連性のある AI 生成肖像を本人に無断で公表することは、肖像権侵害に該当する可能性があります。

解説

(Keyword)　肖像権、肖像の公表

1　肖像権の性質

(1)　肖像権とは

　肖像権とは、自己の容ぼうを、本人の承諾なくみだりに撮影されたり、撮影されたものを公表されない権利をいう。肖像権に関する明文の規定はないものの、最高裁判所も同権利の存在を認めており、この点について最初に判断をした判例では「憲法 13 条は、……国民の私生活上の自由が、警察権等の国家権力の行使に対しても保護されるべきことを規定しているものということができる。そして、個人の私生活上の自由の一つとして、何人も、その承諾なしに、みだりにその容貌・姿態（以下「容ぼう等」という。）を撮影されない自由を有するものとされるべきである」と判示されている[1]。また、下級審判決ではあるが、撮影ではなく、イラストによる肖像権侵害の有無が争われた事案においても、肖像権の実質的な根拠が個人の自律性の侵害にあることから、侵害手段

---

1)　最大判昭和 44・12・24 刑集 23 巻 12 号 1625 頁〔京都府学連事件〕。

が写真であるかイラストであるかの別は本質的ではないとして、結論としてイラストによる肖像権侵害を認める判断がされている[2]。もっとも、肖像権を侵害する行為は個人の容ぼう等をありのまま記録する行為に限られ、作者が主観的に個人の特徴を捉えて描く似顔絵については、肖像権侵害に該当しないと判断される可能性がある[3]。

(2) 肖像権侵害の判断要素

肖像権侵害の有無の判断基準について、最高裁判所は、①被撮影者の社会的地位、②被撮影者の活動内容、③撮影の場所、④撮影の目的、⑤撮影の態様、⑥撮影の必要性という考慮要素を掲げて、これらを総合考慮して、被撮影者の人格的利益の侵害が社会通念上受忍すべき限度を超えるかどうか判断するとの基準を示している[4]。

受忍限度の判断に際して、それぞれの考慮要素をどのように重みづけするかは判例上も定型化されていない。この点、デジタルアーカイブ学会が、デジタルアーカイブ機関の現場担当者が肖像権処理を行うための拠りどころとなるガイドラインとして公開している「肖像権ガイドライン（2023年4月補訂版）」では、被写体の判別ができること（ステップ1）及び被写体の同意がないこと（ステップ2）を前提として、上記①〜⑥の考慮要素を内容に応じて得点化して総合考慮を行うという方法が紹介されている。また、人の容ぼうの撮影が違法と評価される場合には、当該容ぼう等が撮影された写真を公表する行為も、被撮影者の肖像権を侵害するものとして不法行為に該当することとなる。

2 生成 AI 開発時に他人の肖像を学習用データに用いる場合

画像生成 AI の開発時に、実在する人物の肖像を含む写真やイラスト等を学習用データに用いる場合、当該肖像の利用が肖像権のうち、自己の容ぼうを承諾なく撮影等されない権利を侵害する行為に当たらないか問題となる。

この点、当該撮影等されない権利が害されるのは、あくまでも被写体である人物の承諾なく撮影・イラスト化（以下、合わせて「撮影等」という）する段階であると考えられていることを踏まえると、撮影等の後に写真やイラストを学

習用データに用いる行為は、肖像権侵害行為には該当しないものと考えられる。また、学習用データは、それ自体が公表されるものではないため、公表されない権利の侵害とも言い難い。したがって、従来の肖像権侵害の考え方によれば、生成 AI 開発時に他人の肖像を学習データに用いる行為そのものが肖像権を侵害する場合は想定されないものと考えられる。

　もっとも、生成 AI の学習に個人の容ぼう等を用いる行為は、技術の進歩によって生じた新たな人格権の侵害態様であるとして、今後、学習の目的及び態様によっては、個人が自己の容ぼう等に対して有する人格的権利の侵害に当たると評価される可能性は完全に否定はできない点は留意が必要である。

❸　AI 生成肖像を利用する場合

　画像生成 AI を用いて、実在する人物に酷似した肖像を生成させた場合、当該肖像を公開したり、商業利用したりすることが肖像権侵害に該当しないか問題となる。

　生成 AI が出力した肖像（以下「AI 生成肖像」という）による肖像権侵害は、従来の肖像権侵害の事案と異なり、実際に撮影した写真ではなく、多数の写真データを学習した生成 AI が、結果として偶然出力した、特定の人物に酷似した肖像が公開等の対象となっている。すなわち、従来の人物写真の肖像権侵害で前提とされていた、当該肖像と現実の被写体となった人物との同一性（AI 生成肖像と被侵害主体の肖像が同一人物の肖像といえること）及び関連性（被侵害主体を映した写真が AI 生成肖像の出力に影響を与えたこと）が、AI 生成肖像では当然の前提となっていない。AI 生成肖像の場合は、学習用データに特定人物の容ぼうの写真が含まれていたとしても、当該人物の写真はそれ以外の写真データとともに学習の過程においてパラメータ化されていることが通常であるため、肖像権侵害を訴える人物の肖像との同一性及び関連性は自明ではない。さらにいえば、実際には学習データに特定人物の写真が含まれていないにもかかわらず、偶然に当該人物に酷似した肖像が生成される可能性も否定できない。したがって、AI 生成肖像による肖像権侵害の問題を検討するにあたっては、被侵害主体の肖像との同一性並びに関連性の有無及び程度が侵害の違法性に与える影響を考慮する必要がある。この点については、イラストや漫画による肖像権侵害の事案における、肖像権を侵害する行為は個人の容ぼう等を

ありのまま記録する行為に限られるという上記**1**(1)で紹介した議論が参考になる。たとえば、意図的に特定個人の肖像のみを学習用データとして学習させた場合には、当然に当該個人と実質的に同一かつ直接の関連性を有した画像が出力されることとなるため、肖像権侵害を肯定しうる場合もあるといえる。

〔瀧山侑莉花〕

Q66　生成 AI の利用とパブリシティ権侵害

　画像生成 AI を用いて、アイドル等の実在する著名人の画像を生成する目的で、そのアイドル等のネット写真画像のみを追加学習させることはパブリシティ権の侵害に当たりますか。また、その結果、生成された AI 生成物を利用した場合に、素材としたアイドルとの関係で、パブリシティ権の問題はありますか。

A　著名人の肖像等を機械学習に用いること自体は、「専ら肖像等の有する顧客吸引力の利用を目的とする」行為とはいえないため、パブリシティ権侵害にあたらないと考えられます。他方、たとえば、著名人の肖像等を出力できる生成 AI を商品化し、当該著名人の肖像等を付して販売する行為は、パブリシティ権侵害に該当する可能性があります。

解説

(Keyword)　肖像権、パブリシティ権、顧客吸引力の利用

1　パブリシティ権の性質

(1)　パブリシティ権とは

　個人の氏名や肖像（総称して「肖像等」という）は個人の人格の象徴であるところ、個人は、これをみだりに利用されない権利を有するとされている。そして、著名人の肖像等は、商品の販売等を促進する顧客吸引力を有する場合があり、このような肖像等それ自体が有する商業的価値に基づく顧客吸引力を排他的に利用する権利は、パブリシティ権として人格権の一内容を構成するものとされている。パブリシティ権も、肖像権（Q65 参照）と同様に明文の規定はないものの、判例上も人格権に由来する排他的権利としてその存在が認められている[1]。

　なお、声や体型等の氏名・肖像以外の人格的要素がパブリシティ権の客体と

---

1)　最判平成 24・2・2 民集 66 巻 2 号 89 頁〔ピンク・レディー事件〕。

なるかについて、判例は明確に判断していない。しかし、氏名・肖像以外の人格的要素であっても、それらが個人の人格と密接な関係にある「個人の人格の象徴」と評価され、顧客吸引力が認められる場合には、パブリシティ権の客体に含まれると解して問題ないと考えられる。したがって、個人の人格と分離できない声や筆跡に対しては、パブリシティ権が認められる可能性がある。

(2)　パブリシティ権侵害の判断要素

　著名人の肖像等には、経済的価値が認められるため、これをコントロールするための権利を確保する必要性がある。他方、著名人は社会の耳目を集めることから、その肖像等が時事報道、論説、創作物等に使用されることを、正当な表現行為等として受忍すべき場合もある。そこで、従前より、著名人の肖像等を無断で使用する行為は、肖像等の持つ顧客吸引力に着目し、専らその利用を目的とする場合に限ってパブリシティ権侵害に該当するとされている。そして、近年、最高裁判所は、「専ら」顧客吸引力の利用を目的としているかの判断について、①肖像等それ自体を独立して鑑賞の対象となる商品等として使用する行為（例：ブロマイド、ポスター、写真集等にこれを用いる行為）、②商品等の差別化を図る目的で肖像等を商品等に付す行為（例：下敷き、うちわ、衣類等のグッズにこれを用いる行為）、③肖像等を商品等の広告として使用する行為等（例：テレビ CM 等の広告にこれを用いる行為）がこれに該当すると判示している[2]。

2　生成 AI 開発時に他人の肖像を学習データに用いる場合

　パブリシティ権侵害が認められるためには、上記の例示①〜③のような「専ら肖像等の有する顧客吸引力の利用を目的とする」行為に該当する必要があるところ、著名人の肖像等を機械学習に用いることは、これらには通常該当しないと考えられる。したがって、設問のような、アイドル等の実在する著名人の画像を生成する目的で、そのアイドル等のネット写真画像のみを追加学習させる行為自体は、パブリシティ権侵害には該当しない。他方、アイドルの画像を学習させた生成 AI に当該アイドルの肖像等を付してこれ商品化した場合、又は生成 AI の広告に当該アイドルの肖像等を用いた場合には、パブリシティ権

---

2)　前掲・ピンク・レディー事件判決。

侵害が認められる可能性がある。たとえば、特定のアイドル A の画像のみを追加学習させた生成 AI について、「アイドル A の画像が簡単に生成できる！」というキャッチコピーを付して商品化した場合等がこれに当たる。

3　AI 生成肖像を利用する場合

　現実の著名人に酷似した AI 生成肖像を利用する行為が、パブリシティ権侵害に該当するためには、AI 生成肖像と現実の被写体となった著名人との同一性（AI 生成肖像と被侵害主体の肖像が同一人物の肖像といえるか）及び関連性（被侵害主体を映した写真が AI 生成肖像の出力に影響を与えたか）がまず認められる必要がある（肖像権侵害に関する Q65 参照）。その上で、当該 AI 生成肖像を、上記の例示①〜③のような「専ら肖像等の有する顧客吸引力の利用を目的とする」行為に用いる場合には、パブリシティ権侵害が成立する。

〔瀧山侑莉花〕

第4章

その他

Q67　生成 AI の API を利用してアプリ等を開発する場合の留意点

　ChatGPT が公開している API を利用して、ChatGPT の機能を組み込んだアプリやサービスを開発する場合、その利用規約との関係で、どのような点に留意する必要がありますか。

A　OpenAI は、ChatGPT の機能を組み込んだアプリやサービスを開発する場合についての利用規約である Business Terms その他の利用規約を設けており、これらを確認する必要があります。これらの利用規約では、禁止事項を定めているほか、生成物に関する知的財産権の帰属、個人情報保護の体制、秘密保持義務、ChatGPT による生成物の正確性の不保証、第三者の権利の侵害が生じた場合の補償に関する事項等が規定されており、利用規約を読み込んだ上で、どのような対応が必要か、あらかじめ検討する必要があります。

解説

(Keyword)　ChatGPT、API、利用規約

■ ChatGPT を運営する OpenAI が定める利用規約

　ChatGPT を利用する場合は、OpenAI が定める利用規約に従う必要がある。現在、OpenAI は利用規約を Terms & policies としてウェブサイト上にまとめて掲載しており[1]、個人向けの利用規約である Terms of use と、企業利用者向けの利用規約である Business Terms を分けて規定している。ChatGPT Enterprise、API、その他の企業向けのサービスについては、Business Terms が適用されるため、これらのサービスを利用する場合には、Business Terms 及び関連利用規約を確認する必要がある。

　現在、OpenAI が定める利用規約のうち上記の利用方法で ChatGPT を使用する際、企業が留意すべき規約としては、サービスの基本的な利用条件に関し

---

1)　https://openai.com/policies

て定めた Business Terms、製品利用の際の制限事項について規定した Usage
policies、OpenAI におけるプライバシーポリシーの基本方針を定めた Enterprise
privacy at OpenAI 等が存在する。また、「個人データ」又は「個人情報」の
処理を行う場合には、Data Processing Addendum を別途締結することが求め
られる。以下ではこれらの規定のうち、企業が特に留意すべきポイントについ
てトピックごとに解説する。なお、本書において記載される内容は、いずれも
本稿執筆時点における内容であり、最新の利用規約を確認する必要がある点に
留意されたい。

2　禁止行為

Business Terms では「2. Restrictions」において以下のとおりの禁止事項が
定められている。

> We own all right, title, and interest in and to the Services. You only receive rights to
> use the Services as explicitly granted in this Agreement. You will not, and will not
> permit End Users to:
> (a)　use the Services or Customer Content[2] (as defined below) in a manner that
> violates any applicable laws or OpenAI Policies;
> (b)　use the Services or Customer Content in a manner that infringes, misappropriates,
> or otherwise violates any third party's rights;
> (c)　send us any personal information of children under 13 or the applicable age of
> digital consent or allow minors to use our Services without consent from their parent
> or guardian;
> (d)　reverse assemble, reverse compile, decompile, translate, engage in model extraction
> or stealing attacks, or otherwise attempt to discover the source code or underlying
> components of the Services, algorithms, and systems of the Services (except to the
> extent these restrictions are contrary to applicable law);
> (e)　use Output (as defined below) to develop any artificial intelligence models that
> compete with our products and services. However, you can use Output to (i) develop
> artificial intelligence models primarily intended to categorize, classify, or organize data
> (e.g., embeddings or classifiers), as long as such models are not distributed or made

---

2)　Business Terms3.1 項の定義により、Customer Content の語は、API によって OpenAI のサービ
スにユーザが入力する情報だけでなく、これに基づいてサービスから出力される情報も含むものとさ
れているため、Costomer Content についての条項は、ChatGPT による生成物にも適用されることに
なる。

> commercially available to third parties and (ii) fine tune models provided as part of our Services;
>
> (f) use any method to extract data from the Services other than as permitted through the APIs; or
>
> (g) buy, sell, or transfer API keys from, to or with a third party.

　オンラインの情報処理サービスに一般的にみられる禁止事項が多いが、ChatGPT を API により利用する場合に特に重要なのが、API 利用により第三者提供することのできるサービスの範囲を画する(e)の規定である。

　また、エンドユーザにも適用される禁止事項が Usage policies に定められているが、API を利用して提供するサービスのエンドユーザがこれらの禁止事項に反するような利用をすることがないようにすることも必要となる。

3　知的財産権

　ChatGPT を API を通じて利用する場合、ユーザがプロンプト入力した情報や、Chat GPT により出力された生成物の権利関係、特に著作権をはじめとする知的財産権の帰属については Business Terms の 3. Content において、以下のように定められている。

> 3.1 *Customer Content.* You and End Users may provide input to the Services ("Input"), and receive output from the Services based on the Input ("Output"). We call Input and Output together "Customer Content." As between you and OpenAI, and to the extent permitted by applicable law, you (a) retain all ownership rights in Input and (b) own all Output. We hereby assign to you all our right, title, and interest, if any, in and to Output.

　上記により、ユーザが ChatGPT に入力した情報 (input to the Services ("Input")) と ChatGPT による生成物 (output from the Services based on the Input ("Output")) の双方について、著作権その他の権利がユーザに帰属することとなる。「著作権」、「知的財産権」といった特定の権利を指す具体的な用語は用いられていないものの、仮に生成物に著作権その他の知的財産権が発生した場合には、all our right, title, and interest に含まれ、ユーザに帰属すると理解することができる。

4　個人情報保護法、企業秘密との関係

(1)　個人情報保護法との関係

生成 AI を利用する上での個人情報保護法上の基本的な問題点については、**Q55** 以降において詳細な説明を行っているが、特に ChatGPT を API により利用する場合、どのような点に留意すべきだろうか。

Business Terms では、6.1 項で個人情報について、次のように規定している。

> 6.1 *Personal Data.* If you use the Services to process personal data, you must (a) provide legally adequate privacy notices and obtain necessary consents for the processing of personal data by the Services, (b) process personal data in accordance with applicable law, and (c) if processing "personal data" or "Personal Information" as defined under applicable data protection laws, execute our Data Processing Addendum by filling out this form[3].

この規定では、API 連携により OpenAI のサービスで個人情報の処理を行う場合には、法律上必要な手当てを利用企業において行うことが求められているほか、(c)において、適用のある法律に定義される「個人データ」又は「個人情報」の処理を行う場合には、別途 Data Processing Addendum（以下「DPA」という）に合意する必要があるとされている。

DPA は、米国の個人情報保護法制及び EU の GDPR を主として念頭に置いて、これら個人情報保護法制において、第三者に個人情報の処理をさせる場合に求められるデータ保護措置を遵守するように、Data Controller である利用企業と、Data Processor である OpenAI との契約条項を整備したものである。よって、これを締結することにより、API を通じた ChatGPT による個人データの処理が日本の個人情報保護法の下で第三者提供に該当したとしても、同法27 条 5 項 1 号により個人データの取扱いの委託として本人の同意の取得は不要となり、同法 25 条による委託先の監督義務も満たすことができるようになると考えられる（**Q59** 参照）。

ただし、企業が API を利用する場合に DPA を締結しなければならないかどうかはやや悩ましい問題である。OpenAI は、Enterprise privacy at OpenAI

---

3)　サイトに掲載されている原文においては this form に Data Processing Addendum を契約内容とする Data Processing Agreement への合意のための form へのリンクが張られている。

において、ChatGPT Enterprise 又は API プラットフォームからの顧客のデータは学習に使用しない（We do not train on your data from ChatGPT Enterprise or our API Platform）としているからである。

日本法では、企業が個人データを第三者に「提供」する場合、個人情報保護法上の第三者提供規制に服することになる（詳細は **Q59** 参照）。現時点では、一般に、生成 AI におけるプロンプト入力も「提供」に該当すると解釈される余地が残されているものの、個人情報保護委員会が 2023 年 6 月 2 日に公表した「生成 AI サービスの利用に関する注意喚起等」[4] (1)②によれば、個人情報保護委員会は、生成 AI が情報を機械学習に利用しなければ「提供」に該当せず、第三者提供規制との関係で問題が生じない（クラウド例外）としているようである。

そのような見解によるならば、上記のとおり、OpenAI は、API を利用して入力された情報について学習を行わないとしているため、第三者提供には当たらないとの整理が可能になる。そうすると、日本法との関係では、個人データの取扱いの委託にも該当しないことになるから、個人情報保護法 25 条により要請される委託先の監督も不要でありそのための DPA の締結も不要ということになりそうである。

しかし、①学習に使用されない場合にはクラウド例外が適用されるとの解釈は確定的なものであるとはいえないこと（**Q59** 参照）、及び② Business Terms により DPA の締結が求められているのは、個人データを「処理」する場合であって、「提供」する場合とはされていないことから、DPA を締結するほうが安全であると思われる。

(2) 秘密保持義務

Business Terms では、4. Confidentiality において、情報処理業務の委託取引ないしオンラインサービスの利用取引において、一般に締結される秘密保持契約と同等の、相互の秘密保持義務が規定されている。秘密情報には、Customer Content が含まれることが明記されており、OpenAI は、秘密情報を、サービス契約上の義務の履行と権利の行使以外の目的で使用してはならない旨が規定されている。また、上述のとおり、OpenAI は、API により入力さ

---

4) https://www.ppc.go.jp/news/press/2023/230602kouhou/

れた情報は、学習には使用しないとしている。

　よって、API の利用に際しては、API により秘密情報を入力しても、その秘密は契約上守られていることになる。

5　生成物に対する責任

　Business Terms 9.2 Disclaimer では、OpenAI は ChatGPT を現状有姿（"as is"）でのみ提供し、正確性等についていかなる保証もしないとされている。他方、Business Terms の 10. Indemnification では、サービス（学習に用いられているデータを含む）が第三者の知的財産権を侵害していることを理由とする請求につき、利用者を補償するとしている（補償の具体的内容については、10. Indemnification の条項を参照されたい）。

　そして、Business Terms を補足しこれに優先する Service Terms では、次のとおり規定して、OpenAI のサービスからの Output（生成物）についても、上記の Indeminification が適用されることが明記されている。

OpenAI's indemnification obligations to API customers under the Agreement include any third party claim that Customer's use or distribution of Output infringes a third party's intellectual property right. This indemnity does not apply where: (i) Customer or Customer's End Users knew or should have known the Output was infringing or likely to infringe, (ii) Customer or Customer's End Users disabled, ignored, or did not use any relevant citation, filtering or safety features or restrictions provided by OpenAI, (iii) Output was modified, transformed, or used in combination with products or services not provided by or on behalf of OpenAI, (iv) Customer or its End Users did not have the right to use the Input or fine-tuning files to generate the allegedly infringing Output, (v) the claim alleges violation of trademark or related rights based on Customer's or its End Users' use of Output in trade or commerce, and (vi) the allegedly infringing Output is from content from a Third Party Offering.

　これは、2023 年 11 月の改定によって導入された条項であり、API により ChatGPT を利用する場合には、第三者の知的財産権を侵害した場合について、OpenAI から補償が受けられることになったため、上記(i)〜(vi)の適用除外について注意を要するものの、API により ChatGPT を利用する場合の安全性が高まる措置となっている。

6　AI システム提供時の遵守事項

　Usage policies においては、①医療、金融及び法律分野、並びにニュース生成・要約といった消費者向けの用途に使用される場合は、AI が使用されていることや、潜在的な制限をユーザに知らせる必要があること[5]、②会話型 AI やチャットボットを含む自動化システムとして使用する場合は、AI システムとの会話が行われていることをユーザに知らせる必要があること等が規定されている。

> We have further requirements for certain uses of our models:
>
> 1. Consumer-facing uses of our models in medical, financial, and legal industries; in news generation or news summarization; and where else warranted, must provide a disclaimer to users informing them that AI is being used and of its potential limitations.
> 2. Automated systems (including conversational AI and chatbots) must disclose to users that they are interacting with an AI system. With the exception of chatbots that depict historical public figures, products that simulate another person must either have that person's explicit consent or be clearly labeled as "simulated" or "parody."
> 3. Use of model outputs in livestreams, demonstrations, and research are subject to our Sharing & Publication Policy.

　企業がカスタマーサービスを行う目的で API により ChatGPT を利用する場合や、SNS において投稿を行う場合も考えられるため、これらの規定も確認し遵守する必要がある。

〔加藤瑛子＝齋藤浩貴〕

---

5)　Consumer-facing uses of our models in medical, financial, and legal industries; in news generation or news summarization; and where else warranted, must provide a disclaimer to users informing them that AI is being used and of its potential limitations.

Q68　海外における生成 AI の法規制

海外における生成 AI の法規制には、どのようなものがありますか。

A　生成 AI の急速な普及に伴って、世界各国で生成 AI に関するさまざまな法規制などの動きが進んでおり、米国でも生成 AI に関するさまざまな取組みが行われていることが垣間見えますが、連邦レベルでの包括的な AI 規制はまだ制定されていません。他方で、欧州議会においては、2024 年 3 月に世界に先駆けて AI に関する法案（Artificial Intelligence Act）の最終案が可決されました。

――― 解説 ―――

(Keyword)　海外の法規制

1　AI を取り巻く世界の規制の状況

生成 AI の急速な普及に伴って、世界各国で生成 AI に関するさまざまな法規制などの動きが進んでいる。

米国では、バイデン政権が、2022 年 10 月、AI 権利章典のための青写真（Blueprint for an AI Bill of Rights）を公表し、AI を含む自動化されたシステム（Automated Systems）を開発する際の非拘束的な 5 つの原則を公表し、2023 年 7 月には、Amazon や Google、Meta など主要な IT 企業が、リリース前の安全性確保や、透かし技術などを用いて、AI が生成したコンテンツであることを利用者が知ることができるよう堅固な技術を開発することなどを盛り込んだ「自主的な約束」（voluntary commitment）を行うことを公表した。そして、2023 年 10 月には、この自主的な約束の内容を中心とする大統領令を発令し、米国で初めての法的拘束力を持つ AI に関する規制が整備されている。

もっとも、この規制は、自主的な約束を策定する段階において、上記各企業も制度設計にかかわったものであり、生成 AI に関する包括的な規制ではない[1]。米国での連邦レベルの包括的な生成 AI に関する規制については、連邦議会の超党派議員と、OpenAI や Google、Meta、Microsoft といった企業の

トップらが AI の規制に関する会議を 2023 年 9 月に行うなど、議論は加速されているものの、未だ成立に向けた道筋は明確とまではいえない。

これに対して、世界に先駆けて AI に関する法案の成立に向けて前進しているのが欧州である。

2 欧州における人工知能法 (Artificial Intelligence Act)

欧州においては、2018 年より AI に関する検討を進めており、同年 4 月に公表した「欧州のための人工知能」[2] において基礎的な整理を行った後、2021 年 4 月に「人工知能に関する整合的規則（人工知能法）の制定及び関連法令の改正に関する欧州議会及び理事会による規則案」[3] を欧州委員会が公表し（以下「欧州委員会原案」という）、その後の手続を経て、2023 年 6 月に人工知能法（Artificial Intelligence Act：以下「EU AI 法」という）の修正案（以下「修正案」という）を欧州議会が採択した後[4]、同年 12 月に法案について暫定合意に至り[5]、2024 年 3 月、欧州議会は EU AI 法の最終案を可決した（以下「本法案」という）[6]。本稿執筆時点において、本法案は、EU 加盟国からなる閣僚理事会での承認の後、成立する見通しとなっている。本法案では、EU AI 法に基づく包括的な規制について、発効後 24 か月で施行することが掲げられているが（本法案 113 条）、一部の規制については先行して施行されることが定められている（同条(a)等）。

---

1) 新聞報道等では、同規制が、既存のサービスを適用の対象とはせず、新規のサービスのみを対象としたものであることが報道されている（「米 AI 規制、既存サービスは対象外　企業配慮で EU と差」日本経済新聞 2023 年 12 月 18 日）。
2) European Economicand Social Committee, "Artificial Intelligence for Europe", January 2019.
3) European Commission, "Proposal for a REGULATION OF THE EUROPEAN PARLIAMENT AND OF THE COUNCIL LAYING DOWN HARMONISED RULES ON ARTIFICIAL INTELLIGENCE (ARTIFICIAL INTELLIGENCE ACT) AND AMENDING CERTAIN UNION LEGISLATIVE ACTS", 21 April 2021.
4) European Parliament, "Amendments adopted by the European Parliament on 14 June 2023 on the proposal for a regulation of the European Parliament and of the Council on laying down harmonised rules on artificial intelligence (Artificial Intelligence Act) and amending certain Union legislative acts (COM (2021) 0206 - C9-0146/2021 - 2021/0106 (COD))", 14 June 2023.
5) European Parliament, "Artificial Intelligence Act: deal on comprehensive rules for trustworthy AI", 9 December 2023.
6) European Parliament, "European Parliament legislative resolution of 13 March 2024 on the proposal for a regulation of the European Parliament and of the Council on laying down harmonised rules on Artificial Intelligence (Artificial Intelligence Act) and amending certain Union Legislative Acts (COM (2021) 0206 - C9-0146/2021 - 2021/0106 (COD))", 13 March 2024.

　本法案の概要についても触れたい。EU AI 法案では、規制の対象となる「AI システム」について、欧州委員会当初原案においては、さまざまな AI を射程に含めた一般的な定義が用いられていたが（欧州委員会当初原案 3 条 1 号）、修正案では、これに加えて、「基盤モデル（foundation model）」（修正案 3 条 1 号(c)）と「汎用 AI システム（general purpose AI system）」（同号(d)）の 2 つの定義が追加された。前者は、ChatGPT などの生成 AI を念頭に、大規模な学習データで訓練され、出力の汎用性を考慮して設計されており、さまざまな特徴的なタスクに適応できる AI モデルを指す一方で、後者は、意図的又は具体的に指定されていない、さまざまな用途に使用、適用されることが可能な AI モデルを指すものと定義されていた。修正が繰り返されてきた「AI システム」の定義であったが、最終的に、本法案 3 条 1 号では、広範な生成 AI を包含する一般的な規定が設けられるに至った。もっとも、本法案においても、修正案において基盤モデルと定義していた、ChatGPT をはじめとする生成 AI を含む概念として、「汎用 AI モデル（general purpose AI model）」（以下「GPAI」という）を導入した（同条 63 号）。本法案では、GPAI について、手続的な透明性の義務を課しており（本法案 52 条）、そのサービス提供者に対して、技術文書の作成・更新や、著作権法遵守、学習コンテンツの概要の公表などを義務づけている（本法案 53 条 1 項）。また、本法案に特徴的な点として、GPAI の中でも、一定の要件を満たした影響力の強いものについては、「システミック・リスクを伴う汎用 AI モデル（general-purpose AI model with systemic risk）」（以下「システミック・リスク GPAI」という）としてより強力な規制を課していることが挙げられる。システミック・リスク GPAI の要件には、生成 AI の学習等に使用される AI の計算能力が一定の基準値を超えることが掲げられているが、本法案では、欧州委員会がこの基準値を最新技術に合わせたり、計算能力以外の基準を追加することができる建付となっている（本法案 51 条）。システミック・リスク GPAI については、システムリスクの評価やリスクの軽減、重大なインシデントの報告、サイバーセキュリティなどがサービス提供者の義務として掲げられている（本法案 55 条）。

　本法案は、EU AI 法の適用範囲として、① EU 域内で AI システムを市場投入するか、又はサービス提供する提供者（当該提供者が EU 域内に物理的に存在するか、EU 域内に設立されているか、又は第三国に設立されているか否かを

問わない)、②EU 域内に所在し、又は設立地を置く AI システムの「ユーザ等（Deployer）」、③ AI システムにより生成されたアウトプットが EU 域内で使用される場合の、第三国に設立地を置くか、又は第三国に所在する AI システムの提供者又は「ユーザ等」などに適用されると規定されている（本法案 2条 1 項)。上記から明らかなように、本法案は、域外適用の可能性を示しており、日本企業であっても、EU 域内で AI システムを供給している場合はもちろん、AI システムにより生成されたアウトプットが EU 域内で使用される場合であっても、EU AI 法が適用される可能性があることに注意しなければならない。また、本法案は、「ユーザ等（Deployer）」も適用対象であるところ、これは自然人又は法人、公的機関、代理店、その他の団体がその権限の下でAI システムを使用することを意味すると定義されているものの、AI システムが個人的な非専門的活動の過程で使用される場合は除かれていることから（本法案 3 条 4 号)、生成 AI を個人がプライベートな目的で使用する限りは適用を受けない。もっとも、上記のとおり、生成 AI を個人（エンドユーザ）が利用する限り適用されないということではない点に注意が必要である。

　EU AI 法は、欧州委員会当初原案から一貫して、有するリスクの度合いに応じて、AI を 4 カテゴリ（許容できないリスク／高リスク／限定リスク／最小リスク）に分類し（下図参照)、それぞれに対して異なる規制を設け、カテゴリに係る AI のリスクレベルに応じた禁止事項、要求事項などの義務を AI システム提供者や EU への輸入者、流通業者、ユーザ等など、さまざまなステークホルダーに対して課している。

〔図〕EU AI 法の構造

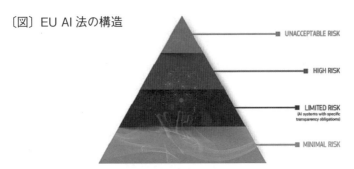

- UNACCEPTABLE RISK
- HIGH RISK
- LIMITED RISK (AI systems with specific transparency obligations)
- MINIMAL RISK

〔出所〕Europian Commission ホームページ（https://digital-strategy.ec.europa.eu/en/policies/regulatory-framework-ai)。

　上記 4 カテゴリについて、許容できないリスクを伴う AI システムについては提供や使用が原則として禁止され（本法案 5 条）、高リスクを伴う AI システムについては、適合性評価等のさまざまな規制や義務が課せられている一方で（本法案 8 条など）、限定リスクを伴う AI システムについては透明性を確保する義務のみが規定されており（本法案 53 条）、最小リスクの AI システムについては、義務や規制はなく、一定の行動規範の作成を推奨するにとどまっている（本法案 95 条）。これらの規制又は義務に違反した場合、下表のとおり制裁金が課せられることとなる（本法案 99 条）。本法案の特徴的な点として、スタートアップを含む中小企業（small and medium enterprises）については、下表のうち、低いほうの金額が制裁金の上限とされ（同条 6 項）、それ以外に対する制裁については、下表のうち高いほうの金額が上限とされている。

〔表〕EU AI 法の規制又は義務に違反した場合の制裁金

許容できないリスク AI システムに係る禁止事項への違反等	最大で 3,500 万ユーロ、又は前会計年度の全世界売上高の 7％のいずれか（本法案 99 条 3 項）
高リスクを伴う AI システムに係る要求などへの不遵守等	最大で 1,500 万ユーロ、又は前会計年度の全世界売上高の 3％のいずれか（同条 4 項）
EU AI 法上の要求に対して正確な情報を提供しなかった場合	最大で 750 万ユーロ、又は前会計年度の全世界売上高の 1％のいずれか（同条 5 項）

3　広島 AI プロセスについて

　2023 年 5 月 20 日の G7 広島サミットコミュケ[7]では、「関係閣僚に対し、生成 AI に関する議論のために、包摂的な方法で、OECD 及び GPAI と協力しつつ、G7 の作業部会を通じた、広島 AI プロセスを年内に創設するよう指示する。これらの議論は、ガバナンス、著作権を含む知的財産権の保護、透明性の促進、偽情報を含む外国からの情報操作への対応、これらの技術の責任ある活用といったテーマを含み得る」とされた。また、2023 年 10 月 30 日、G7 の首脳は、広島 AI プロセスに関し、G7 首脳声明を発出した[8]。同首脳声明に

---

7)　https://www.mofa.go.jp/mofaj/files/100507033.pdf
8)　https://www.mofa.go.jp/mofaj/ecm/ec/page5_000483.html

は、「高度な AI システムを開発する組織向けの広島プロセス国際指針」及び
「高度な AI システムを開発する組織向けの広島プロセス国際行動規範」が添
付されている。

　高度な AI システムを開発する組織向けの広島プロセス国際指針及び行動規
範の大項目は以下のとおりである。

1．AI ライフサイクル全体にわたるリスクを特定、評価、軽減するために、高度な AI
　システムの開発全体を通じて、その導入前及び市場投入前も含め、適切な措置を講じる

2．市場投入を含む導入後、脆弱性、及び必要に応じて悪用されたインシデントやパター
　ンを特定し、緩和する

3．高度な AI システムの能力、限界、適切・不適切な使用領域を公表し、十分な透明性
　の確保を支援することで、アカウンタビリティの向上に貢献する

4．産業界、政府、市民社会、学界を含む、高度な AI システムを開発する組織間での責
　任ある情報共有とインシデントの報告に向けて取り組む

5．特に高度な AI システム開発者に向けた、個人情報保護方針及び緩和策を含む、リス
　クベースのアプローチに基づく AI ガバナンス及びリスク管理方針を策定し、実施し、
　開示する

6．AI のライフサイクル全体にわたり、物理的セキュリティ、サイバーセキュリティ、
　内部脅威に対する安全対策を含む、強固なセキュリティ管理に投資し、実施する

7．技術的に可能な場合は、電子透かしやその他の技術等、ユーザーが AI が生成したコ
　ンテンツを識別できるようにするための、信頼できるコンテンツ認証及び来歴のメカニ
　ズムを開発し、導入する

8．社会的、安全、セキュリティ上のリスクを軽減するための研究を優先し、効果的な軽
　減策への投資を優先する

9．世界の最大の課題、特に気候危機、世界保健、教育等（ただしこれらに限定されな
　い）に対処するため、高度な AI システムの開発を優先する

10．国際的な技術規格の開発を推進し、適切な場合にはその採用を推進する

11．適切なデータインプット対策を実施し、個人データ及び知的財産を保護する

〔松山莉奈＝松井佑樹〕

Q69　生成 AI に関連するガイドライン

　民間で提唱されているものなどを含め、生成 AI に関連するガイドラインはありますか。

A　生成 AI に関連するガイドラインについては、政府や各省庁から公表されているものや、民間の諸団体から公表されているものなどさまざまなものがあり、今後もさらに増えていくことが予想されます。

―――― 解説 ――――――――――――――――――――――――――――

(Keyword)　生成 AI 関連のガイドライン

　生成 AI に関するガイドラインは、ChatGPT が話題となった 2022 年頃から多くのものが公表されているほか、2018 年ごろから AI 技術についても議論が活発に行われており、生成 AI に限定されない AI 一般に関するガイドラインも公表されているところである。

1　政府や各省庁から公表されているガイドライン

　生成 AI を含む AI 一般について、国際的な議論に供するために、AI の中長期的な研究開発及び利活用などにあたって考慮すべき基本原則を示したものが、内閣府が設置した検討会議によって 2019 年 3 月に策定された「人間中心の AI 社会原則」である。この原則では、AI 社会原則として、①人間中心の原則、②教育・リテラシーの原則、③プライバシー確保の原則、④セキュリティ確保の原則、⑤公正競争確保の原則、⑥公平性、説明責任及び透明性の原則、⑦イノベーションの原則の 7 つの原則が説かれ、AI を有効かつ安全に利用できる社会を構築するための基本的な考え方が示された。

　そして、この AI 原則実践のために、経済産業省において設置された検討会にて策定されたのが、「AI 原則実践のためのガバナンス・ガイドライン」（以下「AI ガバナンス・ガイドライン」という）である。このガイドラインは、AI システムの開発や運用に携わる事業者などに向けて、法的拘束力はないものの、事業者間での AI に関連する取引などで広く参照されることや、AI 原則

の実践に関するステークホルダーの共通認識の形成を通じて、各々の事業者における自主的な取組みを後押しすることを狙いとしたものであり、AIの社会実装の促進に必要なAI原則の実践を支援すべく、①環境・リスク分析、②ゴール設定、③システムデザイン（AIマネジメントシステムの構築）、④運用、⑤評価、⑥環境・リスクの再分析の6つのカテゴリに沿って、合計21個の事業者が実施すべき行動目標を提示し、それぞれの行動目標に対応する仮想的な実践例と、AIガバナンス・ゴールとの乖離を評価するための実務的な対応例（「乖離評価例」）を参考情報として例示している。AIガバナンス・ガイドラインで示されている考え方や議論は、現在の生成AIに関する議論においても参照されており、重要である。

　このほか、生成AIとの関連で注目されるのが、文部科学省が2023年7月に公表した「初等中等教育段階における生成AIの利用に関する暫定的なガイドライン」である。このガイドラインでは、生成AIの急速な普及に伴い、教育現場における生成AIの利活用のあり方について議論がなされていたのを背景に、生成AIに関する政府全体の議論や幅広い有識者、中央教育審議会委員からの意見聴取を経て、学校関係者が現時点で生成AIの活用の適否を判断する際の参考資料として、暫定的にとりまとめられたものである。

　また、総務省と経済産業省は、「人間中心のAI社会原則」を土台に、「AIガバナンス・ガイドライン」等の政府や各省庁から公表されているガイドラインを見直し、統合した「AI事業者ガイドライン（第1.0版）」[1]（以下「本ガイドライン」という）を公表している。本ガイドラインは、政府・自治体等の公的機関を含む、さまざまな事業活動においてAIの開発・提供・利用を担うすべての者を対象としたもので、AI開発者（AI Developer）、AI提供者（AI Provider）及びAI利用者（AI Business User）について、各主体が取り組むべき事項や共通の指針などを示している。本ガイドラインでは、以下の事項が、上記の各主体が連携して取り組むべき事項として整理されている。

---

① 人間中心
② 安全性
③ 公平性
④ プライバシー保護
⑤ セキュリティ確保
⑥ 透明性
⑦ アカウンタビリティ
⑧ 教育・リテラシー
⑨ 公正競争確保
⑩ イノベーション

2　民間の団体等から公表されているガイドライン

　生成 AI の利活用に関しては、民間の団体からも多くのガイドラインが公表されている。このうち、日本ディープラーニング協会が公表している、「生成 AI の利用ガイドライン」は、民間企業や各種組織が生成 AI を利用する場合に組織内のガイドラインとして最低限定めることが推奨される事項について、ガイドラインの雛形と、その解説を提供している。生成 AI の導入を検討している事業者などにおいては、このガイドラインが示す内容を参考に、利用する生成 AI の内容や組織の性質、業務内容などによって、必要な追加や修正を加え適切なガイドラインを組織内に整備することができるもので、活用が期待される。

3　海外において公表されているガイドライン

　海外においても、生成 AI を含む AI 技術に関するガイドラインは多く公表されている。このうち、欧州委員会が 2019 年 4 月に公表した、「信頼できる AI のための倫理ガイドライン（Ethics Guidelines for Trustworthy AI）」では、「信頼に足る AI（Trustworthy AI）」の要素を、合法的（lawful）、倫理的（ethical）、及び、頑健（robust）であるとし、基本的人権に根ざした 4 つの倫理原則として、人間の自律性の尊重（Respect for human autonomy）、危害の防止（Prevention of harm）、公平性（Fairness）、説明可能性（Explicability）を掲げている。その上で、具体的な要求条件として①人間の営みと監視（Human agency and oversight）、②技術的な頑健性と安全性（Technical robustness and safety）、③

プライバシーとデータガバナンス（Privacy and data governance）、④透明性（Transparency）、⑤多様性・無差別・公平性（Diversity, non-discrimination and fairness）、⑥環境及び社会の幸福（Societal and environmental wellbeing）、⑦アカウンタビリティ（Accountability）の7つを挙げている。このような方向性は、上記した「人間中心のAI社会原則」が掲げる7つの原則とも類似する点が多いといえる。一方で、このガイドラインでは、AIの社会に対する便益に加え、AIがもたらす深刻な懸念（Critical Concerns）として、①AIによる個人の特定と追跡（Identifying and tracking individuals with AI）、②AIの利用を秘することによる人間とAIの混同（Covert AI systems）、③基本的人権を侵害する形でのAIによる人々の採点（AI enabled citizen scoring in violation of fundamental rights）、④致死性自律的兵器システム（Lethal autonomous weapon systems（LAWS））が具体的に示され、警鐘が鳴らされている点が特徴的である。

〔松山莉奈＝松井佑樹〕

Q70　生成 AI サービスの提供と違法行為につながる利用方法の回避

　生成 AI サービスを提供するにあたって、マルウェア開発方法や爆弾製作方法などを出力させるなど利用者による違法行為につながりうる利用方法を回避するには、どうすればよいですか。

A　あらかじめ生成 AI のプログラミング上、危険・有害な情報が提供されないように防止することが必要です。また、生成 AI サービスを提供する事業者は利用規約に禁止事項を規定すべきである一方、利用者自身もリテラシーを高めることにより、生成 AI に関して出力してはならない危険情報について認識し、意識的に回避することが必要です。

########## 解説 ##########

(**Keyword**)　マルウェア、違法な利用

　生成 AI によって、利用者が低コストでマルウェア開発方法、爆弾等の武器等の製作方法などを入手することができてしまうと、これらの情報が悪用され、違法行為につながる可能性がある。そのほかにも、生成 AI によって作成された精緻な画像・音声や巧妙な文章がオレオレ詐欺などに利用されるケースなども発生しており、生成 AI が犯罪に利用されるリスクは具体的なものとなっている。生成 AI の普及により、利用者が低コストで違法行為につながる情報を得られるようになったことから犯罪のハードルが下がっているのが問題である。これらの違法利用行為を回避するための視点として、①生成 AI サービスを開発する開発者側、②生成 AI サービスを提供する企業側、③生成 AIを利用する利用者側の 3 つの側面からのアプローチが考えられる。

1　マルウェアの開発・利用

　マルウェア（malware）[1]とは、利用者のデバイスに不正かつ有害な動作を行う意図で作成された悪意のあるプログラムやソフトウェアの総称である。米国

---

1)　Malicious（悪意のある）に Software（ソフトウェア）の 2 つの単語が組み合わさった造語である。

のサイバーセキュリティプロバイダーによる調査によれば、複数の地下コミュニティで、ChatGPT が、情報を盗み出そうとする悪意のあるマルウェア、ランサムウェアに転用可能な暗号化ツール及びダークウェブマーケットのスクリプトなどの悪質なコードなどの生成に悪用されていることが確認されている[2]。

　マルウェアを開発・利用した者に対しては、具体的行為に即して、電磁的記録不正作出及び供用罪（刑法 161 条の 2）、不正指令電磁的記録作成・取得罪（同法 168 条の 2、168 条の 3）、電子計算機損壊等業務妨害罪（同法 234 条の 2）、電子計算機使用詐欺罪（同法 246 条の 2）、公用・私用文書等毀棄罪（同法 258 条、259 条）が科される。

❷　生成 AI サービスを開発する開発者側の対策

　Open AI は、危険な回答を防止するため ChatGPT をチューニングしており、悪用目的の有害な出力を減らすような学習を組み込んでいる。たとえば、爆弾製作方法について出力を依頼すると、「私は、違法行為や危険な行為を支持・助長しない方針を持っています。爆弾の作り方やその他危険な情報を提供することはできません。私はあなたが安全で合法的な活動を行うための情報提供を支援します。どういった情報がお役に立てるかお教えいただければ、喜んでお手伝いいたします」といった回答がなされる。

　また、民間団体である AI プロダクト品質保証コンソーシアムが公表する「AI プロダクト品質保証ガイドライン 2024 年 4 月版」[3] においては、開発者側の意識づけも指針の一つとなっている。具体的には、自分たちがいま何をどう作っているか、筋のよい開発や探索をしているか、何かが起こったら何をどこまで戻せばよいか、どのようなリスクがあるか、そうしたリスクにどう対処すればよいかがおおむねわかっているか、自分たちがわからないことをどこまでわかっているか、などを納得して共感する必要があるとしている。AI プロダクトはその特色のため、あらゆるリスクとそれらに対する対処をすべて完璧に想定することはきわめて困難であるため、わかることとわからないことの経験的なバランス感覚も必要となる。

---

2)　cp ⟨r⟩ BY CHECK POINT OPWNAI "CYBERCRIMINALS STARTING TO USE CHATGPT"
　　https://research.checkpoint.com/2023/opwnai-cybercriminals-starting-to-use-chatgpt/
3)　https://www.qa4ai.jp/download/

　AI プロダクトの開発チームにおいては、適切な能力を持った人材を備えているかどうか、データサイエンスや機械学習の専門技術、ソフトウェア開発の専門技術、ドメイン技術のそれぞれについて、技術力の高い人材が必要となるため、採用の際には座学で取得できる資格や認定制度のみに頼らず、実務による経験も踏まえて評価する必要がある。

❸　生成 AI サービスを提供する提供者側の対策

　生成 AI を提供する企業は、利用規約において違法行為や公序良俗に違反する行為などの利用態様を禁止事項として規定すべきである。また、禁止事項に違反した場合には、契約の解除やサービス提供の停止原因となることを規定することにより、利用者による違法行為につながりうる利用方法を間接的に回避することが考えられる。

　実際に OpenAI の生成 AI を利用する際の利用規約の一つである「Usage policies」[4] では、武器の開発や使用、他人の身体に危害を加える行為や財産の破壊、サービスやシステムのセキュリティを侵害する不正な活動に利用することを、「Universal Policies」において禁止項目として規定している（**Q71** 参照）。

❹　生成 AI サービスを利用する利用者・利用企業側の対策

　生成 AI の利用企業がとりうる対策としては、生成 AI サービスを利用できる従業員を限定してモニタリングする、入力される情報を Filtering する、入力情報に文字数制限をつけるなどが考えられる。また、生成 AI の利用者個人は、AI が利用者による指示や入力情報の蓄積により、学習し進化していくという特性を理解し、危険・有害な情報の入力を意識的に回避すべきである（**Q71** 参照）。しかし、これらの対策を潜脱する行為やプロンプトインジェクション攻撃とのいたちごっこは今後も避けられない問題であろう[5]。

〔松山莉奈〕

---

4)　https://openai.com/policies/usage-policies（2024 年 1 月 10 日版）。
5)　田中浩之ほか『ChatGPT の法律』（中央経済社、2023 年）103 頁参照。

Q71 生成AIを利用する場合に入力してはいけない情報

生成AIを利用する場合に入力してはいけない情報としては、どのようなものがありますか。

A 生成AIにプロンプトとして情報を入力する際には、①利用する生成AIの利用規約が禁止している利用目的に基づく情報を入力してはいけません。また②個人情報や企業の営業秘密／機密情報などは、生成AIが有している（可能性のある）脆弱性に鑑みて、入力を控え、仮に入力をするとしても、そのリスクについて十分に理解してから入力するようにしてください。

━━━ 解説 ━━━

(Keyword) 入力NG

我々の日常生活やビジネスに大きな影響を与える生成AIであるが、プロンプトに情報を入力する際には、以下の2つの観点から、入力すべきではない情報があることに留意を要する。すなわち、①利用する生成AIの利用規約が禁止している目的・方法に基づく情報については入力をすることはできず、また、②生成AIが有している（可能性のある）脆弱性に鑑みて、個人のプライバシーに関する情報や信用情報、企業の機密情報など、第三者への漏洩を厳に避けるべき情報については入力を控え、仮に入力をするとしても、そのリスクについて十分に理解してから入力する必要がある。

1 利用する生成AIの利用規約が禁止している目的・方法に基づく情報

生成AIの利用規約では、各生成AIが利用を禁じる目的・方法が列挙されている。たとえば、OpenAIの生成AIを利用する際の利用規約の一つである「Usage policies」[1]では、違法行為や児童への搾取又は危害の援助や関与をしないことや、サービスやシステムのセキュリティを侵害する不正行為に関与す

---

[1] https://openai.com/policies/usage-policies（2024年1月10日版）。

るために同社のサービスを利用すること等を禁止項目とする、同社のサービス全体に適用される「Universal Policies」に加えて、ChatGPT のユーザに向けて、適用される法律の要件に従うことなく、個人のデータの収集や処理、開示等をすることや、(特定の有権者層にパーソナライズされた、又は特定の有権者層をターゲットにしたキャンペーン資料の作成を含む) 政治キャンペーンやロビー活動に関与することなどを禁止項目としている。また、Google の提供する生成 AI である「Gemini」では、「生成 AI の使用禁止に関するポリシー」[2] を公開しており、OpenAI の「Usage policies」と類似した禁止される利用態様を示している。

　インターネット上で提供されるサービス一般と同様、生成 AI についても、その利用には利用規約への同意が前提となる。OpenAI の「Usage policies」でも、禁止事項の違反があった場合には、警告等の措置をとる旨が記載されているように、利用規約に違反した場合には一定の措置がとられることがある。そのため、利用規約に違反する利用目的・方法に関係する情報を、生成 AI に入力することはできない。

❷　生成 AI が有している (可能性のある) 脆弱性に鑑みて入力を控えるべき情報

　AI が学習し、又は利用者から入力された情報を第三者に不正に利用されないように十分な仕組みを確保することは、大量のデータを処理する AI にとって必要不可欠な要請となる。AI に関する各種のガイドラインや原則を見ても、AI の開発者や、サービスを提供する事業者に対する要求として、AI の開発や利用によって他者のプライバシーが損なわれないようにすることなどを重要な事項として掲げている[3]。本稿執筆時点において提供されている生成 AI サービスの利用規約を見ても、プライバシーの保護や、入力されたデータの機密保持に関する条項の規定の仕方はさまざまで、利用者に対して保証する機密

---

2)　https://policies.google.com/terms/generative-ai/use-policy (2023 年 3 月 14 日版)。
3)　たとえば、AI の研究を行う人工知能研究者を主たる会員とする人工知能学会が公表した「倫理指針」(2017 年) では、「他者のプライバシーの尊重」が説かれ、また、法令に則った個人情報の適正な取扱いが会員の義務とされている。内閣府が設置した検討会議によって 2019 年 3 月に策定された「人間中心の AI 社会原則」では、「プライバシー確保の原則」や、「セキュリティ確保の原則」が謳われている (Q69 参照)。

保持の度合いにはサービスごとにグラデーションが存在している。このような現状に鑑みれば、プライバシー保護やデータの機密保持については、AI 開発者やサービス提供事業者のみならず、利用者においても、個人情報や企業の営業秘密／機密情報など、漏洩すれば大きな損害を被るおそれのある情報について、生成 AI へ入力することの可否については慎重な検討が必要である。

　また、これらの情報に関しては、生成 AI に関するサービス提供事業者における入力データの利活用の範囲にも注意が必要である。たとえば、対話型 AI を利用するにあたって、入力したデータが生成 AI モデルの訓練・改善のために利用されることが定められている場合もある。このような場合には、サービス提供事業者であっても、利用者との関係では第三者であることには変わりないため、上記と同様に、情報の入力には注意が必要である。

〔松井佑樹〕

Q72　生成 AI の利用に関する社内規程を策定する場合の留意点

生成 AI の利用に関する社内規程を策定するにあたって、どのような点に留意する必要がありますか。

A　生成 AI に関する社内規程を策定する際には、社内で生成 AI を利用するすべての人が、法律違反や契約違反を避けるために注意すべきポイントを認識し、適切な利用を行うことができるようなものとする必要があります。

解説

(Keyword)　社内規程

1　社内規程の必要性

企業内において、役職員に対し生成 AI サービスの業務利用を許可した場合、役職員が画像生成 AI を使用して作成した画像が第三者の権利を侵害するものであったり、又は、役職員が社内の機密情報・守秘情報などを生成 AI サービスに入力した結果、そうした情報が外部に流出してしまうなど、不測の事態が生じうる。これを避けるため、第三者の生成 AI サービスを業務上利用する場合には、社内で生成 AI を利用するすべての人が、法律違反や契約違反を避けるために注意すべきポイントを認識し、適切な利用を行うことができるような社内体制をあらかじめ構築する必要がある。

このような観点から、社内で生成 AI の利用に関する共通認識を持つためにまず重要なのが、社内規程（ガイドライン）の策定である[1]。以下では、社内規程の策定にあたって留意すべきポイントを個別に検討していくが、実際に社内規程を策定する際には、社内規程が社員の生成 AI の利用に関する共通認識やリテラシーを醸成することのできる内容・表現になっているか十分に留意されたい。

---

1)　策定にあたって、たとえば、日本ディープラーニング協会が、生成 AI の利用ガイドラインのひな形を無料で公開しており（本稿執筆時点においては、第 1.1 版が同協会のウェブサイトにて公開されている）、参考となる。

❷ 利用目的の特定

　社内規程を策定する際、まず利用目的を特定しなければならない。なぜなら、社内のいかなる業務で、どのような目的で生成 AI を利用するかを明確にイメージできなければ、社内規程の方向性を決めていくこともできないからである。この利用目的を明確に定めることができれば、生成 AI の利用を禁止する場面を特定することができる。たとえば、利用目的に照らして明らかに必要性に欠ける利用、他人の権利や利益を侵害するおそれのある利用、会社のコンプライアンス上許容すべきでない利用については、明示的に禁止する必要性が高い。

　利用を禁止する場面を特定する際には、生成 AI の利用可否を、「禁止・許可」という単純な 2 区分のみとするか、これに加えて、原則禁止の利用類型ではあるものの、個別の申請と許可など、一定のプロセスの下で例外的に利用が許容される「個別承認」を加えた 3 区分とするのか、会社内部の部門、部署によって異なる規程又は特則を設ける必要があるかなども検討するとよい。

❸ 利用する生成 AI の特定

　生成 AI は、近時急速に種類を増やしており、サービスによって生成できる成果物の内容が異なるのはもちろん、学習用素材の内容や強みの種類も異なる。実際に生成 AI を業務に活用する役職員に、利用する生成 AI の選択を委ねれば、各業務内容に適合した生成 AI を使うという点で、メリットがあると思われる。しかしながら、以下で個別に見るように、生成 AI は種類によってサービスの内容などが異なり、選ばれた生成 AI によっては不測のリスクを招きかねない。したがって、業務のために生成 AI の利用を許可する場合には、業務への適合性、利用した際のリスクなどを勘案した上で、ホワイトリスト（利用してよいサービスが特定され列挙されたリスト）の方式で、社内規程に盛り込むことが望ましい。

　なお、利用する生成 AI の特定との関係で重要な点として、商用利用の可否の確認がある。生成 AI は、その種類によって、商用利用についてさまざまなルールを設定している。たとえば、OpenAI の生成 AI であれば、同社の公開する「Terms of use」及び「Business terms」[2] により、利用者がそれらを遵

守することを条件として、商用利用を許容している。これに対して、画像生成 AI である Midjourney では、利用規約である「Terms of Service」[3] において、商用利用に関して、利用者は、適用ある法律の下で可能な限り、Midjourney で生成したすべての成果物を所有（own）すると規定しつつ、以下の例外を設けている。

① 利用者の権利（ownership）は、本利用規約により課される利用者の義務、及び第三者の権利に従うものとする。

② 利用者が、年間 100 万米ドル以上の売上を有する企業の従業員又は雇用主である場合には、「プロ（Pro）」又は「メガ（Mega）」のプランを購入しなければ、Midjourney で生成した成果物に関する権利を保有（own）することはできない。

③ 利用者が他者の画像を高解像度化（upscale）する場合、当該画像はオリジナルのクリエイターに保有（own）され続ける。

このように、商用利用を許容する内容にも、生成 AI の種類や利用するサービスによってバリエーションがある。また、一口に商用といってもその範囲はさまざまであるため、利用する生成 AI 及び利用するサービスが、想定している利用の態様に適合するものか、注意して確認する必要がある。

４ プロンプト入力において注意すべき事項

生成 AI の基本的な仕組みとしては、大きく分けて、①データ処理の学習、②利用者による指示（プロンプト）の入力、③生成物の生成・利用という 3 つの段階が存在するところ、第三者が提供する生成 AI サービスを利用する場合は、①の場面は基本的に考える必要がなく、特にプロンプトの入力場面、生成物の生成・利用場面について、それぞれ特に注意すべきポイントを社内規程に盛り込む必要がある。

まず、プロンプトを入力する場面においては、法律違反、契約違反や権利侵害を避けるために、生成 AI にプロンプトとして入力することを禁止する内容を社内規程上明確にしておくことが必要となる。たとえば、個人情報保護法との抵触を避けるため、個人情報の入力を禁止することや、他者の著作権の侵害

---

2) https://openai.com/policies/business-terms（2023 年 11 月 14 日版）。
3) https://docs.midjourney.com/docs/terms-of-service（2024 年 3 月 7 日版）。

を防ぐため、著作権法 30 条の 4 や、同法 47 条の 5 第 2 項といった権利制限規定（ Q10 参照）の適用がなされない限り、著作物として保護されている他者のテキスト・画像などの入力や、特定の作家名や作品名、画風などを指定したプロンプトの入力を禁止することが考えられる。

　また、機密情報・営業秘密等の取扱いについても、特に注意を要するため、一定の規定を設けることが望ましい。生成 AI に情報が入力されることにより、不正競争防止法上の営業秘密や限定提供データ該当性を損なうおそれがあるため（ Q53 参照）、入力の可否については、利用する生成 AI における手当てに応じて慎重な検討が必要である。規定を策定する際には、社内の情報管理に関する内部規程との整合性にも配慮することが望ましいが、必要に応じて、従来の機密の区分にとらわれず、区分を見直すことも重要である。このほか、第三者との間で結んでいる秘密保持契約（Non-Disclosure Agreement）、いわゆる NDA において守秘対象とされている機密情報についても、生成 AI へのプロンプトとしての入力が、機密情報の第三者への開示とされ、機密保持義務違反となる場合もありえるため、取扱いを明確に定める必要がある。

　これらの規定は、いずれも利用をする生成 AI の情報管理ポリシーや、入力された情報の利活用の可能性の有無によって、禁止すべき範囲や注意点が変わる可能性があるため、利用を許容する生成 AI を判断する際には、十分に留意されたい。

5 AI 生成物を利用するに際して注意すべき事項

　AI 生成物を利用する場面については、著作物の生成・利用、個人情報・プライバシーに属する情報の利用、顔画像の生成・利用のほかに、業規制との関係などに留意が必要となる（ Q8 参照）。

　その中でも、特に留意すべきものが、著作権侵害リスクである。著作権侵害の成否を判断することは通常容易ではなく、個々の役職員に判断を全面的に委ねることは、適当とはいえない。社内規程では、生成物がすでに存在するコンテンツと一見して似ている、既存コンテンツをプロンプトとして入力したなど、既存の著作物と類似しそうな場面を具体的に例示し、そのような場合には法務部門へ相談した上で利用する、といった形で注意喚起とルール設定を行うことが求められる。

　なお、このような著作権侵害リスクに対しては、利用する生成 AI を選ぶ段階で、学習用データの内容を明示しているサービスを選択するというのも一案である。たとえば、Adobe が提供している Adobe Firefly は、学習段階で、同社により権利処理が行われたコンテンツや、オープンライセンスコンテンツ、著作権が切れたパブリックドメインコンテンツのみを学習用データとして利用していると明示されており、著作権侵害のリスクは、ほかの学習用データを明示していないサービスに比べて低いといえる。

　このほか、重要な点として、ハルシネーションリスクや、生成 AI の回答する情報が質問時点より古い情報に基づいている可能性（ Q7 参照）への言及や、業界によっては業規制への留意についても社内規程で触れたほうがよいと思われる。ハルシネーションなどに対しては、生成 AI の生成した成果物を対外的に利用するような場合には、回答内容の正確性をあらかじめ確認することを義務づけることが考えられる。また、業規制が存在する分野であれば、生成 AI による成果物の利用が当該業規制に抵触しないか、必要に応じて法務部門に確認するなどの対応を定めておくことが必要である。

6　生成 AI に関する相談窓口の設置・対応フローの策定

　生成 AI の利用に関する社内規程を策定することによって、日常的な業務の中で生じる生成 AI に関する一般的な疑問には一定程度応えることができるが、実際には、個別の業務の中で、社内規程のカバーしていない想定外の事態が生じることが予想される。このような事態に対応するため、生成 AI の利用について不明点が生じた場合の相談窓口の設置を規定することが考えられる。また、社内規程に違反した利用行為や、そのおそれがある行為の通報・相談窓口の設置や、生成 AI の利用状況の記録義務を規定することも、社内規程の実効性の観点からは重要である。

〔松井佑樹〕

Q73 生成 AI の利用によって生じた第三者の損害に対する責任の所在

　対話型文章生成 AI の回答内容を信じて顧客に誤った内容を説明したり、テレビ番組で放送したりしたことによって第三者に損害が発生した場合、誰がその責任を負うのですか。

A 対話型文章生成 AI が出力した事実と異なる情報を顧客に誤ってそのまま説明した場合、生成 AI により生成された情報は、あくまで人による最終的な判断の一材料にすぎず、顧客にどのような情報を提供するかは生成 AI 利用者が判断する以上、原則として生成 AI を利用し、顧客に誤った説明をした生成 AI 利用者及び当該利用者が属する企業がその責任を負います。テレビ局が生成 AI の回答内容であると明らかにせずテレビ番組で放送した場合も同様です（最終的にはテレビ局が責任を負うものと考えられます）。もっとも、これらは本稿執筆時点における考え方であり、将来的に、このような考え方が変わっていく可能性があります。

░░░░░ **解説** ░░░░░

(Keyword) ハルシネーション

1 出力された情報の利用についての責任

　生成 AI により出力された成果物には、ハルシネーションの可能性がある（**Q7** 参照）。

　生成 AI が普及するにつれ、生成 AI を利用する企業などでは、従業員が生成された情報を鵜呑みにしてそのまま自ら利用し、顧客に説明してしまうことが考えられる。たとえば、フィナンシャル・アドバイザーが、生成 AI の生成した投資判断に関する情報をそのまま顧客に伝えたり、生成 AI が生成した法律に関する情報を鵜呑みにしてアドバイスした結果、顧客が損をすることがありえよう。これらの行為は、専門家による知識や経験に基づいた高度な判断が求められるものであり、生成 AI の利用規約でも当該分野での利用が禁止されている類型ではあるものの[1]、ニューヨーク州の弁護士が訴訟において提出し

た資料の中に、生成 AI が生成した架空の裁判例が含まれていたという事例が現に報道されており[2]、このような事例は今後増加することが予想される。

　まず第一に、上記の場面において、生成 AI の利用者が、顧客に対して伝えた情報は生成 AI が生成した情報ですと明かした場面を想定する。この場合、本稿執筆時点において、顧客がそのまま鵜呑みにしてその情報に従うことは必ずしも多くないように思われる。ChatGPT を皮切りとした生成 AI のムーブメントは、確かに我々に大きなインパクトを与えているが、生成 AI が生成する情報がすべて十分に正確であるというコンセンサスは、特に金融や医療、法律といった専門性の高い領域では形成されていないといえるだろう。したがって、このような場面であれば、そもそも顧客は生成 AI の生成した情報をそのまま鵜呑みにすることはないと思われるし、仮に信じたとしてもそれは信じた顧客にも不注意があったとして、（生成 AI を利用したことを明かした）生成 AI の利用者は責任を負わないという結論となることも十分に考えられる（もっとも、利用した生成 AI の利用規約違反に係る責任は別途検討が必要である）。

　では、生成 AI の利用者が生成 AI の利用を明かすことなく情報を伝えた場合はどうだろうか。ここで考えるべきは、顧客に一定の情報を伝えることを内容とするサービスにおいて、AI がどのような存在として認識されているかである。これについて、法務省が 2023 年 8 月に公表した「AI 等を用いた契約書等関連業務支援サービスの提供と弁護士法第 72 条との関係について」と、厚生労働省が 2018 年 12 月に示した「人工知能（AI）を用いた診断、治療等の支援を行うプログラムの利用と医師法第 17 条の規定との関係について」が参考となる。前者は、AI が契約書の内容をレビューするなどのサービスを提供する行為が、弁護士資格を持たない者による法的な助言などの行為を禁止した、いわゆる非弁行為に該当しないか、という問題に対する法務省の見解を示したものであり、ここでは、たとえ AI のサービスが非弁行為に当たりうるサービスであったとしても、そのサービスを弁護士が利用し、当該サービスを利用し

1）　たとえば、OpenAI の「Usage policies」では、「Providing tailored legal, medical/health, or financial advice without review by a qualified professional and disclosure of the use of AI assistance and its potential limitations」（資格を有する専門家による検討、及び AI による支援の使用とその潜在的な限界についての開示なしに、法律、医療／健康、又は金融に関するアドバイスを提供すること）が ChatGPT を利用する際の禁止行為とされている。
2）　福井健策「ChatGPT で資料作成、実在しない判例引用　米国の弁護士」日本経済新聞 2023 年 5 月 31 日。

た「結果も踏まえて審査対象となる契約書等を自ら精査し、必要に応じて自ら修正を行う方法」で利用する限りは、非弁行為にはならないとの見解が示されている。また、後者では、医師免許などを有した者にのみ行うことが許されている「医業」の解釈を示す中で、AIを用いて、診断・治療支援を行うプログラムを利用して診療を行う場合について、「診断、治療等を行う主体は医師であり、医師はその最終的な判断の責任を負う」こととなるとの見解が示されている。

　上記の各文書からは、あくまでAIは、弁護士や医師といった専門家の判断を補助する道具の一つにすぎず、最終的な判断はそれらの専門家が行う、という考え方がともに根底にあることがうかがえる。このような考え方は、上記の専門的な職種に限らず、顧客に一定の情報を伝えることを内容とするサービス一般について妥当するものだろう。

　このような考え方を前提とした場合、生成AIが生成した情報を、鵜呑みにしてそのまま顧客に提供することも、信用性に疑いがあるとして提供を控え、若しくは情報を修正して提供することも、すべては情報を提供した生成AI利用者の判断に基づくものであって、そのような情報提供による責任も、当該利用者が負うということになる。もちろん、事案ごとの個別的な事情によっても判断は変わってくることになるが、このような考え方が基本となるものと思われる。

　また、生成AIが生成した事実と異なる情報を、テレビ番組で放送したことによって第三者に損害が発生した場合も、考え方は変わらない。生成AIの生成した情報をテレビ番組で放送すると決めたのはあくまで当該テレビ番組の責任者（最終的にはテレビ局）なのであって、その責任はテレビ局が負うことになるといえよう。なお、生成AIが生成した事実と異なる情報をテレビ番組において放送するということは、近時問題となっているフェイクニュースや誤報道といった事象と類似の問題と考えることができる。新聞やテレビといった既存メディアの意義が問われる中で、それらのメディアに高い生成AIに関するリテラシーが求められることはいうまでもない。

2　生成 AI の未来と法的な責任

　ここまで述べてきたのは、生成 AI の本稿執筆時点における技術レベル及び社会の認識を前提に考えた場合の議論である。これに対して、将来、生成 AI が人間の能力を超え、人間の制御に服することなくさまざまな動作を行う社会を想定したい。この場合、上記のような人間による最終的な判断が介在せず、生成 AI が直接情報を顧客などに提供することがありえる。このような場合に生成 AI が誤った情報を提供するなどした結果生じた損害が、誰の責任となるのかについては、まだ明確な結論は出ていない。生成 AI をめぐる法制度については、既存の法制度の枠組みを生成 AI に適用できる局面がある一方、立法によって解決しなければならないと考えられる問題も多く、そこでは、生成 AI の普及による社会の便益も含めた法哲学的な考慮や、既存の産業との共存などといった多様な価値の衡量が必要となるものと考えられ、今後の議論を注視する必要がある [3]。

〔松井佑樹〕

---

[3]　AI を中心とした新しい技術・サービスの変化によって、社会・法にどのような変化が起こりえるのかを検討したものとして、宍戸常寿ほか編著『AI と社会と法──パラダイムシフトは起きるか？』（有斐閣、2020 年）など参照。

Keyword 索引

編著者・執筆者略歴

＊いずれの編著者・執筆者も森・濱田松本法律事務所所属。

【編著者略歴】

齋藤浩貴（さいとう・ひろき）

第二東京弁護士会所属（1990年弁護士登録）。1988年東京大学法学部卒業。1994年ニューヨーク大学ロースクール修了。1994年～1995年 Morrison & Foerster 法律事務所（サンフランシスコオフィス）執務。1995年 McCutchen, Doyle, Brown & Enersen 法律事務所（サンフランシスコオフィス）執務。2015年～2022年日本ライセンス協会理事。2020年～2022年日本ライセンス協会会長。2023年～ALAI Japan（日本国際著作権法学会）理事。主な業務分野は、知的財産、IT、エンタメ領域の法務全般。

上村哲史（かみむら・てつし）

第二東京弁護士会所属（2002年弁護士登録）。1999年早稲田大学法学部卒業。2001年早稲田大学大学院法学研究科修士課程修了。2011年～早稲田大学大学院法務研究科非常勤講師（著作権等紛争処理法）。2016年文化庁「著作権等の集中管理の在り方に関する調査研究」委員会委員。2023年度日本弁護士連合会司法修習委員会委員長。2024年～特許庁工業所有権審議会試験委員。主な取扱業務は、知的財産、IT、エンタメ、個人情報領域の法務全般。

【執筆者略歴】

小野寺良文（おのでら・よしふみ）

第二東京弁護士会所属（2000年弁護士登録）。1998年東京大学農学部中退。同年司法修習生（第52期）。2013年～日弁連知財センター委員。2014年～International Bar Association IP & Entertainment Committee Officer。2014年～2020年森・濱田松本法律事務所北京首席代表。2020年～森濱田松本知識産権代理（北京）有限公司執行董事・総経理。主な取扱業務は、知的財産、TMT、中国・アジア法務。

田中浩之（たなか・ひろゆき）

第二東京弁護士会所属（2007 年弁護士登録）。2004 年慶應義塾大学法学部法律学科卒業。2006 年慶應義塾大学法科大学院修了。2013 年ニューヨーク大学ロースクール修了。2013 年 Clayton Utz 法律事務所にて執務。2023 年〜慶應義塾大学大学院法学研究科特任教授（非常勤）（2024 年〜法務研究科非常勤講師を兼担）。主な取扱業務は、個人情報、知的財産、IT 領域の法務全般。

増田雅史（ますだ・まさふみ）

第二東京弁護士会所属（2008 年弁護士登録）。2004 年東京大学工学部卒業。2007 年中央大学法科大学院修了。2016 年スタンフォード大学ロースクール修了。米国・シンガポールでの執務を経て、2018 年〜2020 年金融庁に出向。2022 年〜東京商工会議所知的財産戦略委員会委員。2023 年〜一橋大学大学院法学研究科特任教授（情報法、Web3・メタバースと法）。主な取扱業務は、IT、知的財産、エンタメ、金融領域の法務全般。

上田雅大（うえだ・まさひろ）

第二東京弁護士会所属（2010 年弁護士登録）。2009 年神戸大学法学部卒業。2019 年コーネル大学ロースクール修了。2016 年〜2018 年厚生労働省労働基準局（訟務官）。2019 年〜2020 年 McDermott Will & Emery 法律事務所（ワシントン D.C. オフィス）にて執務。主な取扱業務は、IT 関連法務、消費者関連法、労働法、訴訟・紛争など。

北山　昇（きたやま・のぼる）

第二東京弁護士会所属（2011 年弁護士登録）。2008 年立教大学法学部法学科卒業。2010 年東京大学法科大学院修了。2017 年〜2019 年 4 月個人情報保護委員会事務局に出向。2019 年〜2020 年 6 月 Bird & Bird 法律事務所にて執務。2021 年ジョージタウン大学ローセンター（National Security Law LL.M.）修了。主な取扱業務は、個人情報、IT 領域の法務全般。

輪千浩平（わち・こうへい）

第二東京弁護士会所属（2015 年弁護士登録）。2013 年東京大学法学部卒業。2022 年スタンフォード大学ロースクール修了。2018 年〜2020 年グーグル合同会社に出向。2022 年〜2023 年 Bird & Bird 法律事務所にて執務。主な取扱業務は、知的財産、個人情報、電気通信事業法、IT 領域の法務全般。

加藤瑛子（かとう・えいこ）

第二東京弁護士会所属（2017年弁護士登録）。2014年上智大学法学部卒業。2016年早稲田大学法科大学院修了。主な取扱業務は、知的財産、M&A、訴訟・紛争など。

二神拓也（ふたがみ・たくや）

第二東京弁護士会所属（2017年弁護士登録）。2015年慶應義塾大学法学部法律学科卒業。2016年東京大学法科大学院中退。2021年～2022年グーグル合同会社に出向。主な取扱業務は、規制法対応・取引、訴訟・紛争、IT・ライフサイエンス・知的財産、Fintechなど。

位田陽平（いんでん・ようへい）

第二東京弁護士会所属（2018年弁護士登録）。2015年東京大学法学部卒業。2017年東京大学法科大学院修了。2021年～2022年三井物産株式会社に出向。主な取扱業務は、知的財産、訴訟・紛争、労働法など。

堺有光子（さかい・ゆみこ）

第二東京弁護士会所属（2019年弁護士登録）。2016年東京大学法学部卒業。2018年東京大学法科大学院修了。主な取扱業務は、知的財産（特許法、著作権法）、訴訟・紛争など。

田野口瑛（たのくち・あきら）

第二東京弁護士会所属（2019年弁護士登録）。2016年京都大学法学部卒業。2018年京都大学法科大学院修了。2024年～グーグル合同会社に出向。主な取扱業務は、訴訟・紛争、知的財産、個人情報、エンタメ、IT領域の法務など。

佐藤真澄（さとう・ますみ）

第二東京弁護士会所属（2020年弁護士登録）。2017年東京大学経済学部卒業。2019年東京大学法科大学院中退。主な取扱業務は、知的財産、訴訟・紛争、競争法など。

桒原宏季（くわはら・ひろき）

第二東京弁護士会所属（2022年弁護士登録）。2019年大阪大学法学部卒業。2021年京都大学法科大学院中退。主な取扱業務は、訴訟・紛争、知的財産、労働法など。

瀧山侑莉花（たきやま・ゆりか）

東京弁護士会所属（2022年弁護士登録）。2017年一橋大学法学部卒業。2020年一橋大学法科大学院修了。主な取扱業務は、知財取引（M&A）、コンテンツ・エンタメ法務、訴訟・紛争など。

梛良　拡（なぎら・ひろむ）

第二東京弁護士会所属（2022年弁護士登録）。2014年慶應義塾大学法学部政治学科卒業。2020年東京大学法科大学院修了。主な取扱業務は、知的財産、税務、訴訟・紛争など。

馬場嵩士（ばば・たかし）

第二東京弁護士会所属（2022年弁護士登録）。2018年東京大学法学部卒業。2021年東京大学法科大学院中退。主な取扱業務は、知的財産、訴訟・紛争など。

松井佑樹（まつい・ゆうき）

第一東京弁護士会所属（2022年弁護士登録）。2017年慶應義塾大学法学部法律学科卒業。2020年東京大学法科大学院修了。2023年〜慶應義塾大学大学院法学研究科研究員（非常勤）。主な取扱業務は、知的財産、投資信託、J-REITなど。

正田和暉（しょうだ・かずき）

第一東京弁護士会所属（2022年弁護士登録）。2019年中央大学法学部卒業。2021年早稲田大学大学院法務研究科修了。主な取扱業務は、知的財産、訴訟・紛争など。

舘　貴也（たち・たかや）

第一東京弁護士会所属（2022年弁護士登録）。2021年東京大学法学部卒業。主な取扱業務は、個人情報、知的財産、IT領域の法務など。

松山莉奈（まつやま・りな）

第二東京弁護士会所属（2022年弁護士登録）。2019年慶應義塾大学法学部法律学科卒業。2021年慶應義塾大学法科大学院修了。主な取扱業務は、知的財産、キャピタルマーケッツ、M&Aなど。

鑓野目真由（やりのめ・まゆ）

東京弁護士会所属（2022年弁護士登録）。2019年上智大学法学部卒業。2021年慶應義塾大学法科大学院修了。主な取扱業務は、知的財産、ストラクチャード・ファイナンスなど。

生成AIと知財・個人情報Q&A

2024年7月11日　初版第1刷発行

編 著 者　　齋　藤　浩　貴
　　　　　　上　村　哲　史

発 行 者　　石　川　雅　規

発 行 所　　鬻 商 事 法 務
　　　　　　〒103-0027　東京都中央区日本橋3-6-2
　　　　　　TEL 03-6262-6756・FAX 03-6262-6804〔営業〕
　　　　　　TEL 03-6262-6769〔編集〕
　　　　　　https://www.shojihomu.co.jp/

落丁・乱丁本はお取り替えいたします。　印刷／そうめいコミュニケーションプリンティング